原·象

THE *REPUBLIC*
AND A CLASSICAL THEORY
OF JUSTICE

《理想国》
与古典正义论

程志敏 著

errare mehercule malo cum Platone...quam cum istis vera sentire. ［我宁可随柏拉图犯错……也不跟那伙人一起感受真理。］

——Cicero. *Tsuc.* 1. 39

Platon a emporté ce surnom de diuin, par vn consentement vniuersel, qu'aucun n'a essayé luy enuier. ［柏拉图获得神圣者这一称号，经过了普遍的同意，没有人会嫉妒。］

——Montaigne. *Essais.* li

目 录

前　言 / 001

第一部分　正义三论 / 009

第一章　序曲（327a1 - 328c4）/ 011

第一节　经典中的修辞（327a1）/ 011
第二节　现实中的政治（327a1 - 5）/ 022
第三节　寡头与民主（327b1 - 328b3）/ 035
第四节　虔敬与革命（328b4 - c4）/ 048

第二章　朴素正义论（328c5 - 331d9）/ 057

第一节　欲望与理性（328c6 - 329d6）/ 057
第二节　财富与自由（329d7 - 330c9）/ 068
第三节　惩罚与报应（330d1 - 331b7）/ 073
第四节　绝对与生活（331c1 - d9）/ 083

第三章　功利正义论（331e1 - 336a10）/ 102

第一节　扶友损敌（331e1 - 334b9）/ 102
第二节　敌友之分（334c1 - 335b1）/ 111
第三节　不义之义（335b2 - 336a10）/ 116

第四章　权力正义论（336b1 - 354c3）/ 122

第一节　真理与节制（336b1 - 338b9）/ 123

第二节　强权与法律（338c1－339b6）／ *132*
　　第三节　认知与技艺（339b7－342e11）／ *140*
　　第四节　利己与利他（343a1－347e2）／ *146*
　　第五节　德性与幸福（347e2－354c3）／ *153*

第二部分　不义之鉴 ／ *161*

第五章　不义颂（357a2－362c8）／ *163*

　　第一节　社会契约论（357a2－359b5）／ *163*
　　第二节　人性论（359b6－360d7）／ *172*
　　第三节　不义胜正义（360e1－362c8）／ *180*

第六章　神义论批判（362d1－367e5）／ *184*

　　第一节　神义论（362e1－363e4）／ *186*
　　第二节　正义的艰难（363e5－364b2）／ *190*
　　第三节　神义的崩溃（364b2－365a3）／ *192*
　　第四节　败坏青年（365a4－367e5）／ *200*

第七章　言辞中的城邦（367e6－373d3）／ *209*

　　第一节　城邦与个人（368c7－369a4）／ *213*
　　第二节　城邦的形成（369a5－c11）／ *217*
　　第三节　健康的城邦（369d1－372c1）／ *225*
　　第四节　奢华的城邦（372c2－373d3）／ *233*

第三部分　何为正义 / 243

第八章　哲人的上升（514a1－516e2） / 246

　　第一节　自然状态（514a1－515e5） / 247
　　第二节　幸福之旅（515e6－516e2） / 251
　　第三节　善的理念（517c1） / 256

第九章　哲人的下降（516e3－518b5） / 265

　　第一节　虚己的幸福（516c6） / 265
　　第二节　政治上的无能（516e8－517a4） / 273
　　第三节　政治中的危险（517a4－6） / 277
　　第四节　思辨的危害（516c2） / 280

第十章　何为正义（518b6－521b11） / 287

　　第一节　智慧升华（518b6－519c7，
　　　　　　520b6－d4） / 288
　　第二节　政治哲学的完成（519d8－520e3） / 292
　　第三节　正义的实现（519e1－520a4） / 297

结　语 / 307
后　记 / 315

前　言

一

　　近半个世纪以来，古典政治哲学随着现代政治哲学的重新崛起而有了很大的改观，取得了丰硕的成果。出于完全可以理解的原因，大多数学者都用现代思想观念和学术习惯乃至固定的公式来研究古人的思想以及他们的著作，这不仅无可厚非，而且也是我们研究古典思想的一个重要模式：我们在研究古代世界的时候必须有清醒的现代问题意识。

　　现代学术多以问题和概念为研究核心，其优势在于研究目标明确、条理清晰、问题意识强，其不足之处在于容易游离于文本之外，不够注重基本文献的阅读和研究，可能流于单纯的概念演绎和思辨游戏，对于学术研究的风气和学术生产的目的都会有一些不利的影响。古典学的方法则多以文本为核心，依托经典，有根有据，但往往限于繁琐的文字爬疏和名物考证，容易沉陷其间而迷失研究方向，忘记自己的研究目的。

　　经典著作的研究经过数千年的积累，这方面的文献可谓汗牛充栋，仅词章训诂等"小学"方面就已经取得了不菲的成就，至于义理方面的研究著作，更是所在多有。因此，我们面临的任务首先便是要充分吸收前人在词章训诂方面的成果，深入到字里行间，当然还要尽可能吸收西方学者在义理方面的研究成果。

第一次用现代的学术手段全面注疏和评注《理想国》（准确的译法应为"政制"或"王制"）① 的要算乔伊特（B. Jowett）和坎贝尔（L. Campbell）师徒二人，他们在19世纪末出版了三卷本的注疏版，第一卷是希腊文考订，第二卷是导论性的文章（绝大部分出自坎贝尔之手），第三卷是评论和注释。此后，英年早逝的古典学家亚当（James Adam）很快出版了两卷注疏本，在义理考据等方面似乎比乔伊特和坎贝尔的注疏本更好。瓦伦（T. H. Warren）出版了半部《理想国》的注本（只有前五卷），艾伦（D. J. Allan）则出版了《理想国》第一卷的注疏。

这些严格意义上的古典学著作都以 notes and commentary 为名，为了区分，我们根据我国古书常见的书名分别命名为《〈理想国〉注疏》（乔伊特）、《〈理想国〉疏证》（亚当）、《〈理想国〉字义》（瓦伦）、《〈理想国〉卷一校释》（艾伦）。此外，斯林斯（S. R. Slings）也在文本考订研究方面有所突破。其余如克罗斯（R. C. Cross）和乌兹利（A. D. Woozley）合著的《柏拉图〈理想国〉的哲学评注》（*Plato's* Republic: *A Philosophical Commentary*），已不是古典路数的评注，实为现代观念支配下的研究著作。

在最近数十年出版的著作中，波普尔的《开放社会及其敌人》对柏拉图和《理想国》的研究被公认"最为糟糕"，② 该书影响虽大但不足为凭，毕竟"他对《理想国》

---

① 柏拉图这部最重要的著作之所以译作"王制"，参刘小枫，《王有所成》，上海：上海人民出版社，2015，页181以下。

② M. Nussbaum, *Plato's Republic: The Good Society and the Deformation of Desire*, Washington: Library of Congress, 1998, p. 12.

的解释引起了很大的争议,而且在某些方面犯了明显的错误"①。而施特劳斯、布鲁姆、伯纳德特和罗森等人的研究成果也从来都不乏批评的声音,但亦无法否认其日渐宽泛的影响。这里还必须提到海德格尔的《论真理的本质》,他虽然不是柏拉图专家,却是柏拉图—亚里士多德所开创的这个传统的最后一个大思想家,他在政治上的迷误与他对古典政治哲学的误解有着极其密切的关系。

仅仅从材料和文献方面来说,本项研究的确不是一件轻松的工作。好在里夫(C. D. C. Reeve)、安娜斯(Julia Annas)、内特尔西普(C. L. Nettleship)、厄尔文(T. Irwin)、斯科菲尔德(M. Schofield)等新老学者已有精妙的研究在前,国内也有不少学者可以领教。更不用说,还有更早的思想家亚里士多德、西塞罗和阿尔法拉比引领我们的研究。

二

历代关于柏拉图的注疏和研究堪称汗牛充栋,却并不意味着我们已经充分掌握了他的思想。这些蔚为大观的文献对现代人的研究来说当然不无裨益,但"浩如烟海"亦未尝不是一种"遮蔽"——正如海德格尔的努力不见得能够让我们完全理解思想和思想史的意义(因为他的"回头"尽管已经给我们指明了方向,但他自己走向"思"之澄明的 Ereignis [非凡功业],也不无可以商榷之处),却让我们意识到走向柏拉图的必要性以及这条道路的艰难与危险。

---

① 斯科菲尔德,《柏拉图:政治哲学》,柳孟盛译,北京:华夏出版社,2017,页40。

正如海德格尔的学生克吕格告诉我们的，柏拉图是一位高深莫测的思想家：哪怕只是想弄明白柏拉图所意指的问题究竟是什么，也需要花费极大的努力。尤其在理解迷宫似的《理想国》时，我们容易在不辨东西时却以为找到了方向。越一知半解，越自以为是，这种危险连思想巨匠也无法躲过。比如说，"亚里士多德无疑是西方最伟大的哲人之一，还曾在柏拉图身边生活达二十年之久，然而我们却看到，他常常激烈地反驳柏拉图，但往往又完全没有理解柏拉图"①。

比如说，《理想国》有两个书名，一个是通常见到的 ΠΟΛΙΤΕΙΑΙ（Politeiai），一个是它的副标题 ΗΠΕΡΙΔΙΚΑΙΟΥ（he peri dikaiou），这两个标题让人困惑于它的主题：该书是政治学还是伦理学著作？从亚里士多德到早期教父，古人在谈到这篇对话时，都把它称作 Politeiai，没有提到过 peri dikaiou [论正义]，后者显然是后人根据第一卷内容所添加。Politeia [政治制度] 属于政治学范畴，而 dike 或 dikaiosyne [正义、公正] 则更多地属于伦理学领域。②

一派学者认为该书的标题既然是 Politeia，那么它的主题当然就是政治制度。这不仅在《理想国》中能够找到依据，在柏拉图的其他作品中也能找到旁证，比如在《法义》卷五中，雅典异乡人仍然延续了苏格拉底在《理想国》第

---

① 刘小枫编，《〈王制〉要义》，张映伟译，北京：华夏出版社，2006，页4。
② 关于《理想国》性质解读的流派及其相关文献，可参看 John R. Wallach, *The Platonic Political Art: A Study of Critical Reason and Democracy*, The Pennsylvania State University, 2001, p. 218 n. 13。这条长长的脚注，基本上网罗了近一个世纪在这方面的重要研究著作。

五卷中所提到的观念（457c 以下，另参 449c，424a），并把共妻、共子和共产的生活共同体叫做 politeia——尽管它只是一种存在于天上的"范式"（paradeigma，《理想国》592b2，另参 472c；《法义》739e1），而把次一等或"次好"的叫做法治国家。更何况，所谓"论正义"的副标题乃是后来才有的，其合法性本身就很成问题。

另一派学者则认为《理想国》从第一卷开始就在讨论正义问题，后面的各种讨论都围绕着"正义"展开：所谓"政制"（Polity），不过是为了更好地审视"正义"的一种手段或模具，即所谓 paradeigma［范式］。"理想国"是一种辅助手段，或者是为了证明正义的本质与好处而添加的辅助线，为了构建正义的大厦而搭起来的脚手架（如禅宗所谓不能混同"指"和"月"）。如同克吕格所说："正义倒更像是基本主题。因为从第一卷开始（331c）直到最后一卷结尾思考正义在彼岸的奖赏问题（614ab），正义始终主导着讨论。"①

持前一种观点的人认为柏拉图把美好生活的理想寄托在社会规则上，持后一种观点的人则认为柏拉图更重视个人伦理道德建设（正如该书副标题所示）：如果人人皆是义人（遑论圣人），天下大治不期可至，幸福生活亦顺理成章。这种分歧与人们普遍认为的古典政治思想与现代政治理路的差异完全一致：现代政治学注重制度建设，试图以完善的制度来抑制人性的本恶，在普遍遵守共同游戏规则

---

① 刘小枫编，《〈王制〉要义》，页 5。另参 M. Scholfield, *Plato: Political Philosophy*, Oxford University Press, 2006, pp. 30–35（中译见斯科菲尔德，《柏拉图：政治哲学》，页 24–30），尤其是他对柯瓦雷（A. Koyré）观点的评述。

的前提下实现社会的井然之序。古典政治学则更注重个体的道德教化，并以此达成生活的美好境界。这种定论并非没有道理，但割裂了这两个方面，没有进一步注意到，现代政治思想注重规范而轻视德性教育。这倒是实情，不过古典政治学在高扬德性教化的同时，并未忽视制度的价值：柏拉图这部著作（《理想国：或论正义》）的标题以及副标题本身就已经说明了古人兼重制度与道德。

当然，不可否认，与现代政治思想理念相比，古典政治哲学更侧重个体的伦理建设，却并没有陷入现代人所批判的"泛道德主义"。伦理道德是解决人世生存的重要手段，却不是唯一的路径。伦理有助于解决政治问题，如儒家所谓"其为人也孝悌而好犯上者，鲜矣。不好犯上而好作乱者，未之有也。君子务本，本立而道生"（《论语·学而》）。古人从来没有打算用伦理来取代政治——《论语》即以"尧曰"结尾，而且儒家著作除满篇大谈特谈"仁"的《论语》之外，还有《春秋》（尤其"公羊传"）、《尚书》和"三礼"。在古希腊，柏拉图的《理想国》本身及其与《治邦者》（旧译《政治家》）和《法义》的关系，以及亚里士多德的《政治学》及其与《尼各马可伦理学》的紧密关系，亦是这方面有力的佐证。

西塞罗早就认识到，柏拉图的目标不是伦理与制度中的某一个，而是兼收并蓄：mores optimos *et* optimum reipublicae statum［伦理的高贵和公共事务的美好境界］。对柏拉图该书所表达的这"两个"主题，新柏拉图主义者普罗克洛斯亦有定见："我接受双方的看法，而且认为它们之间没有任何本质性的差别，（该书的）主题既是国家的本质，也是正义的本质，然而，这并不是说有两个主题，因为那是不可能的。"①"理想国"或"王制"这个名称与正义本质的探究相当和谐一致,因为对正义的求索与对制度的探寻,本身就是一致的。

正义是城邦的秩序,而城邦则是正义的外化和体现。离开制度来谈正义,试图开发出纯粹的"正义",既不可能也没有意义,至少是无根的。没有正义的"制度"当然也不成其为制度,因为制度的目标就是正义。康有为所谓"凡天下之大,不外义理、制度两端",② 在柏拉图的《理想国》中达成了统一。

三

《理想国》的副标题"论正义"就是古典政治哲学最基本的范畴。"正义"有广义和狭义之分:狭义的"正义"便是"四主德"之一,即便如此,它也当得起古希腊人最看重的理念;而广义的"正义"则指万物合序、万事顺遂、万音谐和、万民幸福的状态,堪称天地大法,当然能够把其他三种主要德性包含在内。本书试着表明:与现代"正义论"不同,古希腊的"正义"(主要)不是"论",而是"法"和"行"。其余诸如德性、法律(如惩罚)、政治(如权利、敌友)、技艺、利他、幸福等范畴,都必须在正义的框架下讨论,都寓于柏拉图的《理想国》之中。正义是最简单的要求,也是最难实现的理想,所以正义才会成

---

① T. H. Warren, *The Republic of Plato. Book I – V. with Introduction and Notes*, London: MacMillan and Co. Limited, 1901, p. xxv. 下引此书,简称《〈理想国〉字义》。

② 康有为,《实理公法全书》,见姜义华、张荣华编,《康有为全集》(第一集),北京:中国人民大学出版社,2007,页147。

为"理想国"的主题。

正义是神圣的,因为它来自神明,而且受神明亲自监管——当然,神明也是正义的。让我们重温古希腊人的教诲,让我们聆听经典中的天籁,让我们以此来重建自己的信心,这就是"正义"等范畴给我们的滋养。只有正义和德性才能让人获得幸福,否则如荷马说:"宙斯将暴雨向大地倾泻,发泄对人类的深刻不满,因为人们在集会上靠武力不公正地裁断,排斥正义(dike),毫不顾忌神明的惩罚。"(《伊利亚特》16.385–388)赫西俄德在《劳作与时日》中则如是教诲:

> 你要倾听正义(dike),彻底忘掉暴力(bia)。
> 克洛诺斯之子已为人类安排下了法律(nomos),
> 而鱼、兽和胁生双翼的鸟儿
> 互相吞食,因为它们之间没有正义(dike);
> 但他把正义赐给了人类,那可是所有东西中
> 最好的;如果人们愿意在认识中讲
> 正义,鸣雷的宙斯就会赐他幸福。(275–281)[1]

---

[1] 笔者从希腊文译出。如非特别注明,本书中的《理想国》译文,均系笔者自译。参考了顾寿观译本(吴天岳校注,长沙:岳麓书社,2010),以及郭斌和、张竹明译本(北京:商务印书馆,1991)。而王扬、何祥迪和溥林的译本各擅胜场,都给我很多启发。荷马史诗的引文采用罗念生和王焕生的译文。

第一部分　正义三论

学术界普遍认为《理想国》第一卷主要讨论"什么是正义",具有典型的苏格拉底特征,而接下来的九卷则更像柏拉图本人的思想,因而第一卷可以独立成书,甚至对于《理想国》来说可有可无。这种错误的看法忽视了第一卷在整个《理想国》中的"序言"地位,毕竟"它预示了《理想国》其余部分的许多主要的主题,并且与它们直接相关联,就好像它只是一个导论"①。《理想国》可分为五个部分,即第一卷、第二至四卷、第五至七卷、第八至九卷、第十卷,但这并不表明柏拉图思想出现了早中期的断裂,正如坎贝尔所言:"作为大家手笔的《理想国》的整体性,几乎不需要辩护。"②

泰勒(A. E. Taylor, 1869—1945)坚定地认为柏拉图《理想国》各卷完全是一个统一的整体,第一卷乃是全书的导言,而其中的论题既是伦理的也是政治的。"根据苏格拉

---

①　克里斯托弗·罗,《〈理想国〉在柏拉图政治思想中的位置》,见费拉里编,《柏拉图〈理想国〉剑桥指南》,陈高华等译,北京:北京大学出版社,2013,页44。

②　乔伊特和坎贝尔,《〈理想国〉注疏》,卷二,页11。

底和柏拉图的观点,在道德和政治之间,除方便的区分外,没有区别。公正的法则,对阶层和城邦跟对个人是一样的。不过我们必须补充说,这些法则首先是个人道德的法则;政治建立在伦理学上,而不是伦理学建立在政治上。"① 因而《理想国》的主题既是"理想的国家",又是"正义"。

早在极为远古的时代,人们便开始有了"正义"和"政制"之类的概念——规范性思想本与人类共生,这些观念的内涵也在不断丰富完善的过程中。柏拉图的《理想国》继承了前人的成果,提高了对这些观念的认识,尤为重要的是,统一了此前的各种观念。仅仅从《理想国》的所谓双重主题上,我们亦不难看出柏拉图试图重新理解"正义"和"制度",并努力把两者连接为一个整体,从而让正义具有制度的含义,同时制度也有了伦理的基础。因而我们需要追问的,便从非此即彼抑或或此或彼的分离状态上升为一个更为综合更具包容性的新的理论问题:政治的正义以及正义的结构和本质。

自柏拉图以后,justice〔正义〕和 politeia〔政制〕便有了新的内涵。"正义"不仅仅是个体的伦理标尺,也是法律和政治的要素。"政制"亦不单纯指雅典人特别钟爱的某种制度(民主制),而是以"正义"为准绳和归依的社会生活共同体的组织形式,实际上就是一种以正义为目标的生活方式——这本是对正义和政制最为古老也最恰当的看法。②

---

① 泰勒,《柏拉图——生平及其著作》,谢随之、苗力田、徐鹏译,济南:山东人民出版社,1990,页378。另参施莱尔马赫,《论柏拉图对话》,黄瑞成译,北京:华夏出版社,2011,页283。

② Politeia 的含义,参 Leo Strauss, *What is Political Philosophy*, Chicago: The University Press of Chicago, 1959, p. 34;中译见施特劳斯,《什么是政治哲学》,李世祥等译,北京:华夏出版社,2019,页25。另参 John R. Wallach, *The Platonic Political Art*, pp. 222–227。

第一章　序曲（327a1–328c4）

第一卷是《理想国》全书的序曲（357a2），327a1–328c4 这一段话又是第一卷的序曲。

柏拉图是高超的文体大师，深知"序曲"的作用，他的几乎每一部作品都有妙不可言的"序曲"。"序曲"是进入每一部作品的大门，往往暗设种种机关，昭示着全书的主题，不明白这一点便偏离了整部作品的本旨，而且"序曲"还起到了论证的作用（遗憾的是，这种作用往往为人所忽视）。柏拉图另一部巨著《法义》的"序曲"甚至有四卷之多，占全书三分之一。而《理想国》只用了十卷中的一卷来交代开场白——看样子"法律"直接关乎生死，需要更充分的准备，而"正义"关乎"良善"（357b5），便显得温和得多。

柏拉图在《法义》中特别谈到了"序曲"的地位。雅典异乡人发现，居然从来没有人说过或提到过"序曲"，也没有人创作过，更没有人揭示过序曲的价值和意义。法律的序曲（或序言）本身独立于法律之外，起到教育、引导和劝服功能，让法律更有效用，在某种程度上实现法律的目标，甚至超越于法律之上（《法义》723c4–6）。

第一节　经典中的修辞（327a1）

《理想国》如是开始（327a1）：*Κατέβην χθὲς εἰς Πειραιᾶ μετὰ Γλαύκωνος τοῦ Ἀρίστωνος* ［我昨天和阿里斯通的儿子格劳孔

下到了佩莱坞]。据说柏拉图为这一句话花费了很大的心血，人们在他留下的手稿中发现了《理想国》开篇前四个词反复修改的痕迹，其顺序也不断变换，最终才成了目前这个样子。① 叔本华也认为："古老作家的思想在其文字中存活了数千年，并因此缘故被冠以'经典'这一荣誉头衔。这些古老作家都是细致、认真地写作。柏拉图的《理想国》的序言据说写了七次，每次都做了大幅改动。"②

尽管有学者认为这个说法很可能是虚构的，③ 但也可表明柏拉图的天成妙手并非随意所得，而是深思熟虑反复推敲的结果。④ 现代学者亦认为："有人曾说柏拉图是个勤奋刻苦的抛光匠，他对自己的对话总是'精心编织'，尤其要反复修改开篇。从柏拉图好些耐人寻味的开篇来看，此

---

① 见拉尔修，《名哲言行录》（希汉对照本）3.37，徐开来、溥林译，桂林：广西师范大学出版社，2010，页301。几乎每一部注疏或研究《理想国》的书，都会提到这个古老的传说。

② 叔本华，《附录和补遗》，韦启昌译，上海：上海人民出版社，2020，卷二，页656。

③ B. Jowett and L. Campbell, *Plato's Republic*, *edited with notes and essays*, Oxford: Clarendon Press, 1894, V. 3, p. 4（下引此书，简作《〈理想国〉注疏》）。这套最早的《理想国》注疏本虽然一问世就遭到了肖立（Paul Shorey）等人的批评（见 *The American Journal of Philology*, V. 16, No. 2, 1895, pp. 223 – 239），并且很快就为亚当（J. Adam）的评注所"取代"（*Republic of Plato*, Cambridge, 1902。下引此书，简作《〈理想国〉疏证》），但亚当的评注太过简略，而前者对研习来说，似乎更适用。斯林斯（S. R. Slings）也看到乔伊特和坎贝尔当了德国古典学家维拉莫维茨的"替罪羊"（*Critical Notes on Plato's Politeia*, Brill: Leiden, 2005, p. 22）。

④ 瓦伦，《〈理想国〉字义》，页153 – 154。

言不虚。"① 国内学者也逐渐认识到了这一点。②

从《理想国》第一句话就可以看出,其内容虽然是苏格拉底与其他人的"对话",但整体上却是他向其他某些不知名的人转述"昨天"($\chi\theta\acute{\epsilon}\varsigma$)所发生的对话,因此,《理想国》本质上是苏格拉底的"独白"(这与苏格拉底的形象颇不相符,值得深思)。③ 正如任何"独白"都是一场与自己或与潜在对手的"对话"一样,我们如果把这场"独白"放到更为宽广的思想史中去考察,就会发现《理想国》主要不是记载苏格拉底与格劳孔等人的对话,而是一方面与自己对话,另一方面与城邦对话,同时也是与先贤对话,又是与后人的对话。

正如费拉里所指出的,"内在叙事者"和"外在叙事者"各有不同的功能,绝对不要混为一谈。苏格拉底既是内在叙事者,又是享有特权和自由的外在叙事者,整个《理想国》就是苏格拉底作为外在叙事者的"作品"。④《理想国》是故事中的故事,我们只看到内在叙事,外在叙事被柏拉图刻意隐藏起来了。

柏拉图正是试图借助这场最为漫长的独白,首先与荷马、赫西俄德、品达、梭伦等抒情诗人和历史学家就"正

---

① 威利弗,《〈蒂迈欧〉和〈克里提阿斯〉人物身份考》,黄薇薇译,见徐戬编,《鸿蒙中的歌声:柏拉图〈蒂迈欧〉疏证》,上海:华东师范大学出版社,2008,页84。

② 余纪元,《〈理想国〉讲演录》,北京:中国人民大学出版社,2009,页31。

③ 罗森,《哲学进入城邦》,朱学平译,上海:华东师范大学出版社,2016,页14,48。

④ 费拉里,《城邦与灵魂——费拉里〈理想国〉论集》,页155–156。

义"和"政制"问题展开对话：什么才是真正的正义，什么样的制度才能更有效地帮助我们实现美好的生活；同时也与日渐衰退的雅典城邦进行对话：究竟谁在败坏青年；究竟谁才是真正的不虔敬者；最终，雅典（的政制）为什么会走向衰亡（《理想国》第八卷和第九卷虽是一般性的政体衰亡论的探讨，但并非没有现实的用意）。正如布鲁姆所说，《理想国》是柏拉图所撰写的"苏格拉底真正的《申辩》"。①

苏格拉底当时向哪些人转述"昨天"在佩莱坞（Piraeus，旧译"比雷埃夫斯"）所发生的对话？《理想国》没有交代。因此从整体上看，《理想国》没有"序曲"，或者说《理想国》的"总序曲"隐藏了起来——尽管这篇言辞之中所转述的言辞有"序曲"。柏拉图为什么要隐藏起这个"总序"，如果不隐藏的话，这篇"总序"应该是什么样子呢？这个问题殊难回答，我们只能在小心翼翼地解读"言辞中的言辞"时慢慢体会。

《理想国》没有"总序"，看起来十分突兀——苏格拉底没头没脑地开始向某个或某些现在暂时还无从知晓的人讲述"昨天"的故事，但如果把柏拉图的所有作品当作一个整体来阅读，苏格拉底向谁讲述《理想国》故事这个问题就会慢慢清晰起来。与《理想国》联系较为紧密的著作有《会饮》《斐德若》《蒂迈欧》《克里提阿斯》和《法义》（如果不考虑《申辩》的话）。进言之，柏拉图著作乃是一部完整的"大书"，每一篇对话都是其中的章节。我们

---

① 布鲁姆，《人应该如何生活——柏拉图〈王制〉释义》，刘晨光译，北京：华夏出版社，2009，页23。A. Bloom, *The Republic of Plato*, New York: Basic Books Inc., 1968, p.307.

会发现，第一部作品《苏格拉底的申辩》（以下简作《申辩》）以"神"这个词结尾，最后一部著作《法义》则以"神"这个词开头，"神"就是柏拉图终生思考的核心问题。

《斐德若》与《理想国》在形式上都描写"出城"。《会饮》的故事主要发生在当天夜晚到第二天早上，苏格拉底在大家都入睡后又去了吕喀昂（Lyceum），在那里待了一整天。① 《理想国》中的苏格拉底跟其他几位对话者聊了一个通宵，接着又向另外几位不知名的人转述了"昨天"发生的对话（苏格拉底身体十分强壮）。

《理想国》与《蒂迈欧》在情节上正好前后相连，② 施莱尔马赫也说，"《理想国》诸卷与《蒂迈欧》和《克里提阿斯》是一个不可分割的整体"。③ 但伯纳德特认为《理想国》和《蒂迈欧》的发生时间相差了 11 个月，这种刻意的差距具有十分明确的象征意义，不过两者终归十分相似，"苏格拉底呈现言辞中最好的城邦，蒂迈欧言辞（呈现）最好的宇宙"。④

在《蒂迈欧》中，苏格拉底简短寒暄（近于"点名"）后，马上就说"昨天我谈了很多关于政制的话"（17c2），然后简短复述了"昨天"所谈的那些与《理想国》极为接近的

---

① 参柏拉图，《柏拉图的〈会饮〉》，刘小枫译，北京：华夏出版社，2003，页 119。

② 另参 Proclus, *Commentary on Plato's Timaeus. Book 1*: *Proclus on the Socratic State and Atlantis*, Trans. by H. Tarrant, Cambridge: Cambridge University Press, 2006, pp. 102 - 103。

③ 施莱尔马赫，《论柏拉图对话》，页 89。

④ 伯纳德特，《情节中的论辩——希腊诗与哲学》，严蓓雯等译，上海：华东师范大学出版社，2016，页 504。

理论，最后，苏格拉底自己打住话头，让大家接着这个话题往下探讨（20b6 - c3）。所以说"苏格拉底下往佩莱坞的情节，始于《理想国》，终于《蒂迈欧》和《克里提阿斯》"①。

从《蒂迈欧》开篇所交代的时间和内容来看，《理想国》很可能是苏格拉底向四位听众讲述他"昨天"在雅典城外所发生的故事。那四位听众在苏格拉底转述之时是否像苏格拉底第一次与格劳孔等人对话一样，不时插话、针锋相对，帮助苏格拉底最终完成了"昨天"未完成的对话，或是从昨天的对话出发开启了新的话题，凡此种种，我们已无法知晓。但我们可以从"苏格拉底"的惯常风格推想，他在向蒂迈欧等人复述他在佩莱坞的 logos［话］时，显然不是原封不动且毫不间断地唱独角戏，而是在新的对话中复述昨天的对话——苏格拉底的谈话从来都是与他人平等的对话，且会视谈话对象而选择不同的话题和风格，即所谓"因材施教"。

柏拉图为什么把《理想国》写成苏格拉底的独白？莫非苏格拉底在向蒂迈欧等人复述佩莱坞会谈内容时，以及与蒂迈欧等人所发生的对话中，有什么不便公开的秘密？我们越明白柏拉图笔下的苏格拉底形象，就越怀疑苏格拉底"昨天"向蒂迈欧等人复述"前天"所发生的对话时，又发生了一场新的关于"理想国"的对话。尽管柏拉图并没有记载这场对话，但这场隐去了的对话却让人无限遐想。我们进一步把柏拉图为什么隐去这场关于"理想国"的对话，与《蒂迈欧》开篇第一句联系起来看，这两个扑朔迷

---

① 普拉宁克，《柏拉图与荷马——宇宙论对话中的诗歌与哲学》，易帅译，上海：华东师范大学出版社，2017，页34，另参页36，80。

离的"谜"似乎就能互相反射光芒,让我们感受它们若隐若现的轮廓。

我们仔细品味《蒂迈欧》的开篇"序曲"(17a – 20c)就会发现苏格拉底在此复述"昨天"的复述时,没有提到《理想国》中的"哲人王"、政体的必然败坏以及最后的厄尔(Er)神话。这是否表明他"昨天"在复述"前天"在克法洛斯家里所发生的对话时,没有向蒂迈欧等四人谈到过这些内容?为什么?这三天的对话发生在三个不同的地方:克法洛斯家、苏格拉底家和克里提阿斯家。苏格拉底在自己家向蒂迈欧等人转述了第一天在克法洛斯家的对话,这时苏格拉底已经回到"城里"。在城里为什么不能完全复述发生在城外外邦人家中的谈话?这是否说明在克法洛斯家的谈话本身就不是在正常状况下展开的,因而不适合在城邦尤其是苏格拉底家这个正常场合下原封不动地复述一遍?或者这仅仅说明对话者不同,谈话的内容也就发生了变化?

《蒂迈欧》与《理想国》的联系,可谓既紧密又松散,既有前后内在的一贯思路,也有相当的差别。德国古典学家维拉莫维茨认为柏拉图也许是重写了《理想国》,尤其是开篇,使之与《蒂迈欧》联系起来。[1] 但《理想国》关于

---

[1] 参 D. J. Allan, *Plato*: Republic *I*, London: Bristol Classical Press, 1940, p. 78。下引此书,简作《〈理想国〉卷一校释》。但康福德持相反的看法,他认为那种把《理想国》与《蒂迈欧》的情节视为连续发生的看法,很可能是一种错误,因为柏拉图不会作茧自缚,也不会一生中只有在克法洛斯家里才谈过一次"理想国",因此《理想国》与《蒂迈欧》并不是前后相连(F. M. Cornford, *Plato's Cosmology*, London: Routledge, 1935, p. 4)。另参《〈理想国〉卷一校释》,页21。不过,瓦伦也认为苏格拉底的听众与《蒂迈欧》中的参与者相同,参《〈理想国〉字义》,页154 – 155。

"城邦制度"的说法，与《蒂迈欧》的"序曲"所概述的制度有很大的不同。这种差异性当然可以归结为，《蒂迈欧》只是简略地复述了苏格拉底向蒂迈欧等人所复述的发生在佩莱坞的那场通宵达旦的对话，这种对复述的复述，或者说言辞中的言辞，因简要而不完整。

但《理想国》本身似乎也不够完整，因为在苏格拉底漫长的复述中，竟然没有任何听众与之进行哪怕只言片语的对话，让《理想国》极为突兀也极为不合常情地成了"利维坦"般庞大的独白。苏格拉底在克法洛斯家履行哲人的职责，通过对话来教导八九个血气方刚的青年，难道第二天在自己家向蒂迈欧等人再次讲述那场对话时，就不需要教化这四位新听众？因此，《理想国》无论如何都是一部极为奇特的著作。

柏拉图笔下的主要人物往往会向不同的对象说不同的话：在《理想国》中苏格拉底的主要对话者是年轻人，而在《法义》中雅典异乡人的谈话伙伴却是两个资深的政治家，我们仅凭这一点也能理解《理想国》和《法义》的主题为什么看来如此大相径庭。但这个普遍法则无法解释《理想国》和《蒂迈欧》的差异，因为两部著作中实际的听众可能都是蒂迈欧等人。

苏格拉底第二天回到城里转述第一场对话时，有四个听众：两个外邦人——罗克里的蒂迈欧和叙拉古的赫墨克拉底，一个雅典人克里提阿斯，以及另外一个碰巧生病而没有在《蒂迈欧》中出场的神秘人物。有学者认为，这个神秘人物可能是阿尔喀比亚德。[①] 在《斐多》中，柏拉图

---

① 《〈蒂迈欧〉和〈克里提阿斯〉人物身份考》，见《鸿蒙中的歌声》，页107。

碰巧也因为生病而没有在场（59b10）。

柏拉图在《蒂迈欧》中"隐去"阿尔喀比亚德，可能需要放在《理想国》这个背景中去理解：难道柏拉图认为阿尔喀比亚德的狂躁就是受了苏格拉底在《理想国》中表面"乌托邦"的影响？苏格拉底真败坏了青年？《理想国》的"内在"情节是在驯服或教化格劳孔等人，但它整体上却是说给积极从政的阿尔喀比亚德等人听的——我们甚至必须把阿尔喀比亚德作为整个《理想国》的主要听众，来理解苏格拉底在《理想国》中的情节与论证，这或许才是《理想国》更广阔的背景和更深刻的意义。

《理想国》讲述了一场看似极不情愿的对话，由此开始了柏拉图式的政治哲学的建构。《蒂迈欧》则接着探讨宇宙生成论，改造当时十分流行的自然哲学，使之为政治哲学服务，或者说为政治哲学奠定神圣的基础。未完成的《克里提阿斯》考察了上古政制，为政治哲学寻求历史经验的支撑。《法义》则让真正的政治哲学大厦最终得以成型。

许多学者看到《理想国》和《法义》——或柏拉图中期和晚期思想——的差异，却没有看到"夫子之道，一以贯之"的整全性。至于巴克所谓《法义》乃是柏拉图垂暮之年血气既衰因而"有点喋喋不休，越来越健忘，以至于翻来覆去，有时还前后矛盾；艺术力量也不如从前"的作品，① 仿佛朗吉努斯论荷马的《伊里亚特》和《奥德赛》一样（《论崇高》9.1），实在有失简陋。沃格林针锋相对地指出，《法义》"反而因其文风的成熟而光彩夺目，这种文风的成熟为某些最伟大的头脑所独有，即使步入晚年，

---

① 巴克，《希腊政治理论》，卢华萍等译，长春：吉林人民出版社，2003，页407。

他们的活力也丝毫不减"①。

柏拉图的思想层层推进、面面俱到,他的每一部著作在其中都有自己恰当的位置,它们之间并不存在对立和转变:仅仅从《理想国》的"下行"和《法义》的"上升"就可看出,这两部鸿篇巨制已然构成了一个圆,一个彼此补足和呼应的"太极图"。人们通常认为《理想国》和《法义》情理相悖,但实际上"《法义》是对《理想国》的补充,就好比《奥德赛》下半部是对上半部的补充一样"②。《法义》和《理想国》无论在形式上还是实质内容上都存在连续性,《理想国》描述的是苏格拉底这位"奥德修斯"的漂泊与回归,《法义》则刻画了随后的再次旅行(近乎"第二次起航")。

《理想国》的主题是言辞(logos)——这也是苏格拉底第一个谈话对象克法洛斯最先提出的概念,正如这位普通的老人最先提出"正义"这个主题一样。其实,整个《理想国》就是一篇"言辞",而书中所描绘的"理想国"就在言辞中(369a5 - 6,另参 592a11)。整个《理想国》乃苏格拉底的"一面之词",尽管"偏听则暗",但我们无法不"偏听",因为我们听不到其他人在苏格拉底复述时有何反馈。但我们可以也必须想方设法"兼听",至少要对《理想国》从根本上乃是苏格拉底"一家之言"这一事实

---

① 沃格林,《柏拉图与亚里士多德》,刘曙辉译,南京:译林出版社,2014,页263。

② 普拉宁克,《柏拉图与荷马》,页 18 - 19。另参郝岚,《政治哲学的悖论——苏格拉底的哲学审判》,戚仁译,娄林校,北京:华夏出版社,2012,页 42。另参 J. Howland, *The Republic*: *The Odyssey of Philosophy*, New York: Twayne Publishers, 1993, pp. 47 - 54。

随时保持足够的清醒。①

当然,《理想国》不只是言辞,因为它的第一个词就表明了热爱言辞的人应当如何行动,因此,《理想国》结合了内在的言辞与外在的行动,更多的是以行动而非言辞来证明柏拉图的理念。与其说《理想国》是"言传",不如说是"身教"。《理想国》中的言辞并不都是"高贵的谎言",多是"半真半假"的混合体,真正重要的不是这些言辞中的言辞,而是言辞中展现的行动。言辞中的言辞,如"模仿的模仿"(595a 以下)或者"影子的影子",当然不如言辞所描述的对象更为真实,毕竟它与行动至少隔着两层,属于远离本质(physis)的"第三代产物"(597e3-4)。一句话,不能太把"理想国"当真了。

苏格拉底把忒拉绪马科斯等人绕得晕乎乎的(358b2-3),最后也没有说什么是正义。他原本打算从城邦来看待正义,但发现城邦必然败坏,没有正义,只好转向末日审判。在《理想国》整体"下降"趋势中,正义本来就不可企及。苏格拉底没有明确界定正义,但他的行为本身以及最后的"审判"本身就是正义的体现——在古希腊语中,dike[正义]的原初意义即"审判"(参《伊里亚特》18.506,508)。②

苏格拉底知道,如果要尽可能清楚地把握正义,还需要走"另外一条更长的路"(504b1-3),这就不是《理想

---

① 许多名家(尤其是现代人如波普之类)的解读,似乎或多或少由于没有体会到这一点而无法进入苏格拉底的世界,更不用说理解柏拉图了。

② 莫非苏格拉底认为在此世不可能有正义,只有在末日审判时正义才会莅临?或者说,难道苏格拉底认为,在人那里本就没有正义,正义只掌握在神明手中,也就是只有神义论,而没有人义论?

国》的问题了(《法义》中三位老人的道路就颇为漫长,参625b1－2)。当然,这并不意味着《理想国》没有讲清楚正义问题,它是通过"形式显示"(借用现象学术语)让我们"看到"正义,正如施特劳斯所说:"第一卷肯定不是在教导什么是正义,而是把苏格拉底驯服忒拉绪马科斯表述为一件正义的行动,就让我们看到了正义。"① 不仅第一卷如此,《理想国》全书也主要是让我们通过苏格拉底的行动和指示,去"观看"什么是正义,什么是美好生活等等。

第二节 现实中的政治(327a1－5)

苏格拉底为什么要下到佩莱坞去?他是主动前去看热闹(327a3),还是被某人(比如格劳孔)软硬兼施强行带到那里,犹如他们回城时被威逼利诱地带到了克法洛斯家里?他为什么带的是格劳孔而不是其他人,比如同样属于子侄辈的阿德曼托斯,或者同龄老友克里同?为什么去的是佩莱坞,而不是别的地方?苏格拉底没有交代,但这三个问题互有关联,最后一个问题可能最简单,是我们破解这些谜团的入口。

一、佩莱坞

柏拉图的《理想国》处处透着让人惊讶的"奇怪"之处:一个中年人(苏格拉底)带着一个年轻人(格劳孔)

---

① Leo Strauss, *The City and Man*, Charlottesville: The University Press of Virginia, 1964, p. 138。中译可参施特劳斯,《城邦与人》,黄俊松译,上海:华东师范大学出版社,2022,页147－148。

去城外一个乱糟糟的港口，看一个第一次举办的稀奇古怪的节庆，莫名其妙来到一个外侨家里，跟一大帮年轻人说些不靠谱的话——尽管他们谈论的话题看起来是正经的"正义"问题，但在一个没有政治权利的异乡人家里跟一大帮"不能承受严肃"的年轻人讨论再严肃不过的"理想国"，简直不可思议。① 苏格拉底后来被迫抛出的那些理论，诸如共产共妻共子，即便在当时也称得上惊世骇俗。要知道，苏格拉底谈话时没有灯光，大家甚至没有吃晚饭（纯粹的哲学追求似乎离现实生活非常遥远），书中满是"非常异议可怪之论"，我们不禁怀疑柏拉图有什么让人捉摸不透的企图。《理想国》不是那么清晰得可以一眼望穿的纱帘，即便"复调说"也无法涵盖其结构特质。②

"佩莱坞"是《理想国》的第一个实词，实实在在成为全书如此多谜团的入口，也是苏格拉底进入正义问题的大门："正义"不能在自身中产生，靠对立面而生成和存在。"不义"（330d8）无论逻辑上还是时间上都在"正义"（330d9）之前，要讨论"正义"，就必须先透彻研究"不义"（尤其是第二卷格劳孔和阿德曼托斯的观点）。

"佩莱坞"离雅典不远，只有五六公里，但终归是在雅典城之外——正如哲学在政治之外。《理想国》的故事发生

---

① 柏拉图在所有著作中都特别强调年轻人在经验和智识上的不足，不能向他们过多谈论他们无法承受的严肃话题（《法义》659e3-4），更不允许年轻人对现实政治、法律指手画脚说三道四：这不是他们应该做也不是他们能够做的事情。而老人们要谈论比较重要的事情，也不允许有年轻人在场（《法义》634d-e）——所以才有了所谓"夜间议事会"。

② 参拙著《宫墙之门——柏拉图政治哲学发凡》，北京：华夏出版社，2005，页151-152。

在城外，真正直接为苏格拉底进行哲学辩护——而非单纯司法辩护——的《申辩》却发生在城内，发生在城邦最核心的地方。另外一场同样发生在雅典城外的对话是《斐德若》，而在政治哲学史上更重要的《法义》中的对话也发生在城外，且离雅典非常遥远。《理想国》与《法义》之间的"距离"或许正好与此相反：在雅典城内讲述的《理想国》与雅典相去甚远，而发生在克里特岛上的那场对话却非常"雅典"。

佩莱坞位于雅典地区的边缘，在经济文化和精神气质上与雅典格格不入。这种"遥远"也为"佩莱坞"这一名称所证实：精雕细琢的《理想国》开篇这个地名前面居然没有冠词！"柏拉图违背常规删掉了冠词，使得本来特指的地名具有了泛指的寓意。"① 据考证，柏拉图故意省略了冠词，是在玩双关的文字游戏："来到佩莱坞"（εἰς Πειραιᾶ, 327a1）就是来到"遥远的地方"（ἡ περαία, beyond-land）。② 这个遥远的地方很可能是赫拉克勒斯和奥德修斯历尽艰辛为了活命而去的"哈得斯"，即冥府。苏格拉底下到佩莱坞，堪比赫拉克勒斯的苦役（下降到地府去捉拿三个头的狗，比较《理想国》关于灵魂的三分法），也仿佛是奥德修斯去地府卜问前途，尽管这个未卜的前途

---

① 刘小枫，《王有所成》，页35。

② Eva Brann, *The Music of Republic: Essays on Socrates' Conversations and Plato's Writings*, Philadelphia: Paul Dry Books, Inc., 2004, p. 118. cf. Corinne Praus Sze, *Plato's Republic I: Its Function in the Dialogue as a Whole*, Unpublished dissertation presented to Yale University, 1971, p. 100. "佩莱坞"（Πειραιεύς）与副词 πέρα（远）形近，而与形容词 περαῖος（海对岸的地方，海外之地）更近。一条河把佩莱半岛和阿提卡分开，故名。

其实早就注定了。①

《理想国》的"下降""冥府""回城""异乡人""末日审判"等主题与《奥德赛》完全一致,甚至"《理想国》的第一个字就是柏拉图对荷马修辞所进行的重新塑造,这便将听众和读者置于倾听奥德修斯叙述旅途故事的佩涅罗佩的地位"②。苏格拉底就是奥德修斯,完成非同寻常的磨难,游历了人世和仙界,懂得了政治哲学的真谛。"柏拉图似乎一再让读者注意到在苏格拉底和奥德修斯的叙述之间的平行关系。因为正像很多人注意到的,《理想国》中充满了《奥德赛》的主题。"③

《理想国》第一个词的翻译处理成为鉴定译者理解水平或者译著质量的一个不大不小的标志,也是理解《理想国》最隐秘的入口:

> 除非我们阅读《理想国》能像苏格拉底的那位朋友倾听苏格拉底一样,即能够理解他的第一个字里所隐含的相认的爱欲,否则柏拉图对话将永远都是遥远而陌生的事物。苏格拉底话语中生动的幽默和戏剧的分量(dramatic weight)将受到误解,而柏拉图对其一生所做叙述的意义,也将继续被埋没在错误的教条学说的碎石瓦砾下。④

从很多方面都可以看出,佩莱坞就是冥府的意象或者

---

① 刘小枫编,《〈王制〉要义》,页173。
② 普拉宁克,《柏拉图与荷马》,页39。这部著作详实地分析了柏拉图的主要著作与荷马史诗的(对应)关系。
③ 费拉里,《城邦与灵魂》,页170–171。
④ 普拉宁克,《柏拉图与荷马》,页133–134。

"冥府的符号"。① 作为雅典的海军基地和商贸中心，这个海港是雅典（激进）民主的坚强堡垒，与雅典的传统形成尖锐的对峙。② 对于伟大的雅典来说，可谓成也佩港，败也佩港，更明确地说，成也民主，败也民主。柏拉图把"佩莱坞"写进《理想国》，可能与雅典在伯罗奔尼撒战争中的失败紧密相联，或许是在反思雅典文明衰落的原因：民主导致了高贵理想的没落——这在《理想国》第八、九卷就更清楚了。《理想国》开篇第二个词"昨天"清楚地表明，雅典的辉煌、高贵和伟大都已随着苏格拉底这位"牛虻"（《申辩》30e4 – 5）而成为过去。③ 柏拉图的《理想国》在缅怀已然逝去的荣光，更是要纪念自己的、雅典的乃至人类的导师。

柏拉图有意把第一卷的佩莱坞和第七卷的洞穴以及最后一卷的冥府相提并论，由此构成整个《理想国》三位一体的主要脉络：佩莱坞—洞穴—冥府，形成了《理想国》的环形结构（ring composition）。在佩莱坞这个洞穴中，克法洛斯等人就是无法转头的囚徒，而苏格拉底不仅转头看到了身后的火光，走出了洞穴，来到太阳照耀下的真正世界，还重新下降回到洞穴。苏格拉底的"下降"或许不算成功（另外可能还有时代的原因），却并非没有意义。哲人苏格拉底的死亡至少让柏拉图成了政治哲人。我们虽然不能简单地把苏格拉底比喻成古典政治哲学的祭品，但他终归成就了柏拉图式的政治哲学。

---

① 沃格林，《柏拉图与亚里士多德》，页 105。
② 普拉宁克，《柏拉图与荷马》，页 66。Z. Planinc, *Plato through Homer: Peotry and Philosophy in the Cosmological Dialogues*, Columbia: University of Missouri Press, 2003, p. 61.
③ Stanley Rosen, *Plato's Republic: A Study*, p. 20.

苏格拉底作为民主政治的牺牲品,当然深知民主的弊端,这或许就是他带格劳孔来佩莱坞的用意所在。柏拉图的确是在为其师辩护,但在成功辩护的同时,还指出了那件案子更深的寓意:就算没有败坏青年,就算信奉了城邦所信奉的神,就算成为一个有智慧的虔诚的好人,也远远不够。

苏格拉底看得很清楚:在佩莱坞这个"希腊世界最古老的民族大熔炉"(汤因比语),① 各种新潮事物涌入雅典,导致礼崩乐坏。不仅佩莱坞,整个雅典都已成为洞穴。佩莱坞的囚徒们礼敬国外的神明,不再相信自己城邦的神,而雅典来的哲学家也在智术师运动中狂热地宣扬着激进的革命理想。整个雅典充斥着改良、革命、求新、反叛的兴奋情绪。从古老的文教秩序来看,这种新奇的气息其实是衰败的气息。②

佩莱坞是整个雅典的窗口,也是哲人"观其妙""观其徼"和"观其复"的好去处。苏格拉底带领格劳孔来到这个激情沸腾甚而忘乎所以的地方(也可能是格劳孔软磨硬泡的结果),就是要"现场办公",让孔武粗鲁、满脑子狂热理想的格劳孔亲眼看看触目惊心的现实场面——尽管他的哲学方案最终不仅不能收拾这样的局面,还可能会火上浇油,最后把勉强还可居住的家园变成天国的范式。对于凡人来说,家园当然就虚无化了,人们也就有可能"无家可归"。如果我们善意地把苏格拉底同样"发烧"的方案视为装样子的"归谬"或者"高贵的谎言",那么我们在阅读《理想国》时,就必须随时提醒自己,苏格拉底是

---

① 刘小枫编,《〈王制〉要义》,页57。
② Leo Strauss, *The City and Man*, p. 67.

在放大格劳孔、阿德曼托斯、忒拉绪马科斯等人的逻辑，最后在荒唐和无奈同时也有几分真实的结局中，实现哲人下降的教育功能。

与奥德修斯和赫拉克勒斯的"为己"不同，苏格拉底在"利他"。苏格拉底既是一个历尽艰辛与世俗斗争的英雄，也是一个带领和指导别人"转头"和前进的先知（有如《奥德赛》中的盲先知特瑞西阿斯），正是这种双重身份让《理想国》显得颇为含混：

> 如果我们把苏格拉底看成一位智慧的盲先知，引导某人经历一次下降，甚至是一次连他自己也未曾经历过的下降，那么苏格拉底就拥有了一个完全不同的神话形象。"我下去"，苏格拉底说；但，是"和格劳孔"一起。这就把苏格拉底描绘成一位引导者，而不仅仅是对格劳孔富有吸引的密友，由此也就非常适合《理想国》开篇的场景。一位老者，以其才智与学问卓然不群，带领着一个涉世未深的年轻人，帮助他在幽暗的世界中寻找自己的道路。这样的情节当然需要一位英雄上下求索。然而，这位盲向导终有一天摔倒在路边，无论他怎样努力地拉住同伴的衣角。①

苏格拉底是一位"引导者"，有如引领魂影的神使赫尔墨斯："他手里握着一根美丽的金杖，他用那金杖可随意使人双眼入睡，也可把沉睡的人立时唤醒，他正用那神杖召唤，众魂灵啾啾跟随他。有如成群的蝙蝠在空旷的洞穴深

---

① 奥康纳，《重书柏拉图戏剧中的诗人角色》，见费拉里编，《柏拉图〈理想国〉剑桥指南》，页60–61。

处啾啾飞翔。"① 苏格拉底生前和死后的功绩都配得上尼采所谓"世界历史的一个转折点和漩涡"(尽管尼采是在批评的意义上这样说)。②

苏格拉底在佩莱坞这个满是利蠹和市侩的地方建立所谓的"理想国",这本身就是对"理想国"最大的讽刺。苏格拉底在《理想国》中对贸易、金钱或私人性的东西(包括财产)给予了极为严格甚而近于禁欲般的限制,而雅典异乡人在《法义》中则明确地规定言辞中的美好城邦不能建立在离海很近的地方(704a 以下)——这意味着商业和冒险,也就意味着"善"的危险。佩莱坞不是雅典的福地,也不是凡夫俗子的理想家园,更不是功成身退的哲学家颐养天年的"至福岛"(540b6-7)。就算苏格拉底想要建立"理想国",也不可能建在海港上:这里是佩莱坞,不能在这里跳舞。

二、神明

苏格拉底带着格劳孔下到佩莱坞,不是来讨论正义的,更不是来做哲学思辨游戏——尽管最后还是被迫卷进了纯粹正义论的探讨之中,他是来朝拜那位女神,顺便看看佩莱坞人专门为那位女神举办的庙会(327a2-3)。

在《申辩》中,我们知道,人们指控苏格拉底的罪名是"败坏青年,不信城邦所信的神,而是代之以信奉新的神灵"(24b9-c1)。而在《理想国》中,我们则听到了柏

---

① 荷马,《奥德赛》,王焕生译,北京:人民文学出版社,1997,页438。
② 尼采,《悲剧的诞生》,孙周兴译,北京:商务印书馆,2017,页111。另参丹豪瑟,《尼采眼中的苏格拉底》,田立年译,北京:华夏出版社,2013,页32。

拉图对苏格拉底真正的申辩：苏格拉底并没有败坏青年，相反，他还带领青年去朝圣，并在回城的路上，去一个侨民家中教导他们要绝对地追求正义，不管正义是否有好处。此外，苏格拉底并非不信神——苏格拉底悄悄把人们对他的指控"不信城邦所信的神，而是代之以信奉新的神灵"偷换为"不信神""无神论"或"不虔敬"（《申辩》26c4-7，另参35d1-2），但实际上他的罪名并不是不虔敬。现在，柏拉图就试图证明，苏格拉底是虔敬的，而真正"不信城邦所信的神，而是代之以信奉新的神灵"也就是引入新神的，不是苏格拉底。

苏格拉底带着格劳孔去朝拜的究竟是哪一位神明？柏拉图在这里又安排了一个陷阱，他在模糊与精确之间绷紧了读者的想象力，制造了巨大的理解落差：与上一行的"佩莱坞"故意省略了冠词的情形刚好相反，这里的"神明"前面有冠词，且不明确指出那位神明的尊号。"那位神明"在雅典一般指雅典的保护神"雅典娜"（《蒂迈欧》21a2和26e3），这就让人感到颇为蹊跷，因为对雅典娜的祭拜应该在城里，而不是在一个满大街新鲜玩意儿的沿海开放城市（尽管雅典离海也不远）。

后来苏格拉底遮遮掩掩地揭示了这位神明的身份：她是从忒腊克（旧译"色雷斯"）来的女神，佩莱坞人对这位异方神的祭祀节庆，尤其是神圣的宗教游行，甚至有可能不比忒腊克人办得差（327a5）！最后，忒拉绪马科斯才说出了这位神明的大号：本迪斯（354a11）——由这位蛊惑人心的智术师点出这位女神的大名，可谓相得益彰。苏格拉底朝拜的不是本邦的雅典娜，而是遥远异国的本迪斯！随着情节的开展，这种落差便愈发具有了象征的意义。

佩莱坞第一次为本迪斯举办节庆（327a2-3），她在雅典是不折不扣的"新神",而苏格拉底的罪名之一便是信奉新神。她作为忒腊克的狩猎女神,即便等同于雅典的阿尔忒弥斯,也毕竟不是雅典城邦所信奉的神。这位新神不是苏格拉底引入的,苏格拉底只是随大流去看热闹,本迪斯在公元前429年前后就已经成为一种合法的"公共崇拜"(沃格林语)。① 在柏拉图的春秋笔法中,雅典城邦对苏格拉底的控告无异于贼喊捉贼,或者说"无疑是在打自己的耳光,因为城邦本身也在引入新神,至少是对崇拜外邦神的做法表示宽容"②。

苏格拉底在熙熙攘攘的佩莱坞看到的大多是忒腊克来的商贾,以及像克法洛斯那样从叙拉古等海外之地蜂拥而至的异乡人,他们带来了琳琅满目的商品,也带来了异质的语言、习俗和宗教,忒腊克的本迪斯崇拜就是其中之一。忒腊克还是俄耳甫斯和狄奥尼索斯的故乡,前者代表神秘,后者则象征侵略与非理性。忒腊克人是崇尚战争和劫掠的民族(希罗多德《原史》5.3),所有这些东西对于雅典的传统宗法文教都很危险。这个节庆意味着雅典已经败坏了。

本迪斯神、忒腊克以及下文即将看到的各种正义论,尤其是以不义为正义的流行意见(358c8),都表明了忒腊克的激情(435e4)与雅典的爱知($\varphi\iota\lambda o\mu\alpha\vartheta\acute{\varepsilon}\varsigma$, 435e7)具有同等的地位,传统的价值体系由此轰然倒塌。从佩莱坞的本迪斯节庆可知,苏格拉底已处在与古老的雅典及其祖传的生活方式相对立的另一极,"我们嗅到了新鲜和奇怪

---

① 刘小枫编,《〈王制〉要义》,页172。
② 尼柯尔斯,《苏格拉底与政治共同体——〈王制〉义疏:一场古老的论争》,王双洪译,北京:华夏出版社,2007,页49。

的，也就是败坏的气息"①。或者说，"柏拉图选择这个时间、地点作为对话的场景，暗中指责了雅典的堕落"②。

这种败坏和堕落与苏格拉底及其下降有什么关系？此外，对于这种礼崩乐坏的局面，哲人该怎么办？

三、审思

苏格拉底此行的目的有两个：朝拜与观看。他带着阿里斯通③的儿子格劳孔下到佩莱坞来朝拜那位女神，同时还想看看他们以什么样的方式搞节庆。这里的"同时"（ἅμα，327a2）便暗中透露出苏格拉底此行的主要目的不在于朝拜，而在于"观看"。那个表示苏格拉底意愿的"想"字，只与"看"有关，而无关乎"朝拜"。但这两个目的本身相互矛盾，"朝拜"属于宗教范畴，"观看"则是哲学事业。这有似于"两希冲突"，即代表信仰和启示的希伯来和以理性为核心目标的希腊之间的冲突。

苏格拉底（即Κατέβην一词所表示的"我"）与格劳孔是"我们"，而那些为本迪斯女神搞节庆的人是"他们"（327a3）——包括本地人（327a4），以及外来的忒腊克人和叙拉古人，还包括住在当地的雅典人，也就是"我们"中的"他们"（此亦败坏之相）。佩莱坞与"（雅典）城"（327b1）相对立，忒腊克也与雅典相对峙。苏格拉底"想"的大约就是要观察和审视这种隔阂究竟有多深，如有可能，还想看看如何针对"他们的方式"来消弭这条鸿沟，

---

① Leo Strauss, *The City and Man*, p. 63.
② 尼柯尔斯，《苏格拉底与政治共同体》，页49。
③ 阿里斯通，希腊语为"最好的人"。有其父必有其子（368a4，另参580b9），苏格拉底带着他去佩莱坞必有深意在。

至少在上面搭起一座桥梁。

这里的"看"(θεάσασθαι,327a3,另见327b1的θεωρήσαντες)表示一般意义上的"看",更多时候表示一种"静观",一种审查性的看视,它的结果就是所谓的"理论"(theory),近世所谓"世界观"(Weltanschauung)亦同此意。换言之,"'观看'行为将不是一次白天的游览、无聊时的消遣,而是有最为严肃的一生的活动。这一'视象'的器官将不再是身体的眼睛,而是'灵魂的眼睛'"(参540a)①。

苏格拉底的"看"与下文珀勒马科斯的"望"(κατιδών,327b2)和"瞧"(ὁρᾷς,327c7)不同,亦不同于克法洛斯的"见"(ἰδών,328c5),苏格拉底的"看"不是"看热闹"的"看",而是"哲人"的"观"。第七卷是《理想国》的核心,也有许多种"看",可谓意义非凡:"这四个在不同场合重复出现的命令式用词(ἰδὲ,514b5;ὅρα,514b9;σκόπει,515c4;ἐννόησον,516e3),使得听众成为一个沉迷于思索真理的幻想家(seer)。"②《理想国》以各种各样的"看"开端,接下来却是铺天盖地的"说"(即ἦν[我说]和ἔφη[他说])。但全书在一个"寓言故事"(ἀπόλογον,614b3)③后以"做"(πράττωμεν,621d3)这个

---

① 西格尔,《"神话得到了拯救"》,董赟译,见张文涛编,《神话诗人柏拉图》,北京:华夏出版社,2010,页232。
② 马特,《柏拉图的神话戏剧》,罗晓颖译,见张文涛编,《神话诗人柏拉图》,页6。
③ "寓言故事"(ἀπόλογος)在希腊语中近似于ἀπολογία,即"申辩"。《理想国》最后的"厄尔"神话才是苏格拉底自己最动听的真实申辩,而《申辩》不过是一篇劝谕书。

词结尾，尽管最后的"做"更多具有祝愿或祝福的含义。①

苏格拉底实地考察礼崩乐坏的现状，看到了异方因素的侵袭和民主的景象，并看看有什么应对的办法——这是哲人的本色和本分：哲人上升的标志就是"看"。普通人也能"看"，但无法转头，只能看到面前的东西，即真实事物的影子（515b5）。挣脱了枷锁而能够转头和往上走出洞穴的哲人，却能看到影子的来源——火光和真实事物本身，还能向上走到太阳下，审视（516a9）各种事物，甚至可以直接观看太阳。

此外，苏格拉底来佩莱坞不是来看新"神"，也不是来看望老友——他与自己后来被迫看望的克法洛斯似乎算不上真正的朋友。苏格拉底是来看"方式"（τρόπον）的，不是单纯看热闹。《奥德赛》开篇第一行所说的奥德修斯的绰号πολύτροπον，既表示"到处漂泊"，也表示"足智多谋"，即"方式"多。奥德修斯看到（ἴδεν）过人间很多"城"，也懂得了他们的"思想"（noos），见多识广，当然也就足智多谋，苏格拉底亦然。

苏格拉底前来观看"他们以什么样的方式搞节庆"，当然不是仅限于自己的兴趣，他成天忙忙碌碌劝人向善，利乐有情，这次下到佩莱坞也不例外。由此我们大约可以推想：

> 苏格拉底下到佩莱坞就是为了格劳孔，而且是应格劳孔的请求。毕竟，谈话之前的所有决定，就我们所观察到的那样，都是格劳孔做出的。色诺芬告诉我

---

① 《理想国》结尾的"εὖ πράττωμεν"，中译作"诸事顺遂"，是古希腊人信札常用的祝福语。

们,苏格拉底为了卡尔米德斯和柏拉图而对格劳孔特别上心,治好了格劳孔极端的政治野心。……苏格拉底带着急于下降的格劳孔下降到佩莱坞,就是要找到一个不唐突的机会来治疗他极端的政治野心。当然可以说,《理想国》为任何形式的政治野心提供了迄今设计得最崇高的治疗。①

苏格拉底看到礼崩乐坏,便想着恢复政治的健康。② 整个《理想国》,尤其作为核心的"言辞中的城邦",也许不是一剂良方,却必定是对现实的猛烈批判和正面交锋,至少可以治疗格劳孔膨胀的欲望。③ 这就是《理想国》的核心目标"正义",它不在于"理论性的观看",而在于用这种"观看"来行动。

第三节 寡头与民主(327b1–328b3)

一切都很顺利,苏格拉底此行两个表面上的目的似乎都已完成,苏格拉底一行人该回城了。至于苏格拉底回城后会就自己在佩莱坞的所见所闻做些什么,我们从他一贯的做派大概可以略知一二:去市场找人探讨自己在佩莱坞的观察所总结出的宏大问题。不过这次稍有不同,没等回

---

① Leo Strauss, *The City and Man*, p. 65. 另参色诺芬《回忆苏格拉底》3.6.1。费拉里认为苏格拉底的政治野心与那两兄弟殊途同归,看样子也需要治疗(《城邦与灵魂》,页34)。

② Leo Strauss, *The City and Man*, p. 63. 另参施特劳斯、克罗波西编,《政治哲学史》,李洪润等译,北京:法律出版社,2009,页27。

③ 奥康纳,《重书柏拉图戏剧中的诗人角色》,见费拉里编,《柏拉图〈理想国〉剑桥指南》,页82。

到城里，他就要被迫交代或吐露自己的"看"法。由于时势所迫，他只好用一种完全不同于城里的方式向一个完全异样的"法庭"交代自己的想法。这里是佩莱坞，不是雅典，苏格拉底的表演必定不同寻常。

苏格拉底要回的这个加了冠词的"城"就是"雅典"，即自己的"家"（327b2）。与奥德修斯的归返之旅一样，苏格拉底的回家之路也充满了艰辛，也必须依靠智力而非武力。与奥德修斯不同，苏格拉底没有回到家，因为他回城时出了岔子。

当然，苏格拉底要回的"雅典"或许不是那个已经受佩莱坞影响乃至摆布进而与佩莱坞没有差别的"城"，而是"昨天"（327a1）的雅典。苏格拉底虽然严厉批判了荷马等传统诗人，但他要回到的正是沐浴在荷马式文教中的雅典，至少是梭伦时代的雅典（梭伦算得上是柏拉图"哲人王"的原型）。因而这条回家的路，就是"回头"的路，正如施特劳斯所说：

> 悔改就是回归，即从错误的道路回归正确的道路。这暗示了我们曾走在正确的道路上，后来才转向错误的道路。原本我们就走在正确的道路上；原本并无背离或罪恶或不完美。人原本就在家里，在他的天父的寓所。由于疏离，由于罪恶的疏离，他成了一个异乡人。悔改，回归，就是回家。①

---

① 施特劳斯，《古典政治理性主义的重生》，郭振华等译，叶然校，北京：华夏出版社，2017，页295。

《理想国》的回城之路与正义之路都不平坦。① 《理想国》颇多戏谑的成分，但也充斥着暴力和危险。克法洛斯的儿子珀勒马科斯率先让苏格拉底感受到了这种"暴力"，他让童仆跑去命令苏格拉底等着他，童仆便前去抓住苏格拉底的外袍，并说道："珀勒马科斯命令你们等着"（327b5）——《理想国》中第一个说话的居然是一个奴隶，而且是一个小孩子！剧中人说的第一个词竟然是"命令"（Κελεύει），这在柏拉图的作品中不能不说是一个极为奇特的开端。这个词当然可以翻译为更为温和的"吩咐"或"要求"，② 但即便如此，依然让人感受到强烈的压迫感。

　　童仆的"抓住"其实就是"抓捕"（罪犯）的象征。童仆的话，不过是在传达珀勒马科斯的命令，这里反复出现的"命令"（327b3，b4，b5）和"等着"（327b3，b5，b7），在修辞上重复和冗长，让人感到很不舒服。妙笔生花的柏拉图故意犯下了如此低劣的写作"错误"，当然不是没有用意的。从"佩莱坞""昨天""格劳孔"到"童仆""命令"等，《理想国》一开始就展示了自身的非比寻常。

　　珀勒马科斯的话一点儿不客气（Polemachos 在希腊文中就是"战争统帅""军阀"之义），他的"命令"不是民主的"协商"或"决议"，而是君主的"敕令"。苏格拉底自述道，"我转过身来，询问他在哪里"（327b5-6），苏格拉底刻意强调了"我"。苏格拉底这位哲人虽然已经具有

---

① 另参《理想国》364a2-3；赫西俄德《劳作与时日》287-292；色诺芬《回忆苏格拉底》2.1.28。
② 《牛津希英大辞典》（LSJ）专门著录了《理想国》327b，译作 bid（命令，吩咐）。顾寿观和何祥迪译作"命令"，郭斌和与王太庆译作"请"，溥林译作"吩咐"和"要求"。

了"转身"的能力（与518d9的 μεταστραφήσεται 是同一个词），但他的询问作为一种"请教"和"商量"，与珀勒马科斯的"命令"正相对照，显得异常温和。莫非苏格拉底知道自己作为"异乡人"的身位而故意如此小心？而本来真是异乡人的珀勒马科斯反倒如此狂傲和不客气——真是咄咄怪事。更为奇怪的是：哲人苏格拉底的转身是异乡人珀勒马科斯逼迫的结果，而苏格拉底进一步下降到洞穴深处，也是由于这位普通人的强迫！

《理想国》所记载的第二个真正说话的还是那位童仆。他说："他（即主人）在那里，正从后面赶来。你们就等着吧。"（327b6-7）最后一句既可以理解为直陈式，也可以理解为命令式，但这里显然是后者。① 与上文一致，这是童仆第二次命令苏格拉底和格劳孔等着。这个不必要的重复再次凸显了"命令"的强制性，即汉语所谓"三令五申"。

柏拉图接下来的记述再次出人意料，首先便在于回答的人不是"我"，而是另有其人，且其语气也颇为怪异："那我们就等着"，格劳孔如是说（327b7-8）。柏拉图在"格劳孔"前面加了冠词，当然不仅仅表明此人就是苏格拉底带着一同下到佩莱坞的那位阿里斯通的儿子。与现代西语一样，人名前面一般不需要加冠词（但《理想国》第一卷的大部分人名前都有冠词）。仅仅就冠词来说，《理想国》的开篇就显得如此不对劲：该有的地方没有，不该有的地方反倒有。这里加上冠词，当然是为了起强调作用，表示某种诧异之情。

---

① J. Highwood, *Plato's* Republic: *Book I*, *Vocabulary*, *Syntax*, *Exercises*, Oxford: Joseph Thornton & Son, 1909, p. 3.

格劳孔替苏格拉底做出了最初的"等待"决定，接下来还为他们两人做出了"留下"的决定（328b2）——这位子侄的举止超出了他的身份。格劳孔的出场如此高调，尽管没有过多的笔墨，却也让人想起忒拉绪马科斯出场时可叹可笑的情景。格劳孔的"勇敢"和"不得体"由此得见，而《理想国》的内容后来便成了一种肆无忌惮的勇敢游戏，处处"不得体"，愈发奇异。

柏拉图用了三个完全相同的句式进一步加强了《理想国》开头的"强迫"色彩。一番唇枪舌剑后，珀勒马科斯最后说："那你们就留下来吧。"（ἀλλὰ μένετε，328a9）据古典语文学家研究，童仆口中的ἀλλὰ［但是，就］是一种规劝或劝诫性的用法，表示抗拒和反对。格劳孔反对童仆口中那个词所蕴含的假设，并不想等着。①

过了一小会儿就等来了珀勒马科斯一行人，他们好像从宗教性的游行队伍而来。在这一行人中，除珀勒马科斯外，柏拉图暂时只点出了两个雅典人：阿德曼托斯（格劳孔和柏拉图的哥哥）和尼基亚的儿子尼刻拉托斯。尼基亚是大名鼎鼎的将军，公元前421年在伯罗奔尼撒战争第一阶段中代表雅典签订"尼基亚和约"。② 为什么这两位雅典人会"正好"跟珀勒马科斯一起参加为本迪斯举办的节庆？为什么是尼基亚的儿子？莫非这同样预示着雅典青年不是被苏格拉底而是被城邦引入的异域因素所败坏？

阿德曼托斯比格劳孔更加理智和审慎，似乎是需要教化也值得教化的年轻人——他后来在《理想国》中起到了

---

① 乔伊特和坎贝尔，《〈理想国〉注疏》，页4。
② 关于尼基亚，参普鲁塔克，《希腊罗马名人传》，陆永庭等译，北京：商务印书馆，1990，页537以下。

至关重要的作用。尼刻拉托斯的出场显然为了彰显《理想国》的时代背景,也为了预告后来出场的忒拉绪马科斯,还预告了荷马史诗在《理想国》中的命运。据亚里士多德说,忒拉绪马科斯看到尼刻拉托斯在朗诵比赛中被人击败后蓬头垢面的样子,就把他比作被咬伤的菲罗克忒忒斯(《修辞学》1413a7 – 10)。①

这条材料说明尼刻拉托斯与忒拉绪马科斯过从甚密。色诺芬的记载也能说明这一点:尼基亚将军希望自己的儿子能够成为好人,便要他背诵荷马史诗,尼刻拉托斯也争气,很多年后还能完整背诵。②《理想国》第二、三、十卷讨论荷马史诗时,他本来应该是最合适的对话者,③可惜他自始至终一言不发,而讨论的重任却交给了未必"可与言诗"的阿德曼托斯。苏格拉底对荷马史诗的批评难道真让他无话可说?最为重要的是,这位沉默不语的颂诗人(同时也是演说家的学生)死于伯罗奔尼撒战争结束后在雅典上台的三十僭主之手(参色诺芬《希腊志》2.3.39),与珀勒马科斯命运相同!

珀勒马科斯看到等在那里的苏格拉底,便直接对他说:"苏格拉底,我想你们好像是要离开,赶着回城。"(327c4 – 5)柏拉图在这里把"珀勒马科斯"一词放在句首,也与一般把说话人放在句子中间的做法大不相同,显然是为了强调"这位珀勒马科斯"。珀勒马科斯明知故问。

---

① 中译文见《罗念生全集》,上海:上海人民出版社,2004,卷一,页351。

② 色诺芬,《色诺芬的〈会饮〉》,沈默译,北京:华夏出版社,2005,页42 – 43。另参《拉刻斯》200d。

③ D. Nails, *The People of Plato*, Indianapolis: Hackett Publishing Company, Inc., 2002, p. 211.

他们双方都观看了游行（珀勒马科斯一行人很可能还参加了游行，而苏格拉底仅仅是旁观），但没有碰到，他们参加节庆的目的也不相同。珀勒马科斯知道苏格拉底的"意愿"，但仍执意要强迫苏格拉底留下来，苏格拉底接下来的"劝说"自然不会有什么效果。

珀勒马科斯说的第一个词是"我想"（δοκεῖτέ，327c4），这种"想"或"猜"的结果是"意见"（δόξα）；而苏格拉底"看"或"审思"的结果是"理论"。他们的距离比刚才所说的"从远处"（327b2）还要远得多——他们之间接下来的冲突当然也就不可避免。但"理论"必须面对"意见"，从"意见"开始思考：接下来的三种正义观进一步说明了古典政治哲学的这个基本"原理"。

对于珀勒马科斯的搭讪，苏格拉底平平淡淡地回答道："你猜得不错"（327c6）——这是苏格拉底在剧中第一次真正说话（他刚才问童仆的话只是间接提及），而这句话的第一个字却是否定性的"不"。这或许是希腊文的正常语序，但柏拉图也可能有意为之，以表明苏格拉底接下来所设计的理想蓝图的"否定"性质。

就在苏格拉底平淡无奇的以否定表示肯定的回答后，对话异峰突起，珀勒马科斯没头没脑地来了一句："你瞧见我们多少人了吗？"苏格拉底对此也许很纳闷，但同样平淡地回答道："怎么会没瞧见？"苏格拉底说的第二句话也是以否定来表示肯定。珀勒马科斯的话与此前童仆的话一样不大合宜，正如苏格拉底接下来问克法洛斯临死的感想一样，鲁莽而失礼。珀勒马科斯一上来就摆出了决战的架势，他明确地（尽管有些戏谑的成分）诉诸武力：人多势众，就是统治的理由或资格（title）。他所说的 ὅσοι ἐσμέν（327c7），可以翻译为"我们有多少人"，也可以理解为

"我们多么强大"。① "瞧见"是第二人称单数,下文"变得"则是第二人称复数:让苏格拉底瞧局势,却让苏格拉底和格劳孔一起改变局势。

珀勒马科斯接着便抛出了刚才那句突兀问话的目的:"既然如此,你们要么变得比(我们)这些人更强大,要么就留在这里。"(327c9)珀勒马科斯用的是命令式,不是直陈己意,更不是商议。珀勒马科斯后面的话更清楚地表明,强者(统治者)的旨意即便以"选择"的面貌出现,也绝不可能有商量的余地。这里所说的"更强大"就是上一句"多"的具体化,指体力或武力而非脑力或智慧方面的强大。

珀勒马科斯依据的是弱肉强食的"丛林法则",一种自然的或前政治状态的法则,也是忒拉绪马科斯所代表的一般人最真实的想法:正义乃是强者的利益(338c5)。珀勒马科斯诉诸强权,当然是正道(这是"正义"最古老的含义)。此外,它还符合"少数服从多数"的民主原则,以数量而非质量为准则。② 可见民主并非不是强权统治。

对于珀勒马科斯的武力挑衅,苏格拉底尝试了另外的解决办法:"难道就没有留下(另外)一个(可能性),我们说服你们放我们走?"(327c10-11)苏格拉底说的第三句话仍然是以否定性的词汇开头(Οὐκοῦν)。苏格拉底打算诉诸政治手段,即劝说,避免暴力冲突。事态从无法控制的武力到温和有序的劝说,从前政治状态进入了政治领域。

---

① 瓦伦解释为:You see "our strength", do you?(你看到了"我们的力量",是吗?)见《〈理想国〉字义》,页157。

② 其余如贵族、君主、寡头则在数量缺失的情况下诉诸"质量",aristocracy [贵族制] 的词头 aristos,即是"最优秀"之意。

但苏格拉底的努力无果而终,因为他已经被"囚禁"了。

这里的场景类似于《申辩》,苏格拉底因某种罪行而被拘押,他作为一个嫌犯需要说服法官,表明自己无罪,才能获释。在《理想国》中,格劳孔大度地恕苏格拉底无罪(451b3),而后者也请求"释放"(451b6,另参 449b6),珀勒马科斯等人就是这场"审判大会"的陪审员。当然,此时还只是强制"收监"——童仆的"抓住"(327b4)就预示了这一点,真正的"申辩"要被带到克法洛斯家里后才开始。

珀勒马科斯大概知道苏格拉底的辩才,当然更因为自己这方人多势众,处于优势地位,没有必要与少数派多费唇舌,便干脆而彻底地拒绝了苏格拉底的动议,语气中甚至带着轻蔑和嘲讽:"你们居然能够说服根本就不听的那些人?"(327c12)格劳孔再次不得体地插话说"绝无可能"。珀勒马科斯便明确告诉他们:"那么,你们考虑吧,反正我们不会听。"(327c14)珀勒马科斯甚至懒得解释他们为什么不听。对于统治者来说,其行动的理由不言自明,不需要向臣属交代。

双方陷入僵局,武力与言辞针锋相对,相持不下。机敏老成的阿德曼托斯站出来调解,他"诱惑"苏格拉底:"难道你们不知道靠近傍晚时,要为那位女神举办马背上的火炬接力比赛吗?"(328a1-2)这段话的句式也颇为奇怪,而且阿德曼托斯的话再次让"那位女神"的身份变得黑暗和模糊起来——似乎火炬也无法照亮她。雅典也有"马背上的火炬接力赛",但那不是为了纪念阿尔忒弥斯或忒腊克的异方神,而是纪念赫尔墨斯、赫斐斯托斯、雅典娜或普罗米修斯。① 夜晚即将来临,《理想国》中此后再也没有火光,除了在第七卷的洞穴中。

阿德曼托斯恰到好处的圆场避免了冲突的恶化,② 他既抓住了苏格拉底此行的第一个目的,即朝拜女神,也俘获了哲人好奇的本性(亚里士多德说哲学产生于好奇)。苏格拉底对这种"新鲜"的比赛表示出了足够的兴趣(328a3-5),因为雅典本土的火炬接力赛是徒步奔跑,佩莱坞的方式则是骑手接力,而且是为异方神明举办!③ 雅典已彻底"异化"。

珀勒马科斯看到苏格拉底心有所动,趁势再添了很多诱惑,这些诱惑大体上与苏格拉底此行的"第二个"目的相一致。珀勒马科斯的"诱惑"分为三个层次:观看、夜宴和交谈,比阿德曼托斯的"诱惑"更多、更大、更强。不过,珀勒马科斯也从武力转向了言辞,这当然要归功于阿德曼托斯,因为珀勒马科斯"此外"(328a6)的种种诱惑都是顺着阿德曼托斯所指的思路而提出来的。

珀勒马科斯先诱之以"观看":"此外,他们还要举办通宵节庆,值得一看。"(328a6-7)"通宵节庆"的字面意思为"夜晚的一切"(刘小枫先生译作"闹通宵"),近

---

① 希罗多德《原史》8.98,中译见《历史》,徐松岩译注,上海:上海三联书店,2008,页452。另参柏拉图《法义》776b3-4。另参 Ilias Arnaoutoglou, *Ancient Greek Laws: A Sourcebook*, London: Routledge, 1998, pp. 120-121。瓦伦,《〈理想国〉字义》,页157;艾伦,《〈理想国〉卷一校释》,页80。
② Leo Strauss, *The City and Man*, p. 64.
③ 参亚当,《〈理想国〉疏证》,页3;瓦伦,《〈理想国〉字义》,页157。

于如今夜生活的嘉年华,以歌舞为主,① 常常献给神秘的冥府神明,如德墨特尔(冥后珀尔塞福涅的母亲)。这些节庆与珀勒马科斯许诺的第二个诱惑"吃饭"一样,都是感官的享受,因为宗教祭祀已蜕化为空洞的狂欢。而且在后来的哲学思辨过程中,这些生活化的允诺压根就没有兑现:理性之光取代了自然之光,言辞的较量代替了火炬比赛。施特劳斯总结道:

> 《理想国》的情节(action)是一种节制或自制的行为(act),这种节制或自制是针对身体方面的快乐乃至需求,也是针对观光的快乐或好奇心得到满足的快乐。这一情节揭示出苏格拉底式复辟的特征:满足心灵(mind)取代了满足身体和感官。②

不过,珀勒马科斯心目中的"观看"与苏格拉底的"观看"很不同(尽管是同一个词),但他的提议正中苏格拉底下怀。他还进一步"投其所好":苏格拉底这位"牛虻"最乐意干的事情,莫过于同年轻人"交谈"(328a9)。苏格拉底虽然没有出来参加夜晚的享乐并与晚会中的年轻人交谈,但他也许享受了与克法洛斯家里那帮年轻人彻夜的交谈。包括"审思"与"交谈"或"辩论"在内的哲学活动,总是与政治衰败息息相关:不知是哲学导致了这一

---

① 刘小枫,《王有所成》,页 56。另参索福克勒斯《安提戈涅》行 1146 – 1152 和欧里庇得斯《赫拉克勒斯》行 781 – 783。
② Leo Strauss, *The City and Man*, p. 69.

切,还是哲学正是礼崩乐坏后产生的。① 总之,哲人无法抗拒理性的诱惑或者使命的召唤。

珀勒马科斯抛出了三重诱惑后,再次命令道:"你们就留下吧,不要拒绝。"(328a9-b1)② 这时格劳孔再次替苏格拉底做出决定:"似乎只能留下了。"多欲的格劳孔显然受到了欲望的诱惑,《理想国》第二卷那个充满欲望的城邦就是格劳孔的杰作。据色诺芬记载,格劳孔未满二十岁就野心勃勃想当城邦的领袖(这至少要在三十岁以上才有资格),一心要成为演说家,亲戚朋友都制止不了他。苏格拉底为了柏拉图及其叔父卡尔米德斯的缘故而关照他,也只有苏格拉底才能管住这位充满"欲望"($\dot{\epsilon}\pi\iota\vartheta\nu\mu\tilde{\omega}\nu$)的愣头青。③ 格劳孔血气方刚、勇敢聪明,但缺乏阿德曼托斯的审慎或克制。④ 格劳孔有如城邦的武士,可以改造也值得改造成护卫者甚至更高层次的统治者。

事已至此,苏格拉底只好说:"既然你这样想,就只好

---

① 尼柯尔斯说:"他(按指珀勒马科斯)建议大家一起讨论,这在不经意间表明,政治衰败与哲学活动同时发生。雅典人的智识活动与城邦生命力的衰退相伴而生吗?"(《苏格拉底与政治共同体》,页50)

② 另参《理想国》328d4,338a1-2、a5(《申辩》中没有这个句式);比较《克里同》45a3,46a8,不过,克里同劝苏格拉底"不要拒绝"的是"逃跑"(44e3),而不是珀勒马科斯的"留下",二者刚好相反。ἄλλως ποῖειν是一个惯用表达法,等于"拒绝""婉辞",参 J. Adam(*Platonis Crito*, Cambridge University Press, 1888)和 J. Burnet(*Plato's Euthyphro*, *Apology of Socrates and Crito*, Oxford: Clarendon Press, 1924)对《克里同》45a3 的相关注疏。

③ 参色诺芬,《回忆苏格拉底》,吴永泉译,北京:商务印书馆,1984,页105。另参《理想国》359c3。

④ 另参《理想国》368a2-3,403a4-5,468b9-12,474c8 以下,尤其 d4;Stanley Rosen, *Plato's* Republic: *A Study*, pp. 12, 21。

这么办啰。"（328b3）在布鲁姆看来，苏格拉底这句话近似于政治集会中通过一条法律或法规，是由最高权威发布时所使用的语言，因此这句话就应该翻译成：既然如此决定了，就必须执行。① 苏格拉底把珀勒马科斯、阿德曼托斯和格劳孔等人的商议结果看成必须遵守的民主政治的决议，这让人想起了《申辩》和《克里同》。

无论如何，抓住（即逮捕）、命令、拒绝听劝等武力冲突，最终在劝说、诱惑和修辞的帮助下，变成了颇具政治意味的妥协。政治不能仅仅依靠武力，还需要友爱、契约和妥协。但武力似乎贯穿着整部《理想国》（甚至对哲人下降还要使用暴力），而对政治而言最重要的友爱却没有得到足够的宣扬，这不是《理想国》的不足，而是这部"被迫"之作的必然结果。无论如何，"苏格拉底勉强向既成事实（fait accompli）做了让步。由此，智慧与权力达成了妥协，一个微型共同体形成了。在此之后，他们举行了投票，批准了他们的决议，一个新的统治原则出现了：同意。同意是无权的智慧和无智慧的权力的混合物。所有的政治生活，都将被建立在这种或多或少令人满意的妥协之上"②。这一切，都指向"民主"。

---

① Joe Sachs 主张翻译成：Well, if it seems good, that's what one ought to do（好吧，如果这样看起来很好，那也就是应该做的），他的理由是原文中虽然没有"好"字，但"看起来"这个词就已经暗含了"好"这层意思，也就是说，当"看起来"一词单独用来指一项决定，比如政治集会的决议，那么它就包含了"好"（*Plato Republic*, tran. by Joe Sachs, Newburyport: Focus Publishing, R, Pullins Company, 2007, p. 19 n. 2）。刘小枫也译作"既然你觉得好，就应该这样去做"（见《王有所成》，页51）。

② 布鲁姆，《人应该如何生活》，页29。

哲学屈从于多数人的暴力，与苏格拉底的死如出一辙。但尊重既定的事实，服从多数人的决议，这是一位绅士基本的要求，也是"正义"最粗浅的含义。施特劳斯指出：

> 苏格拉底别无选择，只能接受压倒性多数人的决议。选票取代了枪炮；选票只要在还能记起枪炮的前提下才有说服力。因此，我们所看到的关于正义的对话，得归因于强制和劝说的混合。转向这样的混合，或转向这一类混合，就是一件正义之举。正义本身、责任、义务，就是强制与劝说的混合，就是高压与理性的混合。①

苏格拉底的选择体现了一个绅士和公民的正义，正如他的下降或行动一样，只不过前者是消极的正义，而后一种积极的正义乃是古典正义的本质。

苏格拉底的"回城"之旅暂时中断了，但《理想国》的道路却在这个无可奈何的妥协中开始。不管苏格拉底是不是故意要让自己的 logos 发挥作用，也不管苏格拉底是不是假装被迫而实则主动带格劳孔来佩莱坞以教育他，不管珀勒马科斯戏剧性的"逼迫"有多大力量，也不管那些"诱惑"起了多大作用，反正苏格拉底最后留下来了。

第四节　虔敬与革命（328b4–c4）

包括苏格拉底在内的"我们"无可奈何地接受了"大众"的决议后，不得不去珀勒马科斯的家。苏格拉底此前

---

① Leo Strauss, *The City and Man*, p. 64.

的"回家"(327b1)与此时的"回家"(328b4)虽是同一个词,含义却截然不同,甚至相反!此前是回雅典城中自己的家,那是一种上升;此时却是回异乡人在佩莱坞港口的家——这个家不管是克法洛斯还是珀勒马科斯掌管,①反正都不是苏格拉底的家。

《理想国》直到最后也没有再提到苏格拉底重新踏上了回城之路:末尾的"厄尔"神话谈到了向天国的飞升,但那里上升的却不是苏格拉底。苏格拉底去往珀勒马科斯的家,是下降。如果说苏格拉底"下降到佩莱坞"是第一次下降,那么到佩莱坞的珀勒马科斯家中则是第二次下降。我们从柏拉图的"洞穴"喻知道,哲人需要被强迫,才能下降到城邦中去关心和护卫他人——这本身就是"正义"(520a7-9),但在《理想国》开篇做出这个"强迫"的正义之举的,居然是一个异乡人,而且还是一位青年。

《理想国》全书都在描述下降,它被伯纳德特正确地称作"第二次起航"。② 这次起航让苏格拉底成为政治哲人,但如果我们把苏格拉底后来那些反讽性的话语当成他真实的想法,那么,即便有了第二次起航,苏格拉底也未必能够真正成为政治哲人,或许苏格拉底还需要第三次乃至更多的起航,不断上升和下降。这第三次起航最终由柏拉图完成

---

① 据古典语文学家考证,这里虽然使用了"回珀勒马科斯的家"字样,但并不意味着佩莱坞的那个家就是由珀勒马科斯掌管。父亲克法洛斯既然健在,就是当然的当家人。

② Seth Benardete, *Socrates' Second Sailing: on Plato's* Republic, Chicago, 1989, p.1. 中译可参伯纳德特,《苏格拉底的再次起航——柏拉图〈王制〉疏证》,黄敏译,上海:华东师范大学出版社,2015。

了——他成为政治哲学的集大成者,虽然他的老师是开拓者。

简单地说,从关注外界自然到关注政治人伦,即如西塞罗所说,把哲学从天上拉回地上,引入城邦,放进千家万户,这固然是一个了不起的伟大转变,是政治哲学的肇端,但这次转变仅仅是转变而已,或者说仅仅起航了,还远没有达到转向或起航的目标。阿里斯托芬在喜剧《云》中对苏格拉底的嘲讽,自非无风起浪——否则柏拉图为何要写一大本《理想国》以直接针对阿里斯托芬的嘲讽来为其师辩护呢?① 仅有"灵魂转向"(518d3-4)还不足以从伦理学走向政治哲学这个顶峰。

苏格拉底到了珀勒马科斯的"家",这里比佩莱坞更私密,很多不适合在大街上谈论的话题在这里都没有问题。如果佩莱坞是洞穴,那么珀勒马科斯这个异乡人在佩莱坞的家比佩莱坞更远离雅典,更是洞穴之下的洞穴。佩莱坞毕竟还是雅典的一部分,而珀勒马科斯的家与雅典政治几乎毫无关系(异乡人或外侨在雅典没有政治权利):苏格拉底来到了洞穴的深处。

珀勒马科斯的家本来也颇具洞穴的气息。苏格拉底在那里首先看到了珀勒马科斯的两个弟弟,吕西阿斯和欧蒂德谟,然后看到了忒拉绪马科斯、卡曼提德斯、克莱托丰,最后是珀勒马科斯之父克法洛斯。刚才拽住苏格拉底的外袍命令他停下来的那位童仆肯定也在场,只不过奴隶们似乎不值一提(苏格拉底那些惊世之论其实更不适合那些无

---

① Leo Strauss, *The City and Man*, p. 66;施特劳斯,《古典政治理性主义的重生》,页186。布鲁姆,《人应该如何生活》,页115-116,128。斯科菲尔德,《柏拉图:政治哲学》,页162。

名无姓的奴隶)。《理想国》全部十一个人物都出场了,后来克法洛斯离开,参与者正好是十个人,①五个雅典人,五个外地人,这正是佩莱坞鱼龙混杂、新旧交替乃至礼崩乐坏的象征。②

要读懂《理想国》,就需要了解苏格拉底究竟在对谁讲话,因为他讲什么样的话与他对谁讲话密切相关。施特劳斯特别告诫我们,要注意柏拉图对话中的行为、场景和情节:"苏格拉底与之交谈的人是何种类型的人?他的年龄、性格、才能、社会地位以及外貌是怎样的?对话是在何时何地发生的?苏格拉底的交谈行为是自愿的还是被迫的?"③

已经在珀勒马科斯家的人物可以分为两组,一组是他的家人,另一组则是忒拉绪马科斯以及两名追随者。如果不算克法洛斯,珀勒马科斯家里的五个人中,忒拉绪马科斯正好处于中心的位置,④乃是他们的精神领袖。苏格拉底的主要对手不是用强的珀勒马科斯,也不是勇敢的格劳孔,而是他们的偶像忒拉绪马科斯。

柏拉图第一次提到忒拉绪马科斯时(328b6),特意在前面加上了三个小品词 $\kappa\alpha i\ \delta\grave{\eta}\ \kappa\alpha i$ [还有]。古典语文学家认为这个非同寻常的表达是要人们特别注意这位(与

---

① 希腊人崇尚数字"十",为此,毕达哥拉斯不惜生造出第十大行星来,他以"地球"为基础,为这个子虚乌有的行星杜撰了一个叫做"对地"的名字。

② Leo Strauss, *The City and Man*, pp. 62–63.

③ Leo Strauss, *The City and Man*, p. 64.

④ 阿德曼托斯在第一次出现的三人里也居于正中,可见他在《理想国》中的重要性。

哲学修辞学相对的）普通修辞学大师，表明此人非常重要。① 哲学家苏格拉底不仅取代了代表传统力量的克法洛斯，更要取代流行的权威、蛊惑人心的智术师，还要取代代表古老文教的荷马，成为年轻人乃至所有人的教师。

富有的克法洛斯家族虽是外邦人，却与雅典的政治有着密切的联系。克法洛斯家族在三十僭主统治时期被抄家，珀勒马科斯被处死，其原因大概与上文提到的尼刻拉托斯被处死一样，都是由于太富有（在场却一言不发的卡曼提德斯是一名司库）。吕西阿斯靠贿赂才得以逃脱三十僭主的迫害，到了国外，由此成为民主流亡势力的资助者。克莱托丰也反对三十僭主的统治。

在座者年轻、富有、充满幻想，都有不同寻常的政治野心。与此相反，苏格拉底已年过半百，几近赤贫，不大参与政治（《申辩》23b，另参 32e）。那些年轻人支持民主，大多成了僭主政制的受害者，乃是顺理成章的事。但苏格拉底并不反对民主政治，却死于推翻僭政后重新建立起来的民主政治——这是多么大的讽刺！

《理想国》的背景是"三十僭主"统治以及苏格拉底之死。克法洛斯一家本来过着安定富足的生活，却由于僭主上台而变得破败不堪，死的死，逃的逃。苏格拉底本来虔诚地按照神明的旨意过日子，不计个人利益、劝人向善、与世无争，却因政局动荡送了命。为什么会出现这种让人

---

① 乔伊特和坎贝尔，《〈理想国〉注疏》，页7；艾伦，《〈理想国〉卷一校释》，页81。艾伦还说这个词组表示忒拉绪马科斯不常来，是稀客。但吕西阿斯、克莱托丰等年轻人都是修辞术的修习者——修辞本身就是民主的产物，再加上忒拉绪马科斯还是本邦（卡尔克冬）派到雅典来的使节，因此，忒拉绪马科斯应该是雅典人家里的常客（另参柏拉图《斐德若》267c）。

百思不得其解的难堪境地？珀勒马科斯等人后来死于非命，莫非与苏格拉底的"教导"有关？反过来说，苏格拉底的死亡，是否与珀勒马科斯等人数年前的死亡有着什么隐秘的联系？珀勒马科斯、尼刻拉托斯和苏格拉底都是正义的人，为什么会死于非命？

克法洛斯在《理想国》中最后一个出场，却是第一个与苏格拉底讨论何谓正义的人。柏拉图对克法洛斯出场方式的刻画，充分表明了他的家里就是一个"洞穴"。从苏格拉底上次见到克法洛斯以来，已经过了好一段时间：此前着意刻画的空间上的距离消失了，现在出现的是时间上的距离，这种距离并不因克法洛斯这位老人的离去而消失——苏格拉底也是半百老人，他与其他人在年龄上的距离贯穿《理想国》始终。

《理想国》处处告诫我们，不应该向无法承受严肃也无法理解本质、更不宜知道真相的年轻人讲述那些不该讲述的东西。正如施特劳斯所说：

> 在一个由神法统治的共同体中，是严格禁止在有年轻人的场合，将那些法律置于真正的讨论亦即批判性的审察之下的；然而，苏格拉底不仅是在有年轻人的场合，而且是与他们对话来讨论自然权利——而自然权利这一课题的发现是以对祖先法典或神的法典的质疑为前提的。①

结果苏格拉底却讲了很多不合适的东西：太严肃的

---

① 施特劳斯，《自然权利与历史》，彭刚译，北京：生活·读书·新知三联书店，2016，页86。

"批判"、太离谱的"理想"、太露骨的"数典忘祖"（过度批判荷马）、太高深的"形而上学"、太不近人情的"生活方式"、太残酷的"政治心理学"、太让人绝望的"政体腐败论"、太遥远太虚幻太无望的"末日审判"。

苏格拉底一进门就看到克法洛斯头戴花冠（328c2），坐在有垫子的椅子上。"有垫子的椅子"前面的不定代词为文本增加了一丝模糊性，① 让人产生联想。柏拉图在这里玩了一个文字游戏："垫子"（προσ-κεφαλαίου），本指属于头部的东西（κεφάλαιος），也就是头枕，② 后来才泛指包括坐垫在内的靠垫。"头枕"（或垫子）的字面意思是"为了"（προσ-）"头"（-κεφαλαίου），后者在希腊语中就是"克法洛斯"（Κέφαλος），因此头枕暗指洞穴中专门为"克法洛斯们"准备的枷锁（514a5–6）。③

希腊人献祭时常常"头戴花冠"，问题是克法洛斯要向谁献祭？克法洛斯的献祭与墙外的本迪斯节没有关系：他的装束表明他是向"宙斯"这位"家宅保护神"献祭，这位保护神就供奉在前院中。④ 这样一来，苏格拉底与克法

---

① 亚当，《〈理想国〉疏证》，页4。
② Eva Brann 直译作 head‑rest，见 The Music of Republic, p. 118。
③ 有人认为这里的场景类似于荷马史诗《奥德赛》3.32以下，年迈的涅斯托尔坐在儿子们中间，迎接一位外来客；但亚当认为这种看法站不住脚。艾伦认为"带垫子的椅子"没有什么特别之处，还说"除非柏拉图是在描述一个他真的记得的场景"（《〈理想国〉卷一校释》，页81），此说甚谬。柏拉图的著作不是"报告文学"，这里所谓"垫子"绝非信笔甚或闲笔。
④ 瓦伦对这里的"院子"提出过详细的解释，事关克法洛斯献祭的对象，值得稍微说明。"院子"就是房屋中间一个方形的露天地方，四周是台柱，正中是 Ζεὺς ἑρκεῖος（家宅保护神宙斯）的祭坛，也就是克法洛斯祭祀的地方（《〈理想国〉字义》，页159）。

洛斯就形成了有趣的对照：本国人去朝拜外邦小神本迪斯，而外邦人则祭祀雅典大神——完全乱套了！

克法洛斯不管给谁献祭，① 都足以说明他虔敬，他后来还谈到自己害怕死后遭不义。仅从外在的形式上看，苏格拉底与克法洛斯也有着很多相同之处。苏格拉底在阿提卡半岛的外沿（outer edge）朝拜神明，克法洛斯则在家宅的外沿（即前院）祭祀神明，而且克法洛斯已处在自己人生的"外沿"上——这是苏格拉底最先注意到的事实。② 难道只有上了年纪，经历了风浪，临近死亡，产生了恐惧（330e），才会变得虔敬？果如是，《理想国》绝非虔敬之作！

苏格拉底一行人挨着克法洛斯坐下，那里放着一些椅子，围成圆圈（328c3-4）。苏格拉底坐在摆好的椅子上，就像下降到洞穴中的哲人回到原来的地方（516e3-4）。古典语文学家意识到，这里似乎是房屋中一个特殊的地方，座位安排成了半圆形，但又认为这种摆法在其他任何地方来说都不足为奇。③ 也有学者认为，椅子上的垫子仿佛是剧场用的枕垫，椅子的摆法形如剧场，克法洛斯家里准备上演一场大戏。④

柏拉图这里也许只是随手记录了希腊人座位安排的习俗，但也可能有深意，让人想起《伊利亚特》："长老们围

---

① 这里的"献祭"是完成分词，柏拉图刻意强调其动作意味。

② Corinne Praus Sze, *Plato's* Republic *I*: *Its Function in the Dialogue as a Whole*, Unpublished dissertation presented to Yale University, 1971, p. 110.

③ 瓦伦，《〈理想国〉字义》，页159。

④ Corinne Praus Sze, *Plato's* Republic *I*: *Its Function in the Dialogue as a Whole*, pp. 110-111.

成圣圆坐在光滑的石凳上。"(18.503-504,另参《奥德赛》8.6)"这种圆圈之所以神圣,就在于宙斯会亲临主持审判事务,而公共祭坛就挨着公共集会的地方",① 而长老们议事和判案时也会围成圆圈或半圆就座:《理想国》本身就是苏格拉底的"审判"。

"围成圆圈"一词把我们带到了哲学的审判台上,苏格拉底的讲辞一方面是对年轻人的教导或布道,另一方面是对自己所受控告的辩护。很多哲学家固执认为《理想国》是哲学对政治的批判,但我们更应该看到《理想国》是政治对哲学的控诉:过于形而上学的思辨、彻底的批判性反思、理想化的设计,这些看似深刻的东西对于政治的害处远甚于它的教益。

《理想国》是一篇讨伐"理想国"的檄文,控告智术师启蒙运动的理论狂热彻底葬送了苏格拉底和雅典。只不过《理想国》是反着写的,它一本正经把控告的东西放大到荒唐的境地,从而让我们"看"到它的谬误。苏格拉底在佩莱坞的"看",就是为了让我们"看"。

《理想国》开篇的种种奇怪之处都指向了颇具匠心的安排。苏格拉底开头三句话都是"否定"性的,表明《理想国》不是一部"正剧",而是一部否定性的讽剧。苏格拉底始终在城外,只有彻底穿越不着边际的狂想才能回家。苏格拉底这位本地人在异乡人家中就变成了异乡人眼中的异乡人:苏格拉底口中关于共产共妻之类"非雅典"乃至"反雅典"色彩的怪异政治狂想曲必须在一个怪异或异在的地方奏响,也必须由苏格拉底这位双重的"异乡人"来弹奏。一切都那么异地开始,然后又异在地走向了愈发诡异的必然。

---

① M. W. Edwards, *The Iliad: A Commentary*, Vol. v, Books 17-20, Cambridge: Cambridge University Press, 1991, p.217.

第二章 朴素正义论（328c5–331d9）

克法洛斯在《理想国》的正式对话中最先开口说话，也最先提出正义问题，正如由他出面欢迎苏格拉底一样（328c5），这一切都自然而然，毕竟他是这个家的主人，年龄也最大。苏格拉底已在洞穴的深处，坐在了囚徒们中间——这是哲学家最应该待的地方（而不是洞穴外美丽的阳光下）。"正义"在还没有被苏格拉底和克法洛斯等人开始讨论前，就已经到场了。

第一节 欲望与理性（328c6–329d6）

克法洛斯寒暄的话语、客套的请求和自我的标榜，无意中成了对苏格拉底含蓄的批评。克法洛斯一上来就说：

> 苏格拉底呀，你不经常下到佩莱坞，来我们这里。但你真该来。如果我还有能力轻轻松松去城里走走，就根本不用你到这里来，我们反而会去你那里——眼下啊，你更该经常来呀。你要知道，随着各种源于身体的其他快乐逐渐从我这里消退，对言辞的渴望和快乐却由此不断增长。请不要拒绝，同这里的年轻人交往吧，经常来看看我们，就像看望朋友，甚至完全像看望家人一样。（328c6–d6）

克法洛斯所说的"下行"或"下降"与苏格拉底在

《理想国》开篇叙述昨日往事时所使用的是同一个词,克法洛斯对苏格拉底的欢迎辞也充分证明了此前柏拉图一再着意刻画的"冥府—洞穴"意象。

克法洛斯热烈欢迎苏格拉底,让人想到了荷马史诗。在《伊利亚特》中,匠神赫斐斯托斯的妻子卡里斯(而非《奥德赛》中所说的阿芙洛狄忒)也像克法洛斯那样热情欢迎前来请求匠神为儿子打造盔甲的忒提斯(18.386)。这个场景也反映了奥德修斯下降到冥府时受到鬼魂欢迎的情形。① 但《理想国》更可能是在模仿《奥德赛》中的赫尔墨斯,他是引领鬼魂下降到冥府的使者(《奥德赛》24.1以下,另参《斐德若》271c10),那些魂灵就像洞穴深处的蝙蝠一样(《奥德赛》24.6)。

苏格拉底独具特色的"以狗的名义起誓"(399e5,592a7)也印证了苏格拉底乃是引领灵魂的赫尔墨斯的化身。也可以说,苏格拉底来到佩莱坞,就是要像赫拉克勒斯一样到冥府捉拿三头狗(另参《奥德赛》11.626)。② 这条"三头狗"就是具有三重结构的"灵魂"——在希腊语中,鬼魂、魂灵就是灵魂。苏格拉底这位赫尔墨斯—赫拉克勒斯的合体,下到佩莱坞,拯救那些无助无力者的灵魂,拯救民族的灵魂。

苏格拉底必须下降到"我们"这里来,因为包括克法洛斯在内的"我们"像囚徒一样受制于枷锁而无法走动,无法上行。克法洛斯的话语既有对自身的无奈,也有对苏

---

① Z. Planinc, *Plato through Homer*, p. 29.

② 在古代,以狗的名义起誓这一做法,为苏格拉底独家所有。这是一个十分值得考究的现象。这是埃及人常用的发誓方法。埃及的狗神,就是希腊人的赫尔墨斯。参 Eva Brann. *The Music of Republic*, pp. 118–122。

格拉底的请求和命令,而这种请求本身就是对苏格拉底的批评:你必须来,尤其是"眼下"这种礼崩乐坏的时候。哲人不应该拒绝大众的要求,必须同朝气蓬勃的年轻人交往,引导这股新鲜的力量往上走。哲人应该把"我们"当朋友和家人:这是哲学的召唤和哲人的使命!

克法洛斯没有多么高明的知识,"没有能力进行研究性对话"(弗里德兰德语)、"肤浅"(沃格林语),[1] 但他的请求却无比真诚,他对苏格拉底的批评甚至就是在"教导"哲人苏格拉底。年老的克法洛斯之所以有资格教导苏格拉底,就在于他"经历过",[2] 苏格拉底也承认这一点(328e1以下)。克法洛斯身上各种感官的快乐逐渐消退,对言辞的精神性欲望和快乐不断增加——克法洛斯几乎要超越肉体,进入精神性的存在了。老人聚会时感官快乐不及与朋友欢聚、畅谈所带来的快乐多。[3]

《理想国》"追寻正义"之旅首先碰到的便是"享乐"和"欲望",这是正义最大的对手。言辞或理性就是"正义之门"。如果说这里的言辞(logos, 328d4)还不能完全等同于后世哲学上的逻各斯的话,克法洛斯接下来自封为"有理智的人"(nous, 331b7),则让 logos 这种言辞成了 nous 的种子或载体。克法洛斯自称爱好"言辞",当然不仅仅是为了讨好以言辞著称的苏格拉底:超越了肉体的享乐,便自然会走向 logos。

苏格拉底很自然地顺着克法洛斯的话往下接茬,显得

---

[1] 见刘小枫编,《〈王制〉要义》,页59,174。沃格林,《柏拉图与亚里士多德》,页105。

[2] 尼柯尔斯,《苏格拉底与政治共同体》,页52。

[3] 西塞罗,《论老年》13.45,王焕生译,见《西塞罗文集(政治学卷)》,北京:中央编译出版社,2010,页263。

很谦虚，试图从克法洛斯那里学些老年人才具有的睿智——这是苏格拉底一贯的伎俩，但也表明苏格拉底接受了克法洛斯的批评，尽管自称"智者不趋富人门庭"（489b7-8）——这样的"智者"或"哲人"不是真正的"智者"或"哲人"，但既然已经来了，也认可了克法洛斯的说法，便默默地开始哲人的工作。

不过，苏格拉底所提的老年生活的本质问题可能过头了，因为这些问题超出了克法洛斯的能力范围，显得有些恶意。这就是哲学与生活之间永恒的冲突，哲学的"原罪"在于"提出极端问题的做法是一种坏做法，因为它的必然结果之一，就是对德性的习惯的败坏"①。克法洛斯在哲学的一再追逼之下，最后选择逃向"神圣"领域。这也说明哲人的下降未必就能让哲人成为政治哲人，或者说，纯粹理性限度内的哲学可能会对生活产生不利的影响。从天而降的哲人（即阿里斯托芬讽刺的"机械降神"），未必就是我们的"朋友"，更不可能是"家人"。

苏格拉底的提问即便从人之常情来说也显得有些不得体，这说明哲学离生活太远。苏格拉底先谦虚一通，说自己喜欢同克法洛斯这样的老人交谈，但实际情况恰恰相反：

---

① 布鲁姆，《人应该如何生活》，页30。与此相反，布鲁姆的老师施特劳斯却认为苏格拉底的接茬恰到好处，堪称"得体的典范"（model of propriety），因为这个问题给克法洛斯一个机会来显摆自己所拥有的东西，展示自己的幸福，实际上也是一个教育相对更为年轻的苏格拉底的机会（The City and Man, p. 66）。施特劳斯在另外的地方还写道："苏格拉底的提问合宜得体，恰如其分，堪称典范。他给克法洛斯一个机会来谈谈他所拥有的一切好的东西，以展示其幸福所在。"（《政治哲学史》，页27）

他喜欢同年轻人交谈（《申辩》23c2）。① 苏格拉底的"请教"一上来就引用了诗人的话，② 说克法洛斯已经"踏入老年的门槛"，尤其过分的是，苏格拉底问老年人日子是不是特别艰难或难过（328e7），哲人的"原罪"最为直接地触及每个人的"原罪"。

他所引的那句诗是在非常悲惨的语境下说出的，③ 赫西俄德则明确地把"老年的门槛"说成是一种"恶"（《劳作与时日》行331），意味着死到临头。哲人如此不留情面地追问一个普通人对生命的盖棺定论，让老人想到痛苦的事情：年事已高、行动不便、行将就木，的确"并非使之轻松自在，也不是什么'礼仪的典范'，而是对理性限度的测试——一个让克法洛斯不舒服的测试"④。这是哲人的"科学实验"，正如后来的"居吉斯戒指""言辞中的城邦"和"天国的范式"一样。

克法洛斯以宙斯的名义起誓（329a1），这或许显示了

---

① 施特劳斯认为苏格拉底很少碰到克法洛斯这个年纪的老人，所以打算好好请教一番，而克法洛斯则总是与自己年龄相仿的人交谈（*The City and Man*, p. 66）。

② 素以诗人死对头面貌出现的苏格拉底却最先引诗，接下来克法洛斯多次引诗大概是受了苏格拉底的诱导。

③ 《伊利亚特》22.60 和 24.487；另参《奥德赛》15.246，希罗多德《原史》3.14.12。

④ 尼柯尔斯，《苏格拉底与政治共同体》，页55。如果苏格拉底问的不是"老年的痛苦"，而是老年人青年时期的辉煌往事，才是真正为老人提供了一个吹嘘和显摆的平台，至少可以让老人回想起甜蜜的往事，如是，才谈得上"礼仪的典范"。苏格拉底的话与此恰恰相反。

他对苏格拉底追问老年境况这一不得体问题的不快。① 但他还是向苏格拉底讲出了自己的感受：克法洛斯好比是在向冥府的法官讲述自己生前的故事，以便法官据此安排自己身后的命运。

接下来克法洛斯便谈到了"老年"所能获得的经验，也就是对"欲望"这种"恶"（329b2）的克服。一般人到了老年，便会把年轻时期的饮食男女或吃喝玩乐视为最美妙的享受，而把此时无法消受这些乐子视为"恶"。克法洛斯没有提到老年人真正的痛苦，诸如行动不便、记忆减退、力不从心、性情乖僻、易怒、吝啬等等（参西塞罗《论老年》18.65），只是淡淡地说起老年人与家人交往有些困难，这里"家人"当然不是指哲学家（328c6）。克法洛斯没有其他老人的困苦，他已不在乎身体的快乐，也不把身体上的不便看做"恶"。

相反，走到清明理智境地的老人把"性"视为了万恶之首，正如我们所谓的"万恶淫为首"。克法洛斯引用诗人索福克勒斯的话把"性"视为"狂野的主子"或"凶猛的主宰"，只有摆脱了它，才能获得宁静和自由（329c4–7）。西塞罗也引用了索福克勒斯的这句话，认为无所贪求才更令人快乐："一个人的心灵若能在战胜情欲、野心、争斗、仇恨以及一切贪欲之后获得自由，或如常言说的获得解脱，该是多好啊！"②

战胜欲望是为了获得宁静和自由，因为"自然赋予人

---

① 这是《理想国》第一次出现发誓的情况，"我们一般在兴奋或沮丧时才会发誓"（Stanley Rosen, *Plato's* Republic: *A Study*, p. 25）。

② 西塞罗，《论老年》14.49，页264。

的最大的祸害是感官娱乐，它贪得无厌，疯狂地逼近我们去求得满足"，而"如果自然或哪位神明赋予人的最美好的东西是智能，那么这件神圣礼物的最大仇敌便是感官娱乐"①。柏拉图把感官娱乐称作"罪恶之诱饵"（《蒂迈欧》67d），如果肉欲横行，则叛国投敌和乱伦通奸诸多罪行便会如潘多拉魔瓶中的万般罪孽一样大行其道，肆虐人间。肉欲导致精神涣散，产生恐惧和幻觉，不合常理地支配着人类，所以，"必须摆脱肉体，……不是说我们应该结束自己的生命，而是说我们必须设法解脱自己"②。

　　宁静与自由的生活才是"过得好"的生活（329a7-8），才是"幸福"（354a1）："美好生活"堪称古典政治哲学的最高目标（另参亚里士多德《政治学》1252b30）。那些纵情声色并以此为幸福享乐的人其实只知道过日子，最终因放任欲望而让生活不可收拾（《政治学》1257b41-1258a6）。人的存在不应该只是活着，而应该是美好生活（《政治学》1280a31-34）。

　　"宁静"本指"和平"，首先在于内心的"平和"，其次才是与他人相处的非战状态。限制甚或弃绝欲望才能够达到和平安宁，正如克尔凯郭尔所说，"在无限放弃中有着和平安宁"③。法律的目的是要让人们和平相处（《理想国》465b5-6），要引导人们控制或弃绝不正当欲望（即邪欲），让人们灵魂的各个单元各司其职，这样才能获得宁静的生活。用赫西俄德的话说，"和平"才能让鲜花盛开

---

① 西塞罗，《论老年》12.39-40，页260。
② 奥林匹奥多罗，《苏格拉底的命相》，宋志润译，上海：华东师范大学出版社，2010，页118。
③ 克尔凯郭尔，《畏惧与战栗 恐惧的概念 致死的疾病》，京不特译，北京：中国社会科学出版社，2013，页35。

(《神谱》行902),① 而灵魂内在的平和才能让生命之花绽开甚至怒放,结出硕果。

弃绝欲望还可以带来自由,它是一种与勇敢和审慎同样优秀的品质(395c4-5,另参402c1-3)。而"不自由"则是与"肆心"和"疯狂"(400b2-3)一样的罪恶,也与"不节制"和"不像样"(或不雅、可耻)一样是"糟糕的习性"(401b4-5)和"错误的行为"(422a3)。过分热爱钱财,就是一种不自由,堪与对神和人的"傲慢"相提并论(391c5-6,另参469d6)。

不自由的人没有资格从事哲学研究(486b3),哲人会视荣誉为不自由甚至一钱不值的东西(540d5-6)。对护卫者来说,城邦的利益高于一切,因为他们本身就是城邦自由的工匠(395c1)。公民必须自由(387b5-6),因为奴役比死亡更糟糕,即如后世所谓"不自由,毋宁死"。而最大的不自由,不是来自外界的压迫,而来自内在的欲望:在古代,"奴役"与"自由"更多地指内在的精神结构,而不是外在的政治局面。

外在的自由正是民主的核心特质,但颇有随心所欲的意味(557b4-6)和"无政府主义"之嫌(560e5),容易让坏人当道(562c8-d1)。柏拉图对民主多有讥讽之辞,却并不反对民主,他只是认为包括民主在内的所有凡间政体都有着自身的缺陷,而"民主"政体大概是最不坏的:"在民主制城邦这种地方会听到说,自由是人们拥有的最好的东西,因此,民主制就是任何天性自由的人唯一值得居住于其间的制度。"(562b12-c2)

---

① 参吴雅凌撰,《神谱笺释》,北京:华夏出版社,2010,页361。

人们误以为古典政治哲学反对民主,其实不然。① 柏拉图并不弃绝民主,当然不会贬低自由。反之,柏拉图有节制地赞赏自由,认可了"民主制"的合理性,毕竟哲学只能存在于民主社会中,在僭主制社会完全无法生存。但柏拉图批评过度的自由(560e5),因为"过度的自由不会导致别的,只会导致过度的奴役,对个人和城邦都是如此"(564a3-4),僭主制产生自民主制,就是明证(564a6-8)。僭主没有自由(576a5),臣民则受最大限度的奴役(577c7)。

但总有人(包括某些哲学家)会把既没有"条理"(次序)又没有必然性的生活视为"甜蜜""自由"和"福气好"(561d5-7),他们还不如克法洛斯有见识。在克法洛斯这位不是哲人的哲人看来,我们只有全力以赴制止或终结众多的"欲望"(329c7),摆脱它的控制,才能走向轻松而理性的生活,第二卷中"居吉斯的戒指"的故事(359b6以下)再次证明了这个道理。理性能够抑制欲望,增强判断力,清明坚毅,所谓无欲则刚。"灵魂在摆脱同肉体的一切联系,开始变得清洁、纯真之后,才真正成为有智慧的",② 因为"情欲阻碍思想,是理性的敌人,它会蒙住智慧的眼睛,不可能与美德并存"③。美德或德性比理性和智慧更重要。

克法洛斯在摆脱肉体的欲望,走向言辞、理性和理智的时候,他实际上已经触摸到了"正义"的本质或基础,也就是"四主德"中的第一个和第三个德性,即"智慧"

---

① 施特劳斯,《什么是政治哲学》,页27。
② 西塞罗,《论老年》22.80,页276。
③ 西塞罗,《论老年》12.41-42,页261。

(428b1，即西塞罗《论老年》12.40中的mente和22.80中的sapientem）和"节制"（430d1，又译"审慎"，即西塞罗《论老年》12.41中的temperantiae）。

克法洛斯进一步指出，人生的种种痛苦不在于"老年"，而在于人的"气质秉性"或曰"人性"（329d3-4）。① 这里所说的"秉性"，就是上文苏格拉底所要研究的"方式"（327a3），因此克法洛斯的话可以"哲学地"解释成：人生的诸多困苦，不在于年龄，而在于人的存在方式！克法洛斯把"性情"或"方式"具体表述为"有序"和"随和"（329d3-4）。尽管克法洛斯没有多高的学识，也谈不上有多少智慧，但数十年的生活经验让他首先提出了"人应该如何生活"的问题，而这是整个《理想国》的基本问题，也是古典政治哲学最关心的问题。

如何理解"有序"和"随和"这种足以克服各种困难的生活方式？② "随和"原义指"好肠胃""好胃口""消化良好"，近于所谓"大肚能容"，引申为平易待人。③ "有序"（κόσμιοι）则颇为难解，它是κόσμος［秩序、规矩、宇宙］的形容词，本指"井井有条的"，即"有秩序的""守秩序的""规规矩矩的"。"有序"或"守规矩"与公共生

---

① 布鲁姆译作the character of human beings。他在注释中详细解释了anthropos（人），却没有解释tropos（性，方式）。伯纳德特把tropos译作temperament（性格、气质、性情）。阿佩尔（O. Apelt）译作Gemuetsart（气质）。

② 布鲁姆译作balanced and good-tempered，Sachs译作orderly and peaceable，更接近希腊原文。肖立在Loeb丛书中译作temperate and cheerful，离希腊文太远。格鲁伯和里夫在库珀编的《柏拉图全集》中译作moderate and contented。阿佩尔译作gesetzt und vertraeglich（老练和平易）。

③ 参瓦伦，《〈理想国〉字义》，页162。

活相关,"平易"或"宽容"涉及私人秉性。克法洛斯这里所谓守规矩、讲秩序和宽以待人就是他后来"欠债还钱"这一朴素正义论的萌芽,"朴素"并非"低级",反倒是真切和实际。

可见人的存在不应该是"烦恼""痛苦""畏惧"和"沉沦"之类的所谓"本真状态",而应该是"有序""理性""快乐"和"宽容"的。这里所谓"有序",当然是指灵魂内部的各个层次的井然有序。灵魂的"秩序"来自宇宙的秩序,在希腊语中,"宇宙"本身就是"秩序"。西塞罗雄辩地用柏拉图的灵魂论进一步阐明了克法洛斯所提出的人存在的意义:

> 当我们被禁锢在这肉体的躯壳里的时候,我们是在尽某种必尽的责任,完成某种劳苦的工作,因为灵魂本是来自天上,它从最高的居所降落下来后,好似沉沦于大地,沉沦于这个与其神圣的天性(divinae naturae)和永恒性相悖的地方。不过我想,永生的天生把灵魂输入人的肉体,是为了让人能料理这块大地,并要人们凝神体察上天的秩序(caelestium ordinem),在生活中恒常模仿。①

古人认为小宇宙来自大宇宙,那么小宇宙必须符合大宇宙的法则,此即"天人合一"。克法洛斯所说的"有序"或"守规矩"也许只是普通人最普通的人生信念或生活方式,但它并不普通,而是与最神圣者相一致。柏拉图的整个《理想国》都在探讨如何摆脱肉体欲望的束缚,从而进

---

① 西塞罗,《论老年》21.77,页275。

入清明的理性。欲望与逻各斯此消彼长。"正义"只有在欲望的世界中才成为问题，而只有在理性的王国里，才可能得以证成。

第二节 财富与自由（329d7－330c9）

苏格拉底对克法洛斯的回答并不满足，或者说不大相信克法洛斯的自我标榜，因为人的欲望有很多种，不只是"性"。于是苏格拉底穷追猛打，要克法洛斯交代自己对财富这种更为普遍的欲望的看法。"性"是欲望本身，而"财富"则是欲望的结果或子嗣。问题的推进意味着话题的转换，而话题转换与情节的变化相一致：克法洛斯后来把话题交给了他的儿子，忒拉绪马科斯的话题又由其"精神上的子嗣"格劳孔接了过来。苏格拉底的问题也在不断推进。

照苏格拉底自己的话说，他听了克法洛斯的高论后，本来对这位可敬的长者颇为"叹服"（329d7），但为了激发他说出更多的道理，就再次追问。他接下来的问题比"老境艰难否"更为粗鲁，像在"发难"。苏格拉底借大众之口说克法洛斯之所以能够轻松地安度晚年（329e1－2），不是由于他的人性或人品，而在于他拥有大量的财富，能够带来慰藉（παραμύϑιά, 329e3－5）或"安心"（尽管财神双目失明）。①

---

① 古希腊的财神叫"普路托斯"（Πλοῦτος，该词小写即"财富"），在古希腊神话传说中，他是瞎子，往往胡乱分配财富，难怪有些谱系还把财神说成了"运气"（Tyche）的儿子。但在柏拉图那里，财神不是瞎子（《法义》631c4），还往往等同于冥府的哈德斯。柏拉图这里引入的"财富"或多或少会让人想起克法洛斯的家与冥府的相似性。

苏格拉底明目张胆质疑克法洛斯颇为自豪的人品——在彻底的哲学性怀疑或如笛卡尔的普遍怀疑之下，任何东西都不能幸免，即便上帝的存在也是如此，更何况一个普通老人的生存基石。克法洛斯不得不在哲人的彻底批判和普遍怀疑面前为自己辩护，这种辩护对于不大擅长的普通人来说，的确有些不公平，因为克法洛斯不能胜任辩护之责，所以哲人的正义之举可能会导致不正义的结果。

克法洛斯承认苏格拉底说得对，大众不会接受他刚才的"秉性说"，幸福与财富的关联"当然有些道理"（329e6-7）。克法洛斯很诚实，没有过分夸大自己的"秉性"，很实在地认可了财富的意义。我们不禁为即将跨入老年人行列却不事经济而深陷赤贫之中的苏格拉底担心，他老来无所依靠，难免晚景凄凉——这大概不是苏格拉底拒绝认真为自己辩护而故意求死的原因（色诺芬这么认为）。

财富当然重要，幸福与之并非毫无关系，亚里士多德也说，"幸福显然还需要外在的善：没有物质资源就不可能或很难做高尚的事。因此，正如要借助工具一样，许多事情也需要朋友、财富或政治权力"①。克法洛斯接下来所说的不亏欠朋友和神明（甚至还有可能帮助朋友）是一种高尚的活动，需要财富之助。欲望引出了正义问题，而金钱则离正义更近了一步，差不多已触碰到正义了。②

但克法洛斯并未太看重财富，他否认金钱万能（329e7），这与他摆脱了欲望的纠缠一脉相承。克法洛斯以政治家忒

---

① 参亚里士多德，《尼各马可伦理学》1099a31-b2，廖申白译，北京：商务印书馆，2003，页24。译文据希腊本文有较大改动。另参尼柯尔斯，《苏格拉底与政治共同体》，页54。

② 伯纳德特说，"金钱引入正义"（money introduce justice），见 *Socrates' Second Sailing*, p. 13。

弥斯托克勒斯（Themistocles）为例，证明财富与出身一样，并不是人生最重要的砝码。克法洛斯所依据的权威从诗人转到了政治家，最后再转到诗人（即331a3以下的品达），这个过程与《理想国》的内在进路完全一致：诗人—哲人王（政治家）—诗人，就内容来说则是：神话—言辞—神话。①

克法洛斯自比为雅典伟大的将军和政治家，毫不掩饰自己的得意：恬静的生活同时也是富有的生活，而它更多地来自摆脱欲望后的优良秉性。在财富与人生的关系问题上，克法洛斯不是圣人或君子，当然不能够"固穷"，却避免了"小人穷斯滥"（《论语·卫灵公》）。满大街走着的绝非尧舜，而是普普通通的小人物。在防范贫穷的同时，也需要努力培塑人品。

克法洛斯如果没钱，当然老境难过，但其他人即便像克法洛斯一样有钱，也未必不难过，或者说未必就能够像有钱的克法洛斯那样活得轻松自在。克法洛斯于是从忒弥斯托克勒斯的故事中得到如下的结论，生活的关键不在于财富，而在于"合宜"的品格：一个"合宜"的人固然不容易在贫穷中安度晚年，但一个"不合宜"的人，即便富有，也绝不可能平易随和地对待自己（330a4－6）。② 坏人

---

① Eva Brann 对《理想国》的结构有着极为详细而恰当的分析，参 *The Music of Republic*，页108以下。

② "合宜"，郭、张译作"好"，不好；王太庆译作"明白"或"明智"，溥林译作"正直"，台湾的徐学庸译作"温和"，均似不及义；顾寿观译作"明达"，颇符合国人的生活态度。"平易随和地对待自己"，徐学庸译作"自在"，王太庆译作"恬静舒坦"，溥林译作"对自己变得心平气和"，各有优点，但不如顾寿观"与他自身和悦相处"更贴近希腊原文。

或人品不好的人在任何情况下都不可能过得平坦舒适,这与财富无关。①

"合宜"(330a5)本意为"可能""合理""当然"和"公平",②引申为"宽厚""正直"和"高尚"。克法洛斯把刚才所说的"秉性"落实为"合宜",只有这种克制和有序的态度才能够做到平易,达到宁静与自由。平易、有序、克制、合宜,辅之以财富,就能实现美好人生。克法洛斯在财富与品性上的看法,接近《大学》所谓"富润屋,德润身,心广体胖",因为"仁者以财发身",把财富当做一种手段,而不是当做目的本身。"心广体胖"近于克法洛斯两度强调的 εὔκολός(329d4,330a6),"胖"这种"安泰舒适"即克法洛斯所谓"宁静自由"。

财富方面的"克制",与此前说到的"性欲"上的克制不同,不必等到老年就能实现。③ 性欲方面的克制随着老年的来临而自然地或被动地达到,但财富方面的克制才是人随时都能得到检验的主动行为,才是人品的最佳观察角度。热爱钱财似乎说明人性本私,且不说恶,就像诗人爱自己的诗作、父母爱孩子一样,乃是天性使然。后来苏格拉底要把诗人和父亲赶出城邦(克法洛斯很快就被赶走了),就因为他们都溺爱自己欲望的产物。在"理想国"中,孩子必须从父母那里带走,交由城邦共同抚养和管理。

但即便在"理想国"中,城邦也不能没有财富的创造者。财富的意义就如同诗人的诗作和父亲的孩子一样,是

---

① 亚当,《〈理想国〉疏证》,页7。
② 布鲁姆译作 decent。肖立译作 reasonable,并注释说,该词在柏拉图这里不是亚里士多德意义上的 equitable(公正、合理)。该词在法律上有"衡平"之意。
③ Leo Strauss, *The City and Man*, pp. 66–67.

自己生命的延伸、扩展和接续，是自己此世此身的基础和依据，尽管财富不是"人类—存在"（human being）的全部，甚至不是其主要部分，它本是"身"外之"物"。财富的用处非常有限，并没有能够拯救克法洛斯一家人的命运——珀勒马科斯被处死，吕西阿斯遭流放，可谓家破人亡。①

财富的本质在于人的自爱，而欲望的根源则是在自己的产品中自我繁殖（self-reproduction）和自我延伸（self-extension）。② 与克法洛斯这位"有节制的享乐主义者"相比，苏格拉底同样是"自爱者"。在以消灭欲望为基础的"理想国"中，苏格拉底恐怕难自保："城邦真的可以不要诗人和父亲吗？苏格拉底毕竟是他自己城邦的制造者，而且也许还过分热爱它。……当诗人在卷十中最终被驱逐时，也许诗人苏格拉底也会跟他们一起遭流放。"③ 过分热爱的人（包括过分热爱智慧的哲人）会成为他人生活的障碍，当然有可能遭到放逐。但人类社会不能没有欲望，就好像普通人不能没有激情一样，这就是生存的悖论。

苏格拉底的"财富论"大概是西方最早系统阐述财富的本质和意义的理论。克法洛斯"不过度爱财"和"知足常乐"与他自己一再申明的"合宜"之"秉性"若合符节。施特劳斯、伯纳德特和罗森等人就把这种"合宜"的良好品质直接理解为"节制"或"审慎"（moderation），"而且克法洛斯在这方面的节制是真正的"（genuine），④

---

① Julia Annas, *An Introduction to Plato's Republic*, Oxford: Oxford University Press, 1981, p. 81.
② Stanley Rosen, *Plato's Republic: A Study*, p. 29.
③ Seth Benardete, *Socrates' Second Sailing*, p. 14.
④ Leo Strauss, *The City and Man*, p. 67.

有事实为证，苏格拉底本人就是可靠的人证（330b8 - c1）。

第三节　惩罚与报应（330d1 - 331b7）

人有私欲而爱财，因为钱财有用处，是一种"需要"（在古希腊语里，"用处"就是"需要"）。苏格拉底继续追问："请就此多说几句，你从拥有许多财富中所享受到的最大的善是什么？"（330d1 - 3）这是《理想国》第一次出现"善"，柏拉图为此用了很多与"恶"相关的词汇做铺垫，比如329b2的kakon，以及其他如"疯狂""艰难"和"贫困"等等，讨论这些不好的东西就是为了走向那个"好"或"善"。①

克法洛斯接下来援引神话来论证，也许会出乎哲学家的意料，因为哲人们根本不承认神话是哲学的基础（330d4）。克法洛斯自己也觉得即将表述的观点有些不同寻常，但还是向苏格拉底交代了自己对财富之善的看法——毕竟他曾向宙斯发誓要和盘托出（329a1 - 2）。正如苏格拉底一再被逼要交代自己的看法一样，克法洛斯大概也是被苏格拉底这位哲人步步紧逼才提出了自己都觉得大家不可能接受的观点。人们的看法会不会在逼迫下扭曲变形？

克法洛斯接下来的话或"逻各斯"不能令人信服，正如苏格拉底后来在言辞中建立的城邦一样，简直惊世骇俗：苏格拉底的"逻各斯"不仅会被人视为"祈愿"（450d1），② 而且与当前的逻各斯比较起来，简直就是"骇

---

① 参Stanley Rosen, *Plato's* Republic: *A Study*, p. 28。

② εὐχή，在希腊语中有"祈祷""希望""誓愿"的意思，另外还有"求神降罚"和"诅咒"之意。后世令人唏嘘的历史悲剧，似乎不幸言中了该词的后一种意义。该词通常被理解为prayer（愿望），一种空洞的愿望，即乌托邦。肖立即译作wishful thinking。

人听闻"和"危险易滑"的（451a1）。它"违背习俗"，肯定要遭到嘲笑（452a7，b4），它不仅不可能，也没有益处（457d4-5）。

苏格拉底还要遭受不名誉之辱（473c8），有可能遭到痛殴，甚至有性命之虞，至少也要接受惩罚（473e6-474a4），这比克法洛斯不为人所接受或信服自有天壤之别。可见苏格拉底与克法洛斯一样对自己言辞的异在性或异质性有着清醒的自觉。柏拉图也知道，整个《理想国》本身就是一部"非常异议可怪之论"，所谓"天国范式"（592b2-3，另参472d5以下）和"冥府审判"（614c3以下）根本不在人世间（即便存在这种可能性，也多为猜测，见499c-d）。

苏格拉底当然能够理解克法洛斯，因为他最后也要建立一种以"神罚"为基础的"神义论"。在希腊语中，惩罚就是正义，神罚就是神义的体现。克法洛斯以死亡的恐惧为背景和基础讲述了钱财的"善"：

> 当一个人面对人生即将终结这一想法时，恐惧和焦虑就会向他袭来，而他以前对这些东西都没上过心。有故事谈到了冥府中的事情，说那些在这里行了不义的人在那里必定会遭到惩罚。（330d5-e1）

一般人年轻时既不知道人之将死的恐惧和焦虑，还会对死后遭到报应的神话传说嗤之以鼻，他们只有在哈得斯门外才会纠结：那种故事莫不是真的哦！（330e2）"纠结"本义为"转动"，灵魂转身回头（比较苏格拉底的华丽"转身"，327b6）才能认识事物之所是，尤其是"存在"的最明亮的部分，而这才叫"善"（518c7-d1，另参

525a1)。"转动灵魂"才能走向"真理"（519b3－4，另参587d12）和"存在最幸福的部分"（526e3－4）。

礼崩乐坏时代的人不大相信阴曹地府和因果报应，但克法洛斯这种有阅历的人却把那些神话传说当成了真理。就在这个让人恐惧和焦虑的真理中，正义出现了。人为什么会有这种恐惧或焦虑并由之而把关于因果报应的神话视为真理？克法洛斯认为这可能是因为年老体衰，更可能是因为他离死亡更近了，才看得更清楚。不管怎么说，到了这个时候，

> 他必定充满了疑虑和恐惧，因此会立即盘算，看看是否对某人行过什么不义。发现自己一生行了很多不义的人，就会像小孩子一样，既会时常从梦中惊醒，还会伴随邪恶的希望；而同样知道自己根本就没有行不义的人，甜蜜和美好的希望就会永远伴随着他，正如品达所说，这就是"老人的养护者"。（330e4－5）

人们在疑虑和恐惧中才能学会反思、盘算或"理性的计算"（ἀναλογίζεται，词根即"逻各斯——理性"），而反思的结果对于此世的生活来说至关重要：要么寝食俱废，终日陷入可怕的忧虑中，要么安然自洽，甜美平静，后者对老年人当然就是最好的（自我）护理，才是真正的"养老"。其实这对于任何年龄段的人来说都如此，正如海德格尔所说，不要以为死亡遥不可及，它不在我们生命的前方，而在我们的背后。

人对生命意义的把握，主要不在于"年老"，而在于"人之将死"，因为"离得更近，看得更清"（330e3－4）——这就是"死亡"及其所带来的恐惧对生命的积极

意义。死亡本身并不可怕，可怕的是死亡之后所发生的事情：这些"故事"见于神话之中，这种 myth［神话］成了克法洛斯进入老年后越来越喜爱的 logos［道理］。克法洛斯认可了这些神话，接受高古诗人品达的看法，表明他的生活依据就是传统，"克法洛斯代表了处在时代危机中的'老一代人'，他们仍然牢牢地保持着在更美好时代中养成的性格与品行"①。

后来苏格拉底也诉诸"神话故事"——卷七的洞穴喻既是寓言，也可视为广义的"故事"，而卷十则是不折不扣的神话——这就表明苏格拉底的创新至少在形式上仍然继承或依靠了传统。神话拥有其他形式（如哲学论证）不可比拟的灵魂穿透力，苏格拉底批评旧神话并不是要消灭神话，毋宁说是要改造神话，使之发挥更大的作用。有的学者虽然认为神话"本身不具备论证的特点"（有待商榷），但也认识到：

> 神话可以传递某一社会内所有成员共享的基本知识。这就使其成为一种能产生普遍影响并令人敬畏的工具。作为替代暴力的唯一选择，神话使理性有可能占据人类灵魂的有死部分，并确保在城邦里大众能臣服于作为建邦者和立法者的哲人事先设置的种种限定。在上述两种情况下，神话都扮演着一种范式的角色，不是通过教育，而是以劝谕的方式，使那些不是哲人的人——即大多数人——能规范自己的行为。②

---

① 刘小枫编，《〈王制〉要义》，页177。
② 布里松，《柏拉图的神话观》，卓新贤译，见张文涛编，《神话诗人柏拉图》，页42。

此说还未能充分认识到神话的作用和意义，但也足以让我们认识到克法洛斯（实则柏拉图）诉诸神话的价值了。

在希腊传统神话中，冥府是魂灵离开肉体后去往的一个新居所，就算颇为阴森恐怖，也与"魂灵的审判"没有多大关系——"鬼魂篇"本是《奥德赛》剧情发展的一个阶段，并不是为了恐吓行不义者，否则奥德修斯就不应该讲地狱见闻给好客知礼的费埃克斯人听，而应该向肆无忌惮的求婚人宣讲。

奥德修斯下降到冥府时，看见宙斯的儿子米诺斯正在给亡灵们宣判（《奥德赛》11.569），但这时的"宣判"只是在调解冥府魂灵们之间的内部矛盾，而不是对魂灵"这里"即此世所犯罪孽的审理。而且提梯奥斯（即普罗米修斯的原型）、坦塔罗斯和西绪弗斯所遭受的惩罚，也不是因为他们生前犯了什么过错，而是因为狂妄僭越，得罪了其他大神。

克法洛斯所说的在"那里"（ἐκεῖ）即身后所遭受的审判，正是对"这里"（ἐνϑάδε）即此生所行不义的惩罚。克法洛斯的特意在"这里"——"那里"的张力中传达出神罚的意味来，这种新的神义论观念无疑就是《理想国》的基础——苏格拉底的"厄尔神话"就是对克法洛斯所说"神话"的继承和发扬。阿德曼托斯在《理想国》第二卷中提到的俄耳甫斯的学生缪赛俄斯关于地府的说法，是对克法洛斯这段话的最佳评注，克法洛斯的宗教观受俄耳甫斯教很大影响。但俄耳甫斯教的死后惩罚太过温和，甚至谈不上什么惩罚（无非用竹篮取水而已，363d7）。《理想国》对不义的惩罚就严厉多了，所以，

柏拉图很可能在这里借用了俄耳甫斯教的 μῦϑοι

（神话），却用一种自己特有的对伦理学的强调进行了重新铸造。……对柏拉图来说，宗教的本质即在于，我们生活于其间的这个世界，不是由偶然性所统治，而是受理性和规划所支配。①

这个广为人知的普通神话（与苏格拉底的哲学神话相比）引出了"正义"，尽管是以否定的面貌（即不义）出现。克法洛斯所说的"遭受惩罚"，也就是接受"正义"。在希腊文中，dike 最为原始的意义是"审判"和"惩罚"，后来才引申为"正义"（审判当然必须公道或正直，由此即可称正义矣）。为什么"惩罚"就是"正义"？

首先，"惩罚"会产生一种"恐惧"，这对于行不义的人来说当然会起到一种威慑的作用——这正是法律的效用之所在。如果有冥府的惩罚，那些作恶多端的人便会夜不安寝，每天提心吊胆，过着极不自由也极不宁静的生活，而理性者则会因正义而过上"甜蜜和美好"的生活。在一个不相信因果报应甚至没有信仰的时代（"上帝死了"），人们无所畏惧，因而为所欲为。就算人们相信超越性力量的存在，但如果惩罚力度不够，甚至可以收买惩罚者——如阿德曼托斯在《理想国》第二卷中所说（364b 以下），那么伦常方面的灾难就非常可怕了。

"恐惧"是人们的心理界线，能够让人知道自己的有限性，让人知道什么可为什么不可为，因此才有"戒慎恐惧"

---

① 艾伦，《〈理想国〉卷一校释》，页 115。关于俄耳甫斯教对柏拉图的影响，见 W. K. C. Guthrie, *Orpheus and Greek Religion*, Princeton: Princeton University Press, 1993, pp. 238–244；另参氏著 *The Greeks and Their Gods*, Boston: Baecon Press, 1955, pp. 333–352。

和"君子有三畏"的教导，否则"如果一个人不知道它的可怕，那么他也不会知道它的伟大"①。肉眼凡胎无法感知阴曹地府和恒常天命，但"君子戒慎乎其所不睹，恐惧乎其所不闻"（《中庸》），才会"畏天命，畏大人，畏圣人之言"，否则"小人不知天命而不畏也，狎大人，侮圣人之言"（《论语·季氏》）。"恐惧"教会人们"理性"和"节制"，这些就是"正义"的基本要素。

其次，"惩罚"不仅可以通过令其"恐惧"间接防止潜在的犯罪，还可以直接引导人们（尤其当事人）走向"正义"（另参《法义》731b）。在柏拉图看来，行了不义的人如果逃脱了惩罚，对他来说反倒不是好事，因为这会让他心存侥幸而变得越来越坏（591b1），不断走向深渊，最终毁灭自己。与此相反，那些接受了惩罚的人，其灵魂中的兽性部分就会被驯服，人就获得了自由，变得节制、审慎、明智和正义，也就更值得赞誉（591b2-7）。②克法洛斯关于"自由"与"宁静"的人生目标在这种惩罚性的正义中得到了实现。

神明的惩罚不是以暴易暴、以恶对恶，而是对邪恶的一种"有好处的纠正"（380b2），通过纠错来施惠，在"遭受神明的惩罚中得到好处"（380b4-5）。柏拉图没有最终解决"恶"的根源问题，只是说"神明本身是善的，

---

① 克尔凯郭尔，《畏惧与战栗 恐惧的概念 致死的疾病》，页75。另一个中文本译作"人如不知恐怖，也就不知伟大"，见克尔凯郭尔，《恐惧与战栗》，刘继译，陈维正校，贵阳：贵州人民出版社，1994，页56。另参莱辛，《关于悲剧的通信》，朱雁冰译，北京：华夏出版社，2010，页81-82。

② 另参 M. M. Mackenzie, *Plato on Punishment*, Oakland: University of California Press, 1981, pp. 192-193。

但看起来却是恶的原因"之类的说法绝对不能出现在城邦中，但他在这里也表达了与《奥德赛》（1.32－34）相同的神义论观点：祸从心生，咎由自取。

后来苏格拉底在"厄尔神话"中进一步明确了这种观点：人们一旦遭受了不幸，不会把"恶"归罪于自己，而是归罪于运气、保护神以及很多与自己相对的东西（619c4－6）。苏格拉底此处的郑重态度足以说明，并非所有的逻各斯和所有的神话都是虔敬的好东西（380c2－3）。总之，惩罚不是像柏拉图的前辈所认为的那样旨在报复，而是在于帮助和治疗，即"惩前毖后，治病救人"，当然正义。①反过来说，正义既是德性的灌输，也是矫正性的处罚，它的作用就像"药"（pharmaka），只不过都有两面性，既有药效也有副作用（国人所谓"是药三分毒"），既能致死也能治愈，就看如何使用。② 因此，（哲人们喜欢）单纯地讨论正义，或者讨论绝对的正义，并没有多大意义。

在克法洛斯的"正义颂"中，财富的最大好处就在于让人"安宁"，这种问心无愧的境界便是心无羁绊的"自由"。克法洛斯引用品达的诗歌赞颂了正义而神圣的生活（331a4），《理想国》由此而正式转向了"正义"这一主题，同时也引入了 δικαιοσύνη ［公正］这一概念，还给出了正义的第一个定义。③ "正义"因虔敬圣洁而合乎天理，也就等于神圣了。④ 品达诗曰：

---

① 亚当的《〈理想国〉疏证》对380b的注疏中有较为详细的说明（页117－118）。
② Seth Benardete, *Socrates' Second Sailing*, pp. 17－18.
③ 瓦伦，《〈理想国〉字义》，页164。
④ ὅσιος 的义项本身就包括"合乎天理""虔敬"和"圣洁"。

> 心神伴随的甜蜜希望,
> 乳母一样将老人滋养,
> 引导着芸芸众生
> 变幻不定的思想。(331a6–9)

在高古诗人品达笔下,老人就像小孩一样(或者说老人再度成为小孩),① 需要有人看顾。人如果一生都行正义,就有甜蜜的希望:老而无忧,死而无憾,且不会遭受身后的惩罚。克法洛斯由衷地赞叹道:说得多么好多么精彩啊,那是因为品达所描述的境界恰恰就是钱财所能带来的最大好处或价值。钱财最大的价值就在于,

> 既不会昧心欺骗别人或说谎话,也不会亏欠神明祭品或欠人钱财,由此,在其他方面也就不会害怕,这就是钱财所做出的最大贡献。当然还有其他很多好处,但一个个比较起来,我认为这并不是最微不足道的,相反,对于一个有理智的人来说,这是财富最大的好处。(331b1–7)

"财富最大的好处"字面意思即"财富是最有用的",尤其是不亏欠神明,这是"有理智的人"的观点。② 一般人或许会觉得钱财最大的好处在于能够"享乐"(329a5–6;另参 328d3,363c6–d1),坏人会觉得钱财可以让自己为所欲为,既能挣得好名声,又能让自己免于不义所带来

---

① 亚当,《〈理想国〉疏证》,页 10。
② 艾伦认为 nous(努斯、理智、理性)常常指"直观"理性,与计算或证明相对立。此说过于哲学化,或受康德哲学影响甚深。

的惩罚（361a6 – b5），甚至买通神明免除自己的报应（364b7 – c5）。后来阿德曼托斯对"不义"的张扬很大程度上就是从克法洛斯这里的主张出发，但克法洛斯显然不是那种"不义而富且贵"（《论语·述而》）的有钱人。他是一个临近死亡而对身后命运忧心忡忡且战战兢兢的普通老人，他在总结人生的意义时，发现了很多高明的哲人才会讲出的道理。

一般人到了老年时会回头看，缅怀自己过去的享乐（328d7以下），它的基础当然就是钱财；就在一般人"向钱看"时，克法洛斯却"向前看"：他关心的是以后（尤其死后在阴间）的日子。钱财最大的用处就在于"不撒谎欺骗"和"不亏欠"，既不亏欠神明，也不亏欠凡人。人在这种无所亏欠因而就无所萦怀的泰然宁静中，会获得安乐和满足，实现自由。

从世俗的角度来看，钱财最大的好处在于自由；从宗教的角度来看，钱财的意义在于可以使人虔敬，至少有资格以及有资源去坚守自己的虔敬。克法洛斯从经济的角度转进到宗教的领域：整个《理想国》对"正义"的徒劳求索表明，人世间找不到绝对的正义，它只有在神罚或末日审判中才能得到充分展示。换言之，只有"神义论"才是正义论。

宗教信仰恰恰需要理性，尽管两者看起来凿枘不入。只有理智之士才能认识到凡夫俗子所看不到的东西，比如我们此生此世不会经历冥府、来世和报应，靠经验来判断的普通人就可能不相信这些。奥德修斯拥有"智慧"和"节制"不是因为他曾经体验过冥府的景象，而是因为他见识过很多人的 nous（理智），而理性可以让人"看"或"审思"，具有推理能力（参330e5的 ἀναλογίζεται），才能够在"不闻"和"不睹"之中学会"戒慎"和"恐惧",从而变得正义。

第四节 绝对与生活（331c1 – d9）

苏格拉底从哲学上无情解剖了克法洛斯的毕生经验,结果当然惨不忍睹。苏格拉底所谓"你讲得好极了"（331c1）不过是虚与委蛇,至多承认它在"意见"方面有点道理,但在哲学上经不起推敲和质疑。苏格拉底用了很长一句问话来表达这种质疑,并且还不等克法洛斯回答,自己就主动打了一个比方,以极端的例子彻底颠覆了克法洛斯辛辛苦苦构建起来的朴素正义论。后来克法洛斯即便得到了儿子的帮助,也最终败下阵来,笑着离开,去照管他的祭祀了。走向"祭坛"或"神殿"就是走向"神圣"（331d9）,与《法义》中三位老人所走的道路一样（625b2）,是一条上升之路。因此,很难说克法洛斯是败了,也就不能说苏格拉底胜了,他们之间的关系远非如此简单。

苏格拉底直指问题的核心：

> 但这问题本身,即"正义",我们是否可以这样简单无条件地把它说成是"真实性"和"归还"以前从别人那里拿的东西;或者说,做同样的事情,有时是正义的,有时则是不义的？（331c1 – 5）

苏格拉底此时才道出他虚情假意向克法洛斯请教的真实用意,就是要彻底探讨"正义"问题。这是《理想国》第一次真正提出"正义"问题。克法洛斯只是从"反面"讨论什么是正义："既不会昧心欺骗别人或说谎话,也不会亏欠神明祭品或欠人钱财",这两个"不"只能说明什么不是正义,但并不能由此界定什么是正义。难怪苏格拉底不满意,我们的确不能这样简单无条件或单纯地($ἁπλῶς$,331c3)言说"正义"。

但我们必须认识到,克法洛斯所说的"不撒谎"和"不亏欠"虽然只是"正义"众多属性之一,却是"正义"最大的部分,在克法洛斯这种普通老人心中差不多就是"正义"的全部。正如此前克法洛斯对欲望等方面的阐述,也如第二卷格劳孔和阿德曼托斯对不义的颂扬:从否定方面研究"正义"是"正义研究"的第一个阶段,但彻底的研究不能停留在这个基础性的阶段之上——哲学讲究彻底。

苏格拉底这里的哲学概括有三点值得注意。

一是他把"不昧心欺骗或撒谎"这个否定句式直接转换成肯定句:追求真实(或真理),苏格拉底接下来直接把这里抽象的"真实性"(331c2)等同于"说真话"(331c9,d2)。"不撒谎"未必就是"真实",有可能不真不假。正义远非"消极"或"被动"的意义所能遮诠。在一般人看来,"撒谎"是一种"恶",而据说荷马的过错便在于教会人们熟练地撒谎。克法洛斯这种普通看法其实与"金规则"中的"勿撒谎"和"勿偷盗"一样,乃是基本的行为守则。

但在哲人苏格拉底看来,撒谎未必就不好,关键要看撒谎的目的,于是便有了所谓"高贵的谎言"之说(414b9;另参459c8 – d2),《理想国》就是一篇彻头彻尾的"假话"或"谎言",至少建立在"假"的基础上,而且"假"是所有城邦的特质。① 在这一点上,苏格拉底不会认为克法

---

① Seth Benardete, *Socrates' Second Sailing*, p. 16.

洛斯的"不撒谎"或"不欺骗"与"正义"有多大关系，他接下来所举的那个极端例子不仅说明"归还"未必就是正义，推而言之，对疯子或病人说真话同样不正义。

二是苏格拉底把"不亏欠神明的祭品，也不亏欠别人的钱财"变成了"归还从别人那里拿到的东西"。"不亏欠"不等于"归还"，苏格拉底还割掉了第一个部分"不亏欠神明的祭品"，也就抛弃了克法洛斯朴素正义观的重要方面：虔敬。苏格拉底不恰当地把虔诚商人克法洛斯的观点变得狭隘了，① 尽管他生命中的最后一句话是嘱咐克里同不要忘记向医神祭献一只公鸡（《斐多》118a7–8）。虔敬是正义的基础，但《理想国》的"四主德"中没有虔敬。

苏格拉底大概不会否认，虔敬虽然不是正义，但并非与正义无关。一般而言，正义者在走向正义的基础或核心时认识到正义的神圣根基，就会变得虔敬起来，更何况大多数人都是因虔敬而正义。但苏格拉底显然割裂了正义与虔敬，或者说把正义限制在与虔敬无关的范围内。② 但虔敬真的与正义无关吗？苏格拉底在《斐多》中所列举的"五主德"或"五种自在之物"中就有"虔敬"（75d1），③《理想国》超越了漫长的理性后也走向了终末论的"虔敬"。

三是苏格拉底要追问的是抽象的"正义"（δικαιοσύνην，331c2，或作"公正""公道"），而不是克法洛斯具体的"惩罚"（dike，330e1）。"惩罚"是一种"回报"（retribution），指事后对不义者施予的痛苦，本身还有些"非正

---

① Leo Strauss, *The City and Man*, p. 67.
② 同上，页68。
③ 柏拉图实际上主张"五主德"，参马特，《柏拉图的神话戏剧》，罗晓颖译，见张文涛编，《神话诗人柏拉图》，页21–25。

义"的特色——这就是神明会抱怨自己对坏人的惩罚不被人理解的原因。"惩罚"不是对生活方式的直接引导,它没有告诉我们什么是应该做的,只是告诫我们事情的结果会怎么样。因此"惩罚"只是"正义"的初阶,只是后者在词源学的滥觞,还没有上升到真正的正义。苏格拉底与克法洛斯在这里分道扬镳,哲人力图超越普通人,后者太简单（$\dot{α}πλῶς$）,① 哪怕他虔敬而正义。

苏格拉底提出了抽象的"正义"问题,并在一定程度上"正面"概括和提炼克法洛斯的看法后,不等克法洛斯回应,马上就提出了一个"反面"例子来证明克法洛斯的正义观站不住脚。苏格拉底的问话和回答一气呵成,丝毫不给克法洛斯喘息的余地,显得胸有成竹。

苏格拉底举例说,假如有人在朋友"头脑清醒"时向他借了一件武器,如果这位朋友在疯癫后索回武器,那么正确的做法当然不应该"归还",否则就不"正义"。在这种情况下讲真话也不正义（331c5-9）。苏格拉底凭一个反例或特例驳倒了不擅长辩证法的克法洛斯,后者在猝不及防的情况下只好承认"你说得对",但苏格拉底真的就"正确"乃至"正当"吗？

苏格拉底还进一步把克法洛斯对正义的"描述"说成是"定义"（实则完全两回事）,认为"说真话,以及归还所拿的东西,这不是正义的定义。"（331d2-3）"定义"

---

① 乔伊特与坎贝尔把该词理解为"绝对",丝毫不考虑环境因素（《〈理想国〉注疏》,页13）。艾伦疏解为"无条件的说法"（an unqualified statement,《〈理想国〉卷一校释》,页86）。亚当则理解为"相当不需要限制条件"（quite without qualification,《〈理想国〉疏证》,页11）。该词作形容词时另有"单一"的意思,哲学的目标就是要从"杂多"中找到那个"单一"。

(ὅρος) 本指空间上的"边界""标准"和"限度"（另参 423b4，b8 以及 551c2），拉丁语 definire［定义］的原意亦为"设定边界"，以终结或限定（finire）纠纷。

克法洛斯是一个"面对生活本身"的普通老人，没有能力也没有兴趣去追寻抽象而高深的"定义"，他需要的是活生生的、看得见以及可用可行的"标准"。他不在乎这个标准有没有例外，罕见的例外毫不影响标准的有效性。人们在"不必深究"中按照这种标准井然有序地生活，生活比"定义""原则"和"方法"之类的东西重要得多。

克法洛斯不知道现代科学哲学的"证伪原则"，这个原则足以帮助他反驳苏格拉底的"实证"，但这无关紧要，克法洛斯不需要这些东西，他即便不知道正义的定义或本质，也丝毫不妨碍他成为一个正义的人，不影响他追求自由宁静、合宜有序的生活。他在哲学思辨刚刚开始的时候离开了，他需要的是生活以及作为自由宁静生活之基础的"祭祀"，哪怕这种祭祀在哲人眼中不过是没有任何深度甚至与理性格格不入的"迷信"。

但哲人苏格拉底就不同了，他向克法洛斯提出的便是典型的"苏格拉底式的问题"，即"什么是 X"。他需要的是严格科学意义上的哲学（借用胡塞尔的术语），他的目的在于深度分析现象，高度抽象经验，找到一般性的定义，而这个定义必须是全称肯定性的陈述（另参亚里士多德《后分析篇》93a8-9）。[①] 尽管有时候"下定义的人必然要使用否定词语"（亚里士多德《论题篇》143b33-34），但

[①] 参 Marguerite Deslauriers, *Aristotle on Definition*, Leiden: Brill, 2007, p. 51。

这否定词语所表达的内涵与被定义的对象必须是重合的。①苏格拉底所追求的绝对"定义"不允许有任何例外，这个要求超出了克法洛斯的生活经验，也超出了生活本身。生活是实践性的，不是理论性的。

在生活中找不到这种彻底而绝对的定义，它可能因无法与生活兼容而对生活造成伤害：谁也不会按照绝对的"定义"来生活。苏格拉底后来对"正义"之定义艰苦而近于徒劳的追寻，本身就表明，"人无法拥有一个放之四海而皆准的正义规则或定义。正义必然是灵活变通的，可以因时因事做出相应调整。如果人们将正义作为一成不变的规则去遵循，那么正义会产生恶果"。② 严格说来，后来苏格拉底所说的"一人一艺"也不是"正义"的普遍定义，顶多是"匠人的正义"。天国的正义和冥府的司法正义同样不是正义的绝对定义。

年龄、地位和阅历都极不相同的克法洛斯与苏格拉底有着极为不同的生活目标，在同一个问题上会有不同的视角和看法：他们的冲突自然不可避免。珀勒马科斯插话帮助父亲反驳苏格拉底，也没有最终解决哲人与大众的冲突，克法洛斯选择了离开。珀勒马科斯对哲学和修辞学开始有了兴趣，但他终归是普通人，也相信"说真话"和"归还所拿"乃是正义——大诗人西蒙尼德斯（Simonides）即如是说（331d4 – 5）。珀勒马科斯也像父亲一样以诗人的权威来佐证自己的看法，诗人是传统文教的继承人乃至化身。克法洛斯和珀勒马科斯站在诗人一边与哲人苏格拉底对抗，

---

① 见苗力田主编，《亚里士多德全集》，北京：中国人民大学出版社，1990，卷一，页485。

② 尼柯尔斯，《苏格拉底与政治共同体》，页54 – 55。

延续着一个古老的论争（607b5 – 6）。

克法洛斯看到儿子适时出面帮自己解围（上一次是阿德曼托斯帮苏格拉底解围），还不等苏格拉底对珀勒马科斯所提交的"人证"（即西蒙尼德斯）① 有所反应，便马上接口说："那好吧，我就把这个话题（logos）交给你们"，因为"这当儿我该照管祭祀了"（331d6 – 7）。"好吧"（Καὶ μέντοι）提醒人们注意当前情况的新特征：② 既然珀勒马科斯插手了，克法洛斯就不必再跟哲学家纠缠下去，因此借故离去。

珀勒马科斯看到父亲把"逻各斯"或"话题"交给了自己，甚为高兴，还有些得意地说："难道我不是你的继承人吗？"（331d8）这位不知深浅的年轻人跃跃欲试，要继承父亲的逻各斯，把它当成了一笔财产。但接下来与苏格拉底的交锋让他意识到，自己所继承下来的不是什么能够给自己免除疑虑和恐惧的东西（330d5 – e5）。

克法洛斯对于儿子的设问，笑着简单回答了"当然"，同时走去祭祀——克法洛斯以"祭祀"出场，再以"祭祀"离开，完成了一个有信念的人在"祖传的虔诚"方面所持守的责任，就像苏格拉底的"下降"实现了哲人的责任一样。克法洛斯对儿子的回答，在措辞上与儿子插话时对苏格拉底的回答差不多：西蒙尼德斯都相信"说真话"和"归还所拿"是正义，就好像珀勒马科斯是克法洛斯的继承人一样，乃是板上钉钉的事实。

---

① 在古希腊法庭审判中，神谕、谚语和名人名言，尤其是大诗人的话，可以作为证据。参亚里士多德《修辞术》1375b25 以下，见苗力田编，《亚里士多德全集》，卷九，页 401 – 402。

② 乔伊特和坎贝尔，《〈理想国〉注疏》，页 14。

克法洛斯为什么离开？他为什么笑？

苏格拉底不会笑，① 但克法洛斯会，笑是生活化的情绪表达。苏格拉底在《理想国》里大量谈到"可笑"或"嘲笑"的事情，自己却始终不苟言笑。笑可能是一种掩饰，"一般说来，笑与 logos 风马牛不相及。不可能用笑来证明或拒绝，笑更多的是一种修辞性的攻击，旨在让我们因持有一种反对方所拒绝的观点而羞愧"②。但克法洛斯未必是因羞惭而离开。一般人认为苏格拉底驳倒了克法洛斯，后者因难堪而自嘲。

> 或许他亏欠了诸神什么，内心的正义要求他必须报偿。抑或是他意识到自己回答不出苏格拉底的问题才离开。……不管是他对诸神的虔敬还是他在青年们（包括他的儿子）面前的自尊，都促使他离开。……对他而言，也许在自己的传统观念遭到质疑之前离开属明智之举。③

苏格拉底真的驳倒了克法洛斯？

"照管祭祀"明显是托词，尽管克法洛斯可能真的虔敬。没有证据表明他因赚取财富时可能行的不义感到恐惧、

---

① 据说，苏格拉底一生只有临死前不久笑过一次，见色诺芬《苏格拉底针对陪审团的申辩》28.6 – 29.1（中译文见《回忆苏格拉底》，页 195）。另参 Leo Strauss, *Xenophon's Socrates*, Ithaca: Cornell University Press, 1972, p. 140。中译见施特劳斯，《色诺芬的苏格拉底》，高诺英译，上海：华东师范大学出版社，2011，页 126。据说耶稣从来没笑过。
② Stanley Rosen, *Plato's* Republic: *A Study*, p. 31.
③ 尼柯尔斯，《苏格拉底与政治共同体》，页 55。

焦虑和不安才变得虔敬。如果没有苏格拉底几次三番鲁莽无礼的追问，或者如果苏格拉底讨论的是克法洛斯喜欢且擅长的话题，比如老年人的快乐、致富术和民间神话传说，克法洛斯也许不会离开。即便他真的要暂时离开去照管一下祭祀，也很快会返回他的"讲坛"。但他再也没有回来，他知道这个讲坛已经属于苏格拉底，因为苏格拉底"迫使克法洛斯离开"①。

苏格拉底不是真正靠"逻各斯"逼走克法洛斯的，他靠的是"诡辩"。正如后来格劳孔所认识到的，苏格拉底并非真正战胜了忒拉绪马科斯，他只是"糊弄"或"迷惑"（358b3）了后者。苏格拉底"偷换概念"和"以偏概全"，就是"诡辩"。伯纳德特把它概括为"爆发式论证"或"突发性论证"（burstlike argument），这种方式很少能决定或解决问题。伯纳德特总结道：

> 大部分情况下，苏格拉底提出的论证似乎是演绎性的，但我们感觉到在论辩过程中，新的前提被偷运进来，或者词义一再变动，以至于就像阿德曼托斯所抱怨的那样，我们觉得自己是被诱骗而不是被说服。（487b1-c4）②

克法洛斯必须维护自己正常而虔敬的生活，使其免遭哲学的怀疑和批判。克法洛斯无法忍受没有虔敬的正义，因为这种正义或相应的生活方式与他一辈子的信念太矛盾："对克法洛斯来说，正义等同于城邦的法律，而法律是由诸

---

① 布鲁姆，《人应该如何生活》，页32。
② Seth Benardete, *Socrates' Second Sailing*, pp. 5-6.

神来保护的。……如果没有诸神，就没有理由坚持正义，也没有理由担心；如果有诸神，我们就必须完全遵守他们的法律，因为那是他们所希望的。"① 苏格拉底从哲学的角度来寻求正义的本质，可能不把城邦的法律以及传统的教导放在眼中。

苏格拉底所举的极端例子并不能反驳克法洛斯正义观在常态下的有效性，克法洛斯的正义观不是绝对的，却是正常的，在绝大多数情况下都适用，而苏格拉底的例子完全背离了常态。我们能够遵从克法洛斯不那么绝对的"定义"来行事，却无法离开具体语境根据"绝对"来生活。生活讲究语境，那才叫"合宜"。克法洛斯的朴素正义论不会导致相对主义，相反，苏格拉底的绝对性追求倒可能导致虚无主义。

苏格拉底故意抬杠，是为了追求没有矛盾没有特例的绝对定义，但这种追求会导致更大的"疯狂"，后来诸如共产共妻共子便是这种疯狂的最高潮。在这个意义上说，普通老人克法洛斯头脑健全、节制审慎，而哲学家苏格拉底则算得上是"疯子"或"狂人"：哲学追求彻底和绝对，本身就是理性的疯狂。克法洛斯面对"疯子"选择了回避，既不向发了疯的朋友说真话，也不向他说假话，这可能是克法洛斯为了保护自己的正常生活而采取的最好办法。

伯纳德特没有用"诡辩"来指称苏格拉底的论证，而是用一个颇为委婉的说法"纤丝式论证"（filamentlike argument）。这种论证方式是前述爆发式论证的延续和加强，即在突然提出一个特别的例子之后，另外提出很多与此若即若离的例子，看似在补充论证，实际上却转移了话题，

---

① 布鲁姆，《人应该如何生活》，页33。

或者说把话题引向了苏格拉底想重点讨论的另一个领域。

> 纤丝论证意在产生转化（periagogic or conversive）效果（518d4）。它们让我们转向一些东西……（苏格拉底）出其不意地迫使我们起而顿悟。看《理想国》就是一次形式分析，它之针对美、善和正义，是就这些东西对我们理解正义有所贡献而言的。分析的程序是双重的：把正义与其他东西并置，又把正义与其他东西分开。它既分隔又结合。然而分隔和结合使得任何论辩都不能平滑地前进，因为，正是论辩中出乎意料的断裂和出乎意料的结合，构成了形式分析的行进路线。①

纤丝论证极为复杂，能够让我们"顿悟"，即突然被迫上升。纤丝论证不是真正的逻辑论证，而是要让我们彻底反思，从而达到灵魂转向的目的，像洞穴囚徒那样摆脱被成见和意见束缚的状态，转而看到真正的火光和阳光。这无疑是一番好意，甚至可以说得上"菩萨心肠"，但克法洛斯这样的普通人消受不起，无法理解也无法接受，只好避开。

苏格拉底不仅对克法洛斯使用了"纤丝式论证"，对其他人也如此，甚至他在整个《理想国》中都在这样"缠绕攻击"。这种断裂、分隔、结合的思维方式太迅猛，让人无暇分辨，也让论辩无法平顺地继续下去，在普通人看来就是诡辩或胡搅蛮缠，因为"它虽然难以反驳，却与事实过于相左，因而不可能是正确的。论证本身就表明哲人是无

---

① Seth Benardete, *Socrates' Second Sailing*, 页6，另参页28, 80。

用的，因为它不可能超越经验"①。不要说克法洛斯这样的温厚长者（至少在《理想国》中表现如此）没有能力反驳，找不到苏格拉底这位"千手观音"的漏洞，格劳孔和阿德曼托斯这样思维敏捷的年轻人也不是对手，就连能言善辩的职业诡辩家（即智术师）忒拉绪马科斯都只能灰溜溜败下阵来。

但克法洛斯等人也不是傻子，他们隐约感到苏格拉底的论证有问题。阿德曼托斯在忒拉绪马科斯被苏格拉底"打败"后马上站出来为后者打抱不平：忒拉绪马科斯不是被苏格拉底说服了，而只是像蛇一样被苏格拉底迷惑住了。苏格拉底的证明并没有让阿德曼托斯满意（358a – b）。后来格劳孔更是明白无误地指出了苏格拉底的"诡辩"伎俩：苏格拉底说的不是真理，而是从对方的观点出发，一点点加入新东西，把那些缺乏经验的人带偏，在不知不觉中从"差之毫厘"到最后变得"谬以千里"，最终完全背离了最初的说法，看上去苏格拉底就"成功"战胜了对方（487b）。格劳孔这种看法接近于伯纳德特所说的"纤丝论证"。

苏格拉底并没有真正驳倒克法洛斯，他之所以离开可能在于苏格拉底对他再三的伤害，这就是哲学对生活的伤害，②"苏格拉底相当于告诉他他不知道正义是什么，从而破坏了他的生活"③。即便缺乏审查的生活不值得过，但克

---

① Seth Benardete, *Socrates' Second Sailing*, p. 157.
② 20世纪的哲学对礼仪之邦素以"郁郁乎文哉"自豪的国民性造成了极大的伤害，导致伦理资源的亏空（刘小枫语）；而世界范围内的哲学化运动（非哲学化运动不过是哲学化运动的反动，本质上也是一种新的哲学化运动）则对整个人类的生活造成了巨大的伤害，我们至今还挣扎在这种"黑铁时代"中。
③ 布鲁姆，《人应该如何生活》，页32。

法洛斯的生活也不在此列，他用传统的宗教神话和既定的法律法规来审查，只不过这种生活在哲学面前似乎还审查得不够彻底。《理想国》后来的种种耸人听闻的措施不是在审查生活，而是明目张胆地消灭生活。

西塞罗认为让一个耄耋老人待在一个如此漫长的讨论会上太不恰当了（satis consonum），但这样的看法太客气太温和了，① 显然是在替"我们的神，柏拉图"（deus noster Plato）开解。克法洛斯的离开丝毫谈不上"优雅体面"，② 尽管他离开后所从事的恰恰是《理想国》一直忽略的重要工作：敬神。

那么，我们应该如何看待克法洛斯其人其言？我们又该如何看待苏格拉底与克法洛斯的关系？

在沃格林看来，克法洛斯无可指责又令人同情，他自己过着合理的正义生活，作为老一代人仍然保留着一些非常优秀的品格，但是，

> 传统与习惯的力量把他们约束在狭窄的道路上，但他们不是由于"爱智慧"而正义，所以在危机时代，在年轻人暴露在多种邪恶的影响下时，他们无法向年轻人提供什么指导。即便更加仔细地审查他的言行，这位令人同情的可敬长者也不会失去我们的同情；但是对他的衰弱产生的一丝轻视，即使算不上鄙视，也会冲淡我们的同情。因为这种类型的人，就是在传统

---

① Cicero, *Letters to Atticus*, IV. 16. 3, London: William Heinemann, 1912, p. 314。艾伦认为西塞罗的解释很优秀（《〈理想国〉卷一校释》，页86）。

② 瓦伦，《〈理想国〉字义》，页165。

断裂的危急时期,导致突如其来的精神空虚的原因。一切似乎都在瞬间发生:老一代人忽视了在年轻人心中树立正确而具体的秩序观念,而冷淡与迷惑几年之内就转变成了可怕的社会灾难。①

沃格林对克法洛斯的评价颇为矛盾,对这位普通老人也太苛求——这是哲学家最容易犯的错误。克法洛斯不是哲人,因而雅典的礼崩乐坏跟他没有关系,但并不说明他就没有资格教育年轻人。一个人能够过上正义、理智、有序、合宜和虔敬的生活,已属至高无上,至于帮助他人摆脱奴役获得自由,那毕竟是少数人的事情。

克法洛斯不懂得"正义"的定义,也对"什么是X"之类的哲学问题一无所知,但这无损于他的人品,也丝毫不妨碍他做一个正义的人,"对克法洛斯而言,即使正义也许不是绝对的善,他也要尽力做正义之人"②。"知识"固然可能让人走向"德性",但没有知识的人未必就不配享有"正义",克法洛斯本人就是最好的例子。

苏格拉底与克法洛斯表面上有冲突或不一致,看起来势不两立以至于必须以其中一方的彻底失败而告终,但他们两人身上却有着惊人的相似:苏格拉底后来的观点基本上就是在克法洛斯思想框架范围内的进一步拓展。我们不能只信任和理解颇为理性的苏格拉底,而轻视克法洛斯的阅历、经验和信念——克法洛斯这位普通老人并不普通,至少在《理想国》简短的刻画中,克法洛斯"性格上没有

---

① 刘小枫编,《〈王制〉要义》,页177-178。另见沃格林,《柏拉图与亚里士多德》,页108
② 尼柯尔斯,《苏格拉底与政治共同体》,页55。

任何缺陷"①。

柏拉图把克法洛斯放在《理想国》中第一个发言的位置，不仅因为"克法洛斯"是这个家的"头儿"，还因为这是传统礼数的要求，更因为克法洛斯毕生的经验可以让人学到很多东西：苏格拉底自称向这位老人"打听""了解"或"学习"（πυνϑάνεσϑαι，328e2），不完全是礼貌性的谦辞。年纪并不意味着智慧，但克法洛斯的确与众不同：他能够认识到生命的意义，尤其在欲望和财富目前表现出了相当程度的"节制"，并且在人生最重要的"虔敬"方面堪称楷模。

苏格拉底后来继承了克法洛斯在《理想国》中的位置，同时也继承了克法洛斯的所有观念——苏格拉底而非珀勒马科斯才是克法洛斯的"继承人"。所以，我们千万不能像现有的学术研究一样太小看了克法洛斯这位"非哲人"，要知道"克法洛斯似乎代表了《理想国》必须处理的所有主题"②。

苏格拉底对待欲望的态度实际上就是克法洛斯态度的翻版和放大。克法洛斯主张摆脱欲望的统治，而苏格拉底的"理想国"则把这个原则放大到了荒唐的地步。克法洛斯即便到了"老年的门槛"也没有完全否定欲望和财富的作用或意义，远不是一个禁欲主义者。"欲望"和"财富"对于个人生活和社会来说可谓"最基本"的东西。即便在头脑极度发热要彻底根除欲望的"言辞中的城邦"里，其初级阶段也免不了这些最基本的东西（369d11，另参369c10），而且正义之邦并不把财富的创造者或"挣钱人"

---

① 费格尔，《苏格拉底》，页46。
② Seth Benardete, *Socrates' Second Sailing*, p. 14.

(330b2) 赶出城邦。

人当然不能成为情欲和财富的奴隶 (553d1-2)，但欲望也有"必要"与"不必要"之分 (558d9)，"不必要的享乐和欲望"违背法律 (571b4-5)，而必要的欲望对我们乃是有益的 (558e2)。欲望有好坏之分，好的欲望在法律、理性和教化的帮助下，能够驯服不好的或兽性的欲望 (571b5-c5)。

柏拉图的所有作品都在激发人们对神圣、审慎、智慧的爱欲，Politieia［政制］本身就是政治的爱欲（521b,555d-e）。柏拉图所谓"正确的爱欲"天然地指"对有序的、美的事物的一种有节制的和音乐般的爱"（403a7-8），因此"包含着'音乐般的爱'的灵魂内部的'和谐'，带来的是'人性'对'兽性'的胜利，人的'驯良'对'野蛮'的胜利。《理想国》一遍又一遍地思考着这些对立"①（参410c-412a，493b，496d，549a，571c，588c，589b，591b）。这样的清明言辞与"理想国"所谓共产共妻共子的狂热主张显然相互矛盾，本身就表明苏格拉底在第五至七卷中的"理想国"未必是他的真话或"正话"，反倒可能是对"理想国"的批评。

克法洛斯从正面展示（而非论证）了"审慎"或"节制"，苏格拉底则从反面也就是以归谬的方法揭示了它的重要性：成为欲望的奴隶固然可耻，但成为"言辞""定义""理念"和"范式"的奴隶，也很难说就获得了自由。如果"哲人王"旨在"存天理"，那么共产共妻共子就是要先"灭人欲"，前者的篇幅远远大于后者。其实苏格拉底的

---

① 西格尔，《"神话得到了拯救"》，董赟译，见张文涛编，《神话诗人柏拉图》，页243。

"哲人王"理想,即对理性或理智的高度弘扬,在克法洛斯弃绝欲望并讲求"理智"(331b7)的人生目标中已初现端倪。

苏格拉底在最后的终末论神话中又回到了克法洛斯所宣扬的"神义论"上,从而彻底完成了克法洛斯未竟的事业。克法洛斯普普通通,没有哲学思辨能力,却并非《理想国》中可有可无的角色。苏格拉底一见面就奉承克法洛斯,绝非客套话,毕竟克法洛斯是"过来人"(328e)。克法洛斯已进入人生暮年,懂得人生的真谛,能给其他无知者带来很多消息,克法洛斯就是这个洞穴或冥府的信使(angelos),是《理想国》最后那场末日审判的信使"厄尔"的前奏,或者更准确地说,厄尔最终完成了克法洛斯所开创的神义事业。①

无论是第一卷还是其中"昙花一现"的普通老人克法洛斯,都不是《理想国》的误植,更不是"败笔",而是大有深意的安排。正如施特劳斯所说:

> 正如这部著作后来所表明的那样,在一个有良好秩序的社会中,对儿童,甚至对成年人讲一些假话是必要的。这个例子说明了《理想国》第一卷中的讨论所具有的特点,在这一卷中苏格拉底拒绝了在正义问题上的许多错误意见。然而,这卷否定的或破坏性的著作在自身中包含着整个《理想国》的大部分肯定的或建设的主张。②

---

① 奥康纳,《重书柏拉图戏剧中的诗人角色》,见费拉里编,《柏拉图〈理想国〉剑桥指南》,页74。
② 施特劳斯、克罗波西,《政治哲学史》,页27-28。

伯纳德特也认为:"克法洛斯似乎代表了(stand for)《理想国》要讨论的所有东西。"①

克法洛斯的"正义论"很朴素,但并不简单,毋宁说是一种海德格尔式的"本真"。朴素并不是幼稚,克法洛斯也早已过了幼稚的年龄。他不是因为幼稚而朴素,也不是人们通常所认为的那样由于缺乏哲学思辨能力而只有朴素的认识,而是因为他代表着一个未被理论污染的"赤子"或"纯真"的境界。克法洛斯代表着克洛诺斯统治下的"黄金时代",简朴而纯粹,即如庄子所谓"至德之世":"夫至德之世,同与禽兽居,族与万物并,恶乎知君子小人哉!同乎无知,其德不离;同乎无欲,是谓素朴。素朴而民性得矣。"(《庄子·马蹄》)

当然,"朴素"或"纯素"这种极高境界差不多只有神明和真人能够达到,即"素也者,谓其无所与杂也;纯也者,谓其不亏其神也。能体纯素,谓之真人"(《庄子·刻意》),因而"天下莫能与之争美"(《庄子·天道》)。但朴素终究是一种初级阶段,人心和人性中无数的渣滓必然会污染这种状态,这时候再守着"见素抱朴,少私寡欲,绝学无忧"(《道德经》19 章)的圣贤教导就显得太幼稚了。理性的介入及其对原初经验的破坏总是人类成熟的必然过程或代价。

在苏格拉底设想的"言辞中的城邦"中,"健康的城邦"这个阶段固然有美好的一面,但终归是"猪的城邦",人们必将走出这种天真的状态,不断追求奢华,最终趋于"发烧"。苏格拉底并不是不懂得"朴素"或"单纯"(ἁπλοῦν)的价值:它总是与"高贵""真实"和"纯真"

---

① Seth Benardete, *Socrates' Second Sailing*, p. 15.

连用，但纯真易逝，美好难存。苏格拉底对音乐和诗歌的审查，也是以"朴素"为标准。不过，朴素、单纯可能是高贵的，也可能是愚蠢的。①

克法洛斯的正义论尽管过于朴素，却也堪称正义的"总论"：为什么要正义以及什么样的生活才是美好的因而也就是正义的生活，诸如此类的问题都在克法洛斯看似粗浅实则因逼近源头而显得真实的看法中得到了最初的显现。难怪有学者认为，"克法洛斯有些观点接近于苏格拉底在《高尔吉亚》中的观点"，② 其中，克法洛斯对"秩序与沉静"的赞赏以及对克制或审慎的强调，差不多已经进入了柏拉图伦理政治思想的殿堂。

---

① 奥康纳，《重书柏拉图戏剧中的诗人角色》，见费拉里编，《柏拉图〈理想国〉剑桥指南》，页81。
② T. Irwin, *Plato's Ethics*, Oxford University Press, 1995, p. 170。中译本见欧文，《柏拉图的伦理学》，陈玮、刘玮译，南京：译林出版社，2021。

第三章 功利正义论（331e1–336a10）

克法洛斯可能是《理想国》中唯一头脑正常或理智清明的人（参331c6），但正如很多现代学者居高临下地观察到的那样，这位可敬却"可怜"的老人没有能力从事哲学思辨。① 他把论辩的席位交给了儿子珀勒马科斯，后者在其父辩论时便予以支援。

克法洛斯不知道苏格拉底、珀勒马科斯和他诉诸的那位诗人会把论辩引向何方，实际上他根本不关心这些"身外之物"或生活的"题外话"，对他来说，"什么是正义"的形上问题（也是所谓"苏格拉底式的问题"）再重要也远在生活本身之下。但对于尚未达到他这个年龄，也就是还没有在生活的历练中获得足够实践智慧的年轻人来说，理论的学习或思想的论辩不仅诱人，而且的确具有指导之功。所以，"正义"和"幸福"之类的问题还必须不断被讨论和教导。

第一节 扶友损敌（331e1–334b9）

看到克法洛斯转身离去的背影，苏格拉底心中不知做

---

① 克法洛斯实在谈不上"可怜"，这位可敬的长者拥有足够的实践智慧，这方面似乎丝毫不亚于哲人苏格拉底。克法洛斯笑一笑，走了，如果这不是自嘲没有能力从事哲学思辨，便是嘲笑只会思辨而不敬神的哲人。且不说对于有信仰的人来说，人一旦思考，诸神（上帝）就会发笑，至少在克法洛斯看来，苏格拉底寻求绝对的正义定义，实在可笑。

何感想，我们似乎没有看到苏格拉底有什么举动，甚至没有基本的礼貌性地起身相送，更不用说搀扶一下这位腿脚已经不灵便（328c7-8）的老者。如果不是柏拉图故意略去了这类记载，那么苏格拉底就是"急不可耐"开始了对珀勒马科斯的"考验"，这与他的初衷若合符节：教化年轻人。

听到珀勒马科斯引述诗人西蒙尼德斯，苏格拉底马上就问这位"言辞的继承人"：你认为西蒙尼德斯说得很正确的是什么。还有一层言下之意：你为什么认为西蒙尼德斯的说法是正确的（331e1-2）。苏格拉底"明知故问"，接下来还装样子说自己不懂西蒙尼德斯的意思（331e8），就是要让珀勒马科斯信心满满地引入这位极为重要的诗人，然后再把珀勒马科斯仰赖的精神支柱连根拔起，至少也要质疑珀勒马科斯未经检验的信仰，并以极端的方式告诉他：正义并不简单。

珀勒马科斯不假思索地回答：正义就是把每个人欠的东西归还回去。紧接着还补上一句：我认为这样的说法可是说得好极了（331e3-4）。苏格拉底问的是"正确"（ὀρθῶς），珀勒马科斯答的却是"好"（καλῶς），年轻的珀勒马科斯没有体会到其间的差别：说得好未必说得正确，反之亦然——生活需要的是"好"，而哲学追求的却是"正确"。苏格拉底也没有理会个中微妙差异，而是着手干"正事"：修正珀勒马科斯之类的普通人的"意见"，颠覆传统的权威，树立哲学的崇高地位，让人们在"天经地义"中学会反思。

对于珀勒马科斯信心百倍引述的西蒙尼德斯，苏格拉底不无揶揄地说道，要不相信西蒙尼德斯还真不容易，然后又略带讽刺地把西蒙尼德斯说成是"聪慧的且神圣的人"。西蒙尼德斯在古希腊早期思想中的确占有十分重要的地位,他被视为"希腊公认哲学的所罗门"(the Solomon of Greek proverbial philosophy),① 他的话被视为"圣经"。但苏格拉底恰恰就是要挑战这种至高无上的权威,要战胜这位"在戏谑式的推理中一直作为那种流行见解的代表"。②

苏格拉底自谦"你懂,我不懂",却赤裸裸地拒绝了珀勒马科斯对西蒙尼德斯的理解:正义不等于无条件和无目的的归还,尤其在对方神志不清时。正义不等于归还,它们之间还必须加上一些限定的条件。如果要在归还中体现正义,还必须考虑归还的结果或效用,即这种归还究竟是有利还是有害,正义就这样与功利相连了。正义也从最初笼统的归还,变成了向朋友归还"合适的",也就是有益于对方的归还。而对敌人来说,我们要归还的也是"欠他"的,那当然就是对敌人的"伤害"。

珀勒马科斯正是在苏格拉底的帮助下不断修改和补充自己从父亲那里继承下来的定义,最后得出古希腊人普遍接受的观点:正义就是扶友损敌。苏格拉底在这个过程中起到了"精神助产士"的作用。对于克法洛斯和珀勒马科斯未加分别的"归还",苏格拉底用一个极端的例子提醒不假思索的父子俩,"归还"要放在具体的语境中,同其他生活情形或政治要求一样——实际上这就已为珀勒马科斯的功利主义正义论打开了大门:苏格拉底好像在主张无条件的、绝对的或形上的正义论,但他对珀勒马科斯的引导以及接下来的"辩难"充分表明,他知道功利主义的出发点和问题之所在。

---

① 瓦伦,《〈理想国〉字义》,页165。
② 刘小枫编,《〈王制〉要义》,页63。

珀勒马科斯只认识到，对朋友而言，"归还"分为"有益"和"有害"。苏格拉底马上又提出了另一个问题：对敌人而言，又该如何呢？（332b5）只有补上了这个要素，"归还"的社会政治背景才算完整。珀勒马科斯对此毫不犹豫地回答道，那就是"损害和恶"。这样一来"扶友"和"损敌"才能有机统一：扶友既是必然的义务，又是损敌的必然要求；反之，损敌既是为了更好地自保，也是为了更好地扶友。在古希腊政治伦理观念中，扶友就是自爱，因为"朋友是居住在两个身体中的一个灵魂"，"就是另一个自我"（亚里士多德《尼各马可伦理学》1166a31 - 32）。没有人不爱自己，也没有人不爱另一个自己即朋友。古希腊语的"爱"与"友"本身就是一个词。

亚里士多德甚至还说，"一个人首先是他自身的朋友，所以，人应当自爱"（《尼各马可伦理学》1168b9 - 10）。为什么"自爱"具有如此高的地位？亚里士多德进一步解释道：

> 若人人都行为高尚，努力做最高尚的事，共同的东西就可以充分实现，每个人也就可以获得最大程度的善，因为德性就是这样的善。所以，好人必定是一个自爱者。因为做高尚的事情既有益于自身又有利于他人。①

这里的"有利"便是珀勒马科斯所说的"扶助"。亚

---

① 亚里士多德，《尼各马可伦理学》1169a6 - 13，页276。亚里士多德在《尼各马可伦理学》第八和第九卷中详尽地讨论了"友爱"问题，把友爱上升到政治哲学的高度。

里士多德以特别的"自爱"论,结合德性伦理学,阐述了自爱的德性目标。扶友或爱友是高尚的行为,因为它与高尚或德性相一致。人天生就是政治动物,但必须以友爱为基础,这种共同生活既与高明的正义或公道相关,又与实实在在的生活要求相关:

> 因为,友爱同什么人相关,公正就同什么人相关;哪里有友爱,哪里就有公正问题。但是,所有的共同体都是政治共同体的组成部分。因为,人们结合到一起是为了某种利益,即获得生活的某种必需物。人们认为,政治共同体最初的设立与维系也是为了利益。而且,这也是立法者所要实现的目标。①

"扶友"体现的正是这种公正或正义,因为它能建立一个生活共同体,为大家带来很具体的利益。无论我们是否可以把高尚的东西还原成低级却实在的基础,"扶友"都是好的,它来自苏格拉底诘难过程中对"好""恰当"和"应然"(332b8)的追求。苏格拉底把克法洛斯—珀勒马科斯的"归还"转变成"扶助",再把"扶助"转换成具有伦理意味的"正确的举措"或"义务"。②"扶助他人"能克服和限制"自爱"的泛滥,"帮助朋友"可抵消自私,③则共同体更加和谐和幸福。

克法洛斯关心的正义是让自己心灵安然、不因亏欠而

---

① 亚里士多德,《尼各马可伦理学》1160a7–14,页246。但亚里士多德是一针见血,还是不够得体?

② 亚当,《〈理想国〉疏证》,页14–15。

③ 布伦戴尔,《扶友损敌——索福克勒斯与古希腊伦理》,包利民等译,北京:生活·读书·新知三联书店,2009,页65。

在今生来世受罚，对自己有好处，而珀勒马科斯被苏格拉底引导到"扶助"朋友并损害敌人的立场上，则使正义的内涵更加丰富。"利他"的正义论尽管看起来有些功利的色彩，却比克法洛斯的立场更注重"善"（332a10）——这是《理想国》中第一次为"正义"引入伦理的因素，① 珀勒马科斯也就比其父"更是绅士"。② 同时，珀勒马科斯区分了归还的对象以及相应的归还内容（即损或益），他的正义观比其父孤立的"自爱"式正义更"政治化"。

"扶友损敌"是古已有之的普遍正义观，它最初不是一种道德戒律，而是人性中自然流露出的愿望。③ 这种普遍的价值认同可以追溯到荷马时代，足智多谋又饱经风霜的奥德修斯对涉世不深的少女瑙西卡娅说道："家庭和谐，令心怀恶意的人们憎恶，令亲者欣慰，为自己赢得最高的荣誉。"（《奥德赛》6.184-185）希腊文教肇端之时，敌友的区分就已经成为固化的政治行动，而以不同态度对待敌友也是希腊人的基本信条。

后来梭伦也宣扬这种民众道德："对朋友温柔甜蜜，对敌人狠辣无情。"④ 一位喜剧诗人甚至把"扶友"上升到神圣使命的高度："如果一个人不是为了能帮助朋友，以播种众神的最甜蜜的感激之果实，那么他还祈求财富干什么呢？"⑤ 正如莱辛所说："对古希腊人而言，道德的伟大包

---

① 330d2 中的"善"更多地指"好处"或"益处"，不是伦理意义上的"善好"。
② 布鲁姆，《人应该如何生活》，页 36。
③ 布伦戴尔，《扶友损敌》，页 35。
④ 另参刘小枫编，《〈王制〉要义》，页 63。
⑤ 布伦戴尔，《扶友损敌》，页 59。

括对朋友的爱,它与对敌人的恨是不变的一样,乃是永恒的。"① 据说这就是基督教的登山宝训极力要克服的异教思想意识,难怪布鲁姆这样意味深长地评价这种爱恨观:"对于我们听起来刺耳,因为它与我们业已习惯了的普遍之爱的道德完全不同,如果我们想要理解它的尊严,就必须做出很大努力。"②

"扶友损敌"不仅仅"处于功利主义的边缘"③,其本身就是功利主义的经典表达。只不过这种带有功利色彩的政治正义论与后世的"功利主义"大不相同,我们姑称之为"古典功利主义"。苏格拉底的诡辩并不表示他彻底否定了这种功利主义,他只是指出这种(功利主义)正义观还需要以知识或哲学为基础,否则会遇到普遍主义和绝对主义的挑战。毕竟,"在《理想国》第一卷的三种正义观中,认为正义就是扶友损敌的看法,可以说是唯一以苏格拉底把诗人赞美为聪明人作为开头也作为结尾的对话"④。而且,从苏格拉底后来的种种"理想"设计来看,就像克法洛斯的诸多理念一样,珀勒马科斯所提出的"功利主义正义论"也为苏格拉底所吸纳。

苏格拉底对珀勒马科斯功利主义正义论的诘难分为三个部分:一是证明"扶友损敌"在效用上不成立,二是如果不分清敌友,扶友损敌就无意义,三是真正正义的人只会"扶"不会"损",因而扶友损敌也站不住脚。但苏格拉底貌似合理的推理,多少都是胡搅蛮缠,其中虽有深意,

---

① 转引自布鲁姆,《人应该如何生活》,页36。
② 同上。
③ Stanley Rosen, *Plato's* Republic: *A Study*, p. 33.
④ Leo Strauss, *The City and Man*, p. 70.

却不能不说是有意为之的诡辩,它让忒拉绪马科斯愤怒,也让格劳孔不服。苏格拉底从效用上攻击扶友损敌,又可以分成两个更小的部分:正义无用,以及正义即便有用,也只是说明这种正义无非是高明的偷盗术而已!

首先,苏格拉底从功用的角度来谈其他"技艺",暗中把"正义"比附成了一种技艺。苏格拉底以医生和舵手为例,说明医生在他人没有疾病或舵手在不航海的时候,他们的技艺就没有用处,同样,人们在具体的事情上不会求教于正义的人,而会求助于该领域的行家。由此可见,正义没有什么用处,而珀勒马科斯所谓正义之用在于扶友损敌就不能成立了。

苏格拉底把珀勒马科斯一再强调的"对朋友行善而同时对敌人作恶"(332d7)转化为对朋友的"用处",然后以医生和舵手为旁证,说明珀勒马科斯所说的"正义者"在战争中的共同作战和在和平时期订立契约和相互往来方面有用的说法也不成立。因为在和平时期,人们不会诉诸正义者去下棋、造屋、弹琴和相马。

其次,正义不仅因无用而没什么了不起,而且可能是某种邪恶的力量。正如一个善于预防疾病的人,同时也有能力制造或传播疾病,一支善于防守的军队也必然善于进攻,一个善于"守护"的人,也必然善于"偷窃"。因此,正义者似乎就是偷窃者,就像荷马笔下奥德修斯的外祖父一样。"正义"从根本上说无非是一种"偷窃的技艺",尽管这种偷窃是为了朋友的利益,同时也是为了损害敌人,但无论如何,正义在苏格拉底的推理中走向了它的反面,不再是珀勒马科斯所说的纯洁的"善"。这让珀勒马科斯很难接受,但不擅辩论的他并不知道问题出在哪里。

苏格拉底在这里显然使用了"最锐利的诡辩术"或

"糟糕的逻辑"。①

第一，正义当然关乎人际交往，甚至涉及"交易关系"（《尼各马可伦理学》1131a），②却不是一种赤裸裸的利益交换。正义以利益为基础，却并不以利益为目的，正义超越于利益之上："扶友损敌"本身就是自私自利的反面。苏格拉底的错误在于把手段当做目标，变成了"惟以手段为目的的推理，技术统治下的效果计算"③。正义虽有功用，却不是实用的技艺。如果把正义还原为"技艺"，让正义在道德上变得中立，那它就失去了自身的意义，因为"技艺拥有主题，而正义却没有；因而，正义不是一种技艺，不能给予好处。正义消失了"④。正义的目标与具体技艺的目标也大不相同，借用苏格拉底的比喻，正义不是为了身体的健康，而是为了灵魂的康健；正义不是身体的美食，而是灵魂的养料；正义不是地中海商业贸易的航标，而是人生航程的指南。

第二，医生的医术在他人健康的时候也不会没有用处，他可以让健康的人知道健康的原因以避免疾病，这近似于中医所谓"治未病"，可能比"治病救人"更重要。舵手在陆地上也不是全然无用，他对待危险的经验、勇气、与其他人相处的能力以及方向判断力等等，都是宝贵的生活依据。任何人都不可能面面俱到地学会所有东西，他必须从已知的经验中去推导出如何处理自己并不擅长的东西。钱存到银行中没有使用，不等于钱没有用处。

---

① 刘小枫编，《〈王制〉要义》，页64。另参 Stanley Rosen, *Plato's Republic: A Study*, p. 35。
② 刘小枫编，《〈王制〉要义》，页64。
③ Julia Annas, *An Introduction to Plato's Republic*, p. 28.
④ 布鲁姆，《人应该如何生活》，页39。

在下棋、造屋和买马等具体事务中,专业技术固然重要,但人品与社会规范(如正义)更重要,否则越高强的技术对社会生活的危害就越大。在一般社会交往中,专家的诚实和正义远比技巧更重要。离开正义来谈技艺,必然会造成荒唐的结果:正义的领域不断被侵夺,最后归于虚无——海德格尔对西方近现代技术与虚无主义的深刻分析已然说明它们之间的亲缘关系。一旦正义不在场和虚无化,恶就会泛滥成灾。

第三,善于偷盗或作恶不等于一定要作恶,更不等于已经做了恶。苏格拉底在"正义即偷盗"推论中故意犯的这种粗浅逻辑错误实在不值一驳。我们只需指出,恰恰是"正义"指引着有能力作恶的人不去作恶。① 反之,正义必须在社会共同生活中才得以可能,而且人们要保卫正义,还必须学会一些技巧,尤其要掌握与正义相对的东西,哪怕那些东西具有恶的特质。

扶友损敌不是道德上的中立,也不是对道德的漠不关心,更不是一种"反道德"或"泛道德"(如博爱)的立场,它明确追求一种道德和政治性的结果,要求敌友和损益的分野,同时它的目标就是"善"。苏格拉底的"诡辩"似乎恰恰说明"扶友损敌"本身的意义,苏格拉底后来对珀勒马科斯功利主义正义论的部分采纳已很能说明问题。

第二节 敌友之分 (334c1 – 335b1)

苏格拉底一通诡辩把珀勒马科斯逼到绝境,后者焦急

---

① Stanley Rosen, *Plato's* Republic:*A Study*, p. 37。罗森把苏格拉底的第一点反驳视为"胡说"(nonsense)。

而沮丧地向宙斯发誓,自认有些不知所云,但仍然坚持从传统得来的信仰:扶友损敌就是正义(334b7-9)。这时,苏格拉底话锋一转,提出了一个更为难缠的问题:就算扶友损敌是正义的,那么又该如何区分敌友?

在苏格拉底的三层诡辩中,区分敌友的问题虽然讨论得最少,却最重要,因为它处在中心的位置,而且它本身最少诡辩色彩。也就是说,区分敌友是一个无法简单地从理论上予以解决的问题,双方几乎很难在此充分展开。这个问题也是论辩双方差异最小的问题,苏格拉底虽然指出了珀勒马科斯"扶友损敌"观念中的漏洞,但总体上是在"扶友损敌"这个基础上展开的,这即便不能说明苏格拉底已然接受这种功利主义正义观,也至少说明他部分地认同了德性或道德在社会交往中的作用。

即便在"朋友"前面加上"有用"或"好"(334c2)或"良善"等限定词(334c),区分敌友也十分困难,因为有的人仅仅是"看起来"良善,实为坏人。结果,自以为是在帮助朋友,却可能资盗粮、赍寇兵,亲者痛仇者快;自认为是在对敌人秋风扫落叶,结果却伤害到了自己的另一半即朋友。于是,珀勒马科斯再次提出要重新"正确地"界定"朋友"和"敌人"(334e5-6)。但结果也很难说有什么实质性的进展,至多在原来的概念中稍微加上他们已经讨论过的内容,原来笼统说的"扶友损敌"或"对朋友行善、对敌人行恶",变成了"对良善的朋友行善,对邪恶的敌人行恶"(335a8-10)——现在的修正看上去更具体,却也更啰嗦了,实为"重言"。

苏格拉底这段颇为善意的对话,如果不是要反驳珀勒马科斯"扶友损敌"的正义观,那就可以被善意地理解为对珀勒马科斯的提醒,因为苏格拉底并没有从根本上否定珀勒马科斯的定义：敌友难分不等于敌友不分，或者说，不能因为敌友难分，就放弃"扶友损敌"的善行，不能因噎废食。此外，也不能因为"伪善"就否认"真善"，不能因为行善可能在客观上有相反的结果而拒绝行善。

人天然就要区分敌我，从一出世就有了最初的朋友，即自己的父母，同时也就有了潜在的敌人：外族或外邦的人。这就是政治，就连一味反对珀勒马科斯的苏格拉底后来也走向了敌友之分这一基本原则。布鲁姆总结道：

> 拥有一个人自己的家庭或城邦，暗示着自己人和外人之间的区分；而外人就是潜在的敌人。作为帮助朋友和伤害敌人的正义，特别地乃是一个对*正义的政治定义*。……如果朋友和敌人之间的区别以及帮助前者伤害后者的倾向，被从人的心灵和头脑中消除，政治生活将会不可能。这是对正义的必要的政治定义，它产生了公民德性中得以表达的特定类型的属人的高贵。苏格拉底不像看起来做的那样全然拒绝它。在他的最佳政制中，被他比作高贵的狗的战士，分享了高贵的狗的最为显著的特征：对熟人温和，对生人粗暴。①

我们应该如何看待珀勒马科斯的观点，尤其如何看待苏格拉底对珀勒马科斯的辩驳？大多数学者都"维护"苏格拉底，认为他的推理没有问题。而珀勒马科斯立场的"前提本身就不清楚，它自在的就是混乱不堪的"，却居然一再坚持自己的观点，"可见，这就是最蒙昧而顽固的与苏格拉

---

① 布鲁姆，《人应该如何生活》，页37。楷体为引者所加。

底最为敌对的观点,也是苏格拉底必须要摧毁的观点"①。

尼柯尔斯虽然看到"苏格拉底熟练的论辩技巧使得正义含义从一个极端滑向另一个极端",但仍然同情地理解苏格拉底的立场,认为"苏格拉底的说法是对正义固有的灵活性的戏仿,并且嘲讽了珀勒马科斯试图赋予正义普遍有效定义的做法,只有这样的定义才能满足珀勒马科斯对永恒、稳定事物的欲望,借此他才能确定自己行动的方向"②,这种友善的理解可能与苏格拉底故意诡辩的深刻用意擦肩而过,毕竟寻求"普遍有效定义"和"对永恒、稳定事物的欲望"的,不是珀勒马科斯,而是苏格拉底。布鲁姆在这方面说得也很正确:"苏格拉底的观点是哲学的观点,依此,知识是最高的好;珀勒马科斯的观点是城邦的观点,依此,财产是最高的好,至少是最需要的好。"③

普通政治人珀勒马科斯寻求的是"政治的正义",智慧的哲人苏格拉底追求的是绝对的正义,正如他在反对克法洛斯"欠债还钱"的正义论时所表现出的那样,试图寻求没有任何例外的哲学正义或形上正义。这两种正义有很大区别,却也有着极为紧密的关系:政治正义需要以哲学正义为基础和前提。我们不能彻底否认珀勒马科斯的正义观,毕竟"正义本来就必须决定那些彼此正义地相互对待的人之间的关系",因为"它的目的是作为手段来巩固一种既存的状况"④。

如果我们善意地理解苏格拉底的"诡辩",就会发现,

---

① 刘小枫编,《〈王制〉要义》,页65。
② 尼柯尔斯,《苏格拉底与政治共同体》,页59。
③ 布鲁姆,《人应该如何生活》,页44–45。
④ Seth Benardete, *Socrates' Second Sailing*, p. 17.

区分敌友与此前区分好与坏、合适与不合适、善与恶甚至清醒不清醒一样，都必须以知识为基础。苏格拉底在这里没有明说，但其辩论暗含的逻辑便在于：只谈敌友而不谈区分敌友的标准、依据和方法，就没有意义。我们既需要珀勒马科斯所宣扬的传统正义观，也需要苏格拉底的知识论或哲学正义论（仿所谓"哲学解释学"）。什么是有益的，什么是有害的，什么是合适的，什么是真正的朋友，以及什么是真正的敌人，这些都需要以知识为基础。

正义必须包含更高层次的知识，至少要高于医术和航海术。如果非要把正义比作一种技艺，那么，"正义必须是一种主导性技艺，统治着那些产生局部的好来为整体的好服务的技艺。换言之，正义必须是一种关于整体的好的知识，所有其他技艺都不知道这种好，但都以其为前提"①。

珀勒马科斯的政治世界是一个"前哲学的世界"，虽有无限的丰富性，但由于未经哲学的审查，缺乏知识的基础，还不足以固化成人们都能遵守的普遍原则。所以，

> 为了在充分意义上坚持正义，一个人必须成为一个哲人。哲学对正义而言是必需的，哲学确实有一个在帮助朋友和伤害敌人上有助益的主题，因为只有它知道什么是适宜的。只有它不是中立的，因为，按照它的定义，它探寻政体的好。②

布鲁姆这种看法可能对哲学有些过誉，但强调以哲学为最高代表的知识，无论如何都是对珀勒马科斯单纯的正

---

① 布鲁姆，《人应该如何生活》，页42。
② 同上。

义观的非常有益的补充。

敌友之分是政治正义的核心,其内容却不是一成不变的哲学问题,我们无法凭借某种固定的程式化知识来区分敌友,但我们必须在变动不居的世界经验中艰难地靠区分敌友来维持必要的政治生活。在这个"实践"领域,理论或知识固然显得很苍白,却不可须臾或缺。我们在区分敌友时常常犯错,即便不认贼作父,也往往混淆敌友。要正确地区分敌友,就必须知道作为生活目的的"好"或"善"究竟指什么。我们必须在理论知识和实践智慧的共同作用下,懂得该如何生活。

第三节 不义之义(335b2–336a10)

苏格拉底进一步辩驳,就算正义有益且不等于偷盗,就算"扶友"善好可行,但"损敌"却有违"正人君子"之风,因此,扶友损敌最多只能算一半的正义。苏格拉底禁止任何情况下的"损害"或"伤害",表面上把"正义扩展为美德",结果"那看起来像是诡辩的论证,就完全成为一种真知灼见了"①。但诡辩就是诡辩,即便有些真知灼见,意义也有限。不过,苏格拉底的诡辩引发了深刻的反思,这种反思可以运用到整个西方文明之上。

苏格拉底以马和狗为例,说明伤害只能让被伤害的对象变得更坏,因而任何伤害都不义。马和狗在受到伤害后,它们的 arete [卓越、德性] 就会变得更坏,同样,人在受到伤害后,ἀνθρωπείαν ἀρετήν [人的德性] 也会变得更坏(335c1–2),而受到伤害的人就成为不义的人了。正如冷

---

① 刘小枫编,《〈王制〉要义》,页67。

不是由热造成的，潮湿也不是干燥导致的，正义的人同样无法用正义让不义者变得正义，因而任何情况下对任何人的伤害都不是正义。那么，西蒙尼德斯、庇阿斯、皮塔科斯、薛西斯等（大多是君王或霸主）所谓"聪明人"或"圣贤"所说的"扶友损敌"就不是正义，也不是真理（335e4）。苏格拉底最后看似在问询珀勒马科斯"那么另外还有什么东西可以说是正义"，如果我们不把它理解为他与珀勒马科斯的未完成的对话的戛然而止之处，那么这句不言自明的问话实际上表达了苏格拉底"成功"地驳倒不善辩驳的年轻人后志得意满的心态，难怪惹恼了忒拉绪马科斯。

但苏格拉底并没有真正驳倒珀勒马科斯，也没有推翻西蒙尼德斯所代表的传统价值观。苏格拉底在这个部分仍然是在诡辩，通过高超的文字游戏把年轻人玩得团团转，最后不得不跟着自己貌似有理的逻辑走向原来立场的对面。

苏格拉底玩的第一个文字游戏是利用了 arete 的双重含义。该词指物体（包括动物）的"卓越"，以及人的"德性"，后者才有道德的含义。① 苏格拉底所谓"伤害"会降低动物的卓越性能，自是不假，但因此说"伤害"就会降低人的德性，则显然是无稽之谈。人的德性不同于马的卓越，因为人与马不是同一个层次的存在物，不能简单比附。马的 arete 在于跑得快，令骑手坐得稳，敢迎面冲向敌人；②而人的 arete 在于"善"，体现在"扶友"和"损敌"这两个相互依存的方面。如果非要说"伤害"与"卓越"有

---

① Julia Annas, *An Introduction to Plato's* Republic, pp. 31–32.
② 亚里士多德，《尼各马可伦理学》，页45。关于 arete 的相关阐释，见艾伦，《〈理想国〉卷一校释》，页91。

关,那么不妨正确地说,对于穷凶极恶的人而言,减少他们的力气,限制他们在杀人放火方面的"卓越"能力,本身即不啻行善。

苏格拉底玩的第二个文字游戏是利用了 blaptein 的模糊性或双关意义。珀勒马科斯在苏格拉底引导下本来说的是归还给敌人最合适的东西就是"恶"(332b8),也就是要以"恶"来对待敌人(332d7),但苏格拉底后来却用了另一个词 blaptein 来概括(332e4;另参 334d1,d9,335a10),珀勒马科斯不知不觉也用上了这个词(334b9)。该词同时具有"伤"(hurt)和"害"(harm)两重含义,苏格拉底把两者混同起来了。珀勒马科斯说的是"伤",而苏格拉底把它偷换为"害"。① "伤"未必是"害",比如医生动手术;"害"却必定是"伤"。对于坏人来说,"伤"而使之不作恶,其实不是"害"他,而是扶助他。这种"伤"并不是"害",看似不义,实为义之大者。

撇开文字游戏不谈,苏格拉底在其他地方也坚持任何情况下人都绝对不能行不义(《克里同》49b–c,另参《高尔吉亚》472d 以下),哪怕对待坏人和敌人。这是一种"博爱"的思想,据说已经高贵地成了基督教伦理思想的先声。② 但"城邦的建立基于区分公民和陌生人,城邦偏爱本邦公民,必定会剥夺陌生人某些东西"③,因而在城邦或国家尚存的时代大谈"博爱"或"不损敌",即便不说迂阔,至少也不甚得当。或者更恰当地说,它是一种超越于

---

① Julia Annas, *An Introduction to Plato's* Republic, p. 32.
② 亚当,《〈理想国〉疏证》,页 21。
③ 尼柯尔斯,《苏格拉底与政治共同体》,页 61。该书作者虽然认识到这一点,却未能深入,甚至还在替装样子的苏格拉底辩护。

政治之上的宗教情怀——宗教本身就超越于城邦之上。苏格拉底的这种博爱的立场会彻底否定敌友之分，从而走上"世界主义"或"大同社会"（cosmopolitanism）。

从城邦的角度来说，"苏格拉底对正义的理解是一个完全非政治的观点"（布鲁姆语），"至少可以说，苏格拉底的正义不会伤害任何人的观点意味着他不会为了保护城邦而去参加战争"①，但历史上的苏格拉底却为保卫城邦而参加过至少三次战争。珀勒马科斯的观点则是一种"政治"的观点：扶友损敌是社会生活必须遵守的法则。

> 珀勒马科斯相信，帮助朋友却不伤害敌人是不可能的，因为每个城邦都为了占有稀缺的东西而与别的城邦处于竞争之中。不存在没有敌人的城邦，一个人若不希望危害他的城邦的敌人就不是一个好公民。②

希腊贤哲有"报复不如宽恕"的金规则，希腊人却总是热衷于报复和惩罚敌人。古希腊人毫不掩饰自己会因敌人的成功而痛苦，从敌人的失败中得到快乐，甚至以打败敌人为最高荣耀，他们把这视为人的本性！③ 在他们看来，"以牙还牙"是"正义"这个政治要求的最佳表达（参赫西俄德《劳作与时日》265 以下）："以正义的名义实施的伤害，虽然对冒犯者是一种'恶'，但不能被认为是以错误报应错误，而应该看做是正当的。"④

---

① 尼柯尔斯，《苏格拉底与政治共同体》，页 61。
② 布鲁姆，《人应该如何生活》，页 44。
③ 布伦戴尔，《扶友损敌》，页 33。
④ 同上，页 70-71。

如果按照苏格拉底的"博爱"来对待政治生活,那么政治尤其是法律,就没有存在的必要了,任何刑罚都失去了合法的根基,甚至任何社会组织都没有存在的价值,因为社会组织最根本的"保护自己、抵御他人"的功能已荡然无存。"报仇"或"复仇"一直被视为天经地义的正义之举,惩罚应该被惩罚的人当然就是正义的(《修辞学》1369b)。与柏拉图早期著作中的苏格拉底"不杀生"——即任何情况都不作恶(不以恶易恶、以暴易暴)——的形象大不相同,色诺芬笔下的苏格拉底则认同在必要情况下使用非常手段,诸如欺骗、偷窃、抢劫等等,关键在于"扶友损敌",① 实际上,苏格拉底自己在《克莱托丰》中也认为:对扶助和受助的人来说,也就是对受义和施义的人来说,这都是好的。

苏格拉底看起来是在反对珀勒马科斯的功利正义论,但实际上却别有用意,至少从苏格拉底后面的推导来看,这位看似革命的哲人几乎完整地接受了珀勒马科斯所宣扬的传统观点。"扶友损敌"的核心在于"无私"和"利他",而苏格拉底所建立起来的"言辞"中的"城邦",也重在无私和利他。哲人王更不能有私欲、私财乃至任何私人性的东西,只能全心全意为他人服务——后来的"共产主义"理想也就在"扶友损敌"这一简单的要求中孕育了最初的种子,甚至差不多可以直接从中推导出来:

> 珀勒马科斯的意见如果得到恰当理解的话,就是《理想国》第一卷所讨论的众所周知的正义论中,唯一完全保留在该书肯定性或建设性的部分。这种意见事

---

① 色诺芬,《回忆苏格拉底》,页146。

实上就在于：正义是全心全意献身于公共的善；它要求人们不从城邦截留任何属于自己的东西，因此它本身就要求一种绝对的共产主义。①

对于苏格拉底的胡搅蛮缠，我们除了感到惊讶之外，实在猜不透这位论辩高手何以会采用如此低级的诡辩术，他对珀勒马科斯的"戏弄"必然大有深意。也许，"最明显的答案就是，他希望把珀勒马科斯弄糊涂，不是想恶作剧，而是想让珀勒马科斯重新思考自己的主题。……总之，珀勒马科斯不仅仅是这场正义问题大戏的开幕剧，毋宁说他就是问题本身"②。当然，对于苏格拉底来说，也不排除这样的可能，他故意诡辩，一方面意在通过"班门弄斧"而激怒诡辩大师（即所谓智术师）忒拉绪马科斯，"引蛇出洞"，激起后者出来大吵大闹，让大家认识启蒙知识分子激进主张的荒谬性："忒拉绪马科斯继续前行在通往僭政之路上，这条道路正是苏格拉底的问题把他引向的道路。"③另一方面要让不假思索的珀勒马科斯认识到，一些天经地义的和理所当然的观点其实也有可以辩驳的余地，关键在于要深入思考这些正确生活方式背后的道理，因此，"表面上苏格拉底是在冷静地寻求定义，事实上他是在暗暗地触及最最艰难的问题：人们应该怎样生活"④。

---

① Leo Strauss, *The City and Man*, p. 70.
② Stanley Rosen, *Plato's* Republic: *A Study*, p. 37.
③ 布鲁姆，《人应该如何生活》，页46。
④ 刘小枫编，《〈王制〉要义》，页63。

第四章 权力正义论（336b1–354c3）

《理想国》第一卷最后考察的是一种为大众普遍接受的"非哲学"甚至"反动"的正义观。这个部分在学界讨论得最多，争论也最大，就因为忒拉绪马科斯鲁莽而露骨地宣扬的"权力正义论"或"强权正义论"。历史上很多人都主张"强权即真理"（might is right），柏拉图笔下的忒拉绪马科斯可谓始作俑者。"强权说"历来都没有什么好名声，尽管事实上总是大行其道。

柏拉图把忒拉绪马科斯刻画成一个富有喜剧色彩的角色，但后者所谈论的话题却非常严肃（这就是希腊"悲剧"一词的原初意义）。学者们甚至因为《理想国》第一卷的独特性——它的情节和论证不同于其他各卷——而把它视为独立于《理想国》之外的作品，并且根据这一卷的内容而称之为 Thrasymacheia，意为"忒拉绪马科斯的故事"，或借用史诗传统，作"忒拉绪马科斯之歌"。① 可见忒拉绪马科斯在《理想国》中的地位。整个《理想国》接下来的部分都是在回答忒拉绪马科斯的问题：不义胜正义。忒拉绪马科斯不是喜剧中的小丑，而是高明的智术师，他对苏格拉底—柏拉图乃至所有人提出的"不义"问题，很容易得到千百万人的认同（358c），尤其容易得到格劳孔、阿德曼托斯这样的热血青年的拥护。问题恰恰就出在这里。

---

① 《〈王制〉要义》，页54以下。

第一节 真理与节制（336b1–338b9）

对于苏格拉底用诡辩、文字游戏等方式戏弄年轻人，在场的辩论高手忍无可忍：自己深谙诡辩之术，岂容他人班门弄斧，而且苏格拉底的论辩方式也实在让人难以接受。于是这位修辞大师以一种极端的方式出场了，同时提出了更为极端的理论，但最后还是被苏格拉底的"诡辩"迷惑得服服帖帖，这不能不说是巨大的讽刺。

从忒拉绪马科斯的出场来看，整个《理想国》就是一场严肃的喜剧：既是肃剧，又是喜剧。忒拉绪马科斯早就跃跃欲试要插话，甚至想控制或接管整场对话（336b2），①但都被旁人压制下来，直到苏格拉底与珀勒马科斯的对话告一段落，他的情绪才爆发出来。柏拉图把他的出场描写得极为"戏谑"：忒拉绪马科斯像一头野兽一样（从丛林中）向我们扑来，仿佛要把我们撕成碎片，然后向我们大吼大叫。就算努力为智术师辩护的古典学家也看到，忒拉绪马科斯简直不像哲学家，而是"非哲学态度的代言人"②。但他们认为雅典的衰落不能完全归咎于智术师，因为当时雅典帝国在各个方面都不断下滑，如战争的暴行、公民纽带的松弛。智术师只是提供了如此被唤醒（eveil-

---

① 据古典语文学家说，该词本指"抓住""抢夺"。在柏拉图笔下有两种此生的含义，一是"通过反对的意见来控制"，二是"占有"（乔伊特和坎贝尔，《〈理想国〉注疏》，卷三，页24）。这里表现出忒拉绪马科斯试图插话并信心百倍地要制伏主要人物苏格拉底，结果适得其反。

② J. de Romilly, *La loi dans la pensée grecque des origines à Aristote*, Paris: Société d'édition "Les Belles Lettres", 1971, p. 91.

lees）的倾向。①

苏格拉底在叙述自己的反应时，也极为夸张（如果不是矫情）：被吓呆了，恐慌不已甚至有些发抖。② 在苏格拉底一阵讨饶之后，忒拉绪马科斯又对苏格拉底的"装样子"轻蔑地笑了笑（337a3）。但他被苏格拉底辩驳得哑口无言、大汗淋漓、脸红耳赤（350d），最后只好无可奈何地承认苏格拉底的胜利，并把这场胜利视为献给外邦女神本迪斯的节日盛宴（354a）。

苏格拉底与忒拉绪马科斯交锋的整个过程充满了戏剧性，忒拉绪马科斯前倨后恭，最后一言不发，直至全部讨论结束。苏格拉底绘声绘色地描述了一场驯服"野兽"的精彩过程，或者说，苏格拉底以喜剧的方式彻底审察了一种被大多数人视为真理的强权正义论。当然，苏格拉底与忒拉绪马科斯共同主演的这幕喜剧，其内涵绝非表面所显示的那么简单。

但忒拉绪马科斯后来的缄默并不意味着他在《理想国》后面的部分中就不重要了，《理想国》是站在明处高谈阔论的苏格拉底与坐在暗处一言不发的忒拉绪马科斯的隐秘对话——《理想国》归根结底是两人共同完成的。"忒拉绪马科斯之歌"这一部分（336b1－354c3）的重要性自不待言。其实《理想国》第一次介绍忒拉绪马科斯时就已经显得有些不同凡响：他在克法洛斯家里的年轻人中，处于中心和领导的地位（328b）。这一点也为施特劳斯特别看重。

---

① 同前注，页111。
② 在阅读《理想国》时，我们始终要记住，所有言辞都是苏格拉底的独白。忒拉绪马科斯以及苏格拉底本人的言行都是苏格拉底的"一面之词"，苏格拉底必有深意在焉。

忒拉绪马科斯与苏格拉底的对话是第一卷中最长的部分，这个部分虽然处在第一卷的最后，但如果把它放到整个《理想国》中，我们就会发现，这个部分正处于中心位置：克法洛斯和珀勒马科斯（父子俩）是第一对谈话对手，其次是忒拉绪马科斯，然后是格劳孔和阿德曼托斯兄弟俩。① 克法洛斯的离去给苏格拉底留出了核心的位置，但目前这个位置仍然为忒拉绪马科斯占据着，只有他被打败了，哲人才能真正成为这个微型共同体的"克法洛斯"（首领）。

忒拉绪马科斯的重要性也许恰恰就在于他的野蛮和鲁莽：他冒失地泄露了一些不该说的秘密，或者说他鲁莽地撞到了人类政治伦理的底线。"忒拉绪马科斯"（Thrasy-machos）这个名字本身就是"柏拉图式的玩笑"②，本指"战斗中的鲁莽"，而此前的"珀勒马科斯"（Polemarchus）本指"军阀"或"领军人物"：将军决斗之后，就该勇敢的斗士上场。这位以修辞和雄辩为武器的斗士，在战斗中表现出的不是应有的"勇敢"，而是"鲁莽"和"野蛮"。历史上实有忒拉绪马科斯其人，③ 柏拉图故意把他编排进《理想国》，大概既看重他的智术师身份，又想戏谑地利用他的名字。

忒拉绪马科斯让人想起了《伊利亚特》中的忒尔西特斯（Thersites），从词源学上看，他们之间也有"亲缘"关

---

① Leo Strauss, *The City and Man*, p. 74.
② Stanley Rosen, *Plato's* Republic: *A Study*, p. 38.
③ 另参柏拉图《斐德若》261c，269d，271a；《克莱托丰》406a，410c。亚里士多德《政治学》1305a；《修辞术》1400b，1404a，1409a，1413a。此人亦见于拉尔修、普鲁塔克以及演说家的笔下，却不见于色诺芬著作中。

系：Thersites 来自形容词 tharsos，而后者就是 thrasys 即"忒拉绪马科斯"词头的异体字，① 就勇敢和鲁莽而言，忒拉绪马科斯就是忒尔西特斯。忒尔西特斯长相丑陋，言语无羁，爱同君王们争吵，但语文学家们却认为忒尔西特斯乃是真理的化身：真理总是鲁莽、赤裸而丑陋的。② 其怪异的外表就是一种隐喻性的面具。③ 鲁莽野蛮的忒拉绪马科斯还让人想起修昔底德笔下小丑式的民众领袖克里昂。④ 丑陋野蛮的忒拉绪马科斯赤裸裸的强权正义论大概也披露了几分世俗的真理。

忒拉绪马科斯毫无遮拦而近于鲁莽的观点很可能代表着大多数人的看法，柏拉图自己也许就隐藏在这"数以万计的其他人"（358c8）中。柏拉图把忒拉绪马科斯刻画成一个喜剧人物并不意味着柏拉图只是在批判忒拉绪马科斯，而没有在一定程度上认识到这位喜剧人物的价值或重要性，甚至说不定还让忒拉绪马科斯成了自己的发言人：并非只有正面人物苏格拉底才是柏拉图的代言人或"嘴替"（mouthpiece）。⑤

这位鲁莽的智术师一针见血指出了苏格拉底的"装样

---

① 《希英词典》（*LSJ*）注录 tharsos 时，就在后面用括号加上了 thrasys，即表明二者同根同义。

② C. H. Whitman, *Homer and the Heroic Tradition*, p. 261, cf. 161.

③ Andrea Kouklanakis, "Thersites, Odysseus, and the Social Order", in Miriam Carlisle and Olga Levaniouk（eds.）, *Nine Essays on Homer*, Lanham: Rowman & Littlefield Publishers, Inc., 1999, p. 38.

④ 笔者在其他地方有所论述，参拙著《历史中的修辞》，上海：华东师范大学出版社，2011。关于忒尔西特斯，另参拙著《古典政法论》第三章第三节，上海：华东师范大学出版社，2012。

⑤ Gerald A. Press（ed.）, *Who Speaks for Plato? Studies in Platonic Anonymity*, Lanham: Rowman & Littlefield Publishers, Inc., 2000.

子"（εἰρωνεία，337a4，即英语 irony 的源头）。一方面，苏格拉底"装样子"可谓众所周知，连外邦人忒拉绪马科斯都清楚地知道；另一方面，柏拉图安排忒拉绪马科斯在这里揭露苏格拉底的"装样子"，可能另有所图：暗中表明整个《理想国》从头至尾都是苏格拉底的一场大型的"装样子"和"游戏"。阿尔喀比亚德在《会饮》216e – 217a 中也如此评价苏格拉底：

> 他整个一生都是在在世人面前假装无知和打趣中度过的。不过，他严肃起来把自己打开的时候，我就不知道是否有谁曾看到过他身子里面的神像啦，反正我看见过，而且在我看来，这些神像如此神样、金烁，美得不行、神奇透顶。①

苏格拉底一生都在人们面前装样子，与人嬉戏玩乐（παίζων），以此劝导众生，实为人世间奇特的牛虻。

苏格拉底的"装样子"是一种极具特色也极其锐利而屡试不爽的论辩武器，同时也显示了苏格拉底的基本态度：自知自己无知。② 对于幽隐入微的存在来说，凡俗的智慧当然无从知晓，这不是自贬，③ 也不是讥讽，而是一种半

---

① 柏拉图，《会饮》216e – 217a，见刘小枫编，《柏拉图全集·中短篇作品》，北京：华夏出版社，2023，页 605。
② 参乔伊特和坎贝尔，《〈理想国〉注疏》，卷三，页 26。
③ 苗力田和廖申白在翻译《尼各马可伦理学》1108a22 中的这个词时，都根据英译文而作"自贬"或"贬损"，但希腊文的 eironeia 却并无幽默和恶意之义。参 Aristotle, *Nicomachean Ethics*, Trans, Martin Ostwald, New Jersey: Prentic Hall, Inc., 1999, p. 305。

真半假的态度，即"装模作样"①。这在一定程度上表明了《理想国》的实质：装样子和半真半假。

实际上，在柏拉图笔下，忒拉绪马科斯的"直白"与苏格拉底"装样子"殊途同归，都为隐藏作者（柏拉图）的真实意图。与一般人所理解的重在"藏"的"隐微术"不同，有时露骨的表白以至于让人讨厌和不相信，也是一种以攻为守的"隐术"。中古哲人阿尔法拉比就曾经讲过一个被通缉的修道者化了妆后极其大胆地自报家门而安全通过城门的故事，② 其中的"直白而告"让人觉得不可思议，便不把"直白"当回事，殊不知，"直白"就是作者的"本意"。

我们在这里当然不能说忒拉绪马科斯就完全代表了柏拉图的真实想法，但我们至少可以说，他们之间的关系远不是表面看起来那样势同水火。阿尔法拉比就认为忒拉绪马科斯与苏格拉底之间是互补的关系：

> 柏拉图解释了忒拉绪马科斯的方法，搞懂了忒拉绪马科斯在塑造年轻人的品质和教导大众方面，比苏格拉底更能干；苏格拉底只具有对正义和美德进行科学研究的能力以及一种爱的力量，却并不具有塑造年轻人和大众的品格的能力；而哲学家、君主和立法者

---

① 柏拉图，《苏格拉底的申辩集注》38a1，程志敏辑译，北京：华夏出版社，2024，页52，652-653。王太庆和吴飞译作"讥讽"，似不妥；水建馥译作"开玩笑"，顾寿观译作"谲诡术"，妙，但贬损稍过。

② 阿尔法拉比，《柏拉图的哲学》，程志敏译，上海：华东师范大学出版社，2006，页55。另参拙著《阿尔法拉比与柏拉图》，上海：华东师范大学出版社，2008，页65-68。

应该有能力运用两种方法：对精英阶层用苏格拉底的方法，对年轻人和大众用忒拉绪马科斯的方法。①

这两种方法都行之有效，尽管人们总是愿意抬高苏格拉底而贬低甚至忽视忒拉绪马科斯。柏拉图正是兼综了这两种方法，才形成了自己独特的政治哲学，施特劳斯对此评价道：

> 柏拉图的方式是在对苏格拉底方法的更正中出现的。苏格拉底的方法是不妥协的：它要求哲人与公开接受的意见相决裂。柏拉图的方法兼综了苏格拉底的方式（这种方式对于哲人与精英的关系来说很恰当）与忒拉绪马科斯的方式（这种方式对于哲人与庸众的关系来说很恰当）。因此，柏拉图的方式就要求同庸众所接受的意见保持明智的（judicious）一致。②

伯纳德特也认识到："正如阿尔法拉比所说，柏拉图在《理想国》中就已懂得如何把忒拉绪马科斯的方法和苏格拉底的方法揉在一起。"③ 因此，忒拉绪马科斯并不是站在苏格拉底和柏拉图的对立面，正如苏格拉底后来在《理想国》

---

① 阿尔法拉比，《柏拉图的哲学》，页51。
② 施特劳斯，《法拉比如何解读柏拉图的〈法义〉》，程志敏译，张缨校，见《什么是政治哲学》，北京：华夏出版社，2019，页143。
③ Seth Benardete, *Plato's Laws: The Discovery of Being*, The University of Chicago Press, 2000, p. 347。中文参伯纳德特，《发现存在者——柏拉图的〈法义〉》，叶然译，上海：华东师范大学出版，2018，页497。

中说，他们已经成为朋友——甚至此前也不是敌人（498c9 - d1），应该甚至必须成为朋友。哈弗洛克也极为难得地看到了这一点，认为柏拉图并没有把智术师当成敌人，而是视之为自己与诗人的教育斗争中的盟友。①

这是一场关于正义的喜剧，上演的恰恰是对正义的审判：一方面是苏格拉底对忒拉绪马科斯所主张的"权力正义论"的审判，另一方面则是忒拉绪马科斯等人对苏格拉底的审判。忒拉绪马科斯在这场谐剧中既是小丑，又是法官，还是被告，最后灰溜溜地败诉，从此隐在暗处，但苏格拉底却一直在回答这位"言辞的影子"所提出的棘手难题。

忒拉绪马科斯信心百倍地认为他能够给出一个关于正义的更好的答案，还以法官的口吻问苏格拉底：你应当遭受什么样的惩罚？忒拉绪马科斯的这句玩笑话同样也是半真半假：看起来像是在跟苏格拉底"打赌"，具有玩笑性质，实际却是以当时通行的"司法术语"出现的，这就让这幕喜剧变得沉重起来：它直接让人联想到苏格拉底的审判。

忒拉绪马科斯跟苏格拉底打赌，主要想以"罚款"的方式堵住（或耍完）苏格拉底惯用的"装样子"伎俩而已（337e1 - 2）。"打赌"是朋友间开玩笑的重要方式，② 半真半假，亦真亦假，可有可无，如果苏格拉底不接招，大概

---

① E. Havelock, *Preface to Plato*, Cambridge: Harvard University Press, 1963, p.8。中译本见哈弗洛克，《柏拉图导论》，何道宽译，北京：中国大百科全书出版社，2023。

② 学界几乎没有人注意到忒拉绪马科斯这里的言辞本质上首先是"打赌"，其次才是"审判"，最后方是"求财"，学者们大多只看到后面两种要素。

也就不了了之。这场"打赌"在玩笑之中具有司法审判的严肃含义:"你该受什么惩罚"(337d2)本身乃是法庭用语。当被告被确认有罪时,法官会让他选择自己应受的惩处,要么接受身体上的处罚(监禁、流放甚至死刑),要么接受经济上的处罚,然后法官再来决定最终的处理方式。而忒拉绪马科斯所提出的"诉状",正是要求一种身体上的惩罚。但苏格拉底玩弄了一个"双关"(paronomasia)游戏,把παθεῖν[处罚]变成了一个字母之差的μαθεῖν[学习]。① 正如苏格拉底在自己生死攸关的审判大会上所说的那样,他不事经济,身无长物,无法支付罚金(《申辩》36b),当然只能来点虚的:向伟大的博学之士学习。

这个玩笑是要让人们想起"苏格拉底的审判",控方也向他提出了死刑的动议,苏格拉底本可以提出罚金,但他却要求得到奖赏:不仅无罪,反而有功。忒拉绪马科斯提出的"审判"第一次明确了苏格拉底的被告身份,让人更加明了苏格拉底的处境以及《理想国》不正常的性质。

苏格拉底从《理想国》一开始就处处"身不由己",而只有到极不客气而且高高在上的忒拉绪马科斯这里,整个"审判"的意象才变得明晰、明确而固定:这的确是一场针对苏格拉底的审判。后来,珀勒马科斯、阿德曼托斯等人所谓"放不放他走"之语(449b),不过是加剧了人们对《理想国》之为"正义审理"的感受,而"恕你无罪,但说无妨"(451b)云云,更表明《理想国》是一场审判。

颇为诡异的是,一帮看似胜券在握的人强行把苏格拉

---

① 亚当,《〈理想国〉疏证》,页27;瓦伦,《〈理想国〉字义》,页175。

底带到"法庭"中,让他为哲人那些高妙而不切实际的理论辩护,但经过哲人的一通胡搅蛮缠,审判者最后成了被告,被告成了审判者。这恰恰就是《理想国》"装样子"或"反讽"的地方,《理想国》本身就是一出整体上严肃正经而实则处处让人啼笑皆非的喜剧,最终所谓"共产共妻共子"之类的"荒唐言",已是作者痴绝的"辛酸泪",早已超出了喜剧的范围,变成了一出振聋发聩的"人间悲剧"。不幸的是,欲望深浓的后人总喜欢从正面看这面巨大的"风月宝鉴"。

第二节 强权与法律 (338c1–339b6)

忒拉绪马科斯出场方式很野蛮,他的正义观同样如此。他的出现为克法洛斯家里温文尔雅的谈话带来了一丝暴烈的气氛,也把正义论的探讨推向了一个"高潮"——他的正义观太突兀和强势,饱含"权力意志",且没有随着他被苏格拉底彻底"驯服"而销声匿迹,它本身植根于人性深处,是每个时代的每个人都可能私下暗自服膺的"道理"。它登不得大雅之堂,却是人之为人的基本"事实"。

这就是克法洛斯离去所造成的结果,但也是戏剧进程所必需的环节,正如伯纳德特所看到的,

> 忒拉绪马科斯以无礼开始,以羞愧告终。羞耻与傲慢所具有的非理性特征,与知识的理性特征都同样属于人之特性,它以这样一种爆发的方式插进来,表明了克法洛斯的离开产生了多大的代价。随着克法洛斯的离去,讨论脱离了神圣者这个主体的范围,而代之以忒拉绪马科斯引发的释放效果。哲学需要忒拉绪

马科斯这样粗鲁的坦率，而不是克法洛斯那种中立的笑声。忒拉绪马科斯说出了普通人所想的事情。①

忒拉绪马科斯出场后，没有马上抛出自己的观点，而是先经过一大段铺垫，说了很多与正义论无关而与苏格拉底的"品性"和"下场"相关的话，之后才提出了那么简单却又引起人类那么多争论的观点：

> 我宣布，正义（的东西）不是别的，而是强者的利益。

忒拉绪马科斯的话类似于法庭的"裁决"。苏格拉底对于这个可能最接近"定义"的命题再次佯装不懂，故意把"强者"曲解为身体上的强壮，然后说"牛肉"有利于那种"强者"，因而牛肉就是正义的。忒拉绪马科斯对于苏格拉底式的"装样子"气愤不已，却也作了进一步的解释。

"强者"（κρείττονος）当然是在政治意义上说的："强力"（κρατεῖ）就是"统治"（ἄρχον，338d10）。忒拉绪马科斯在《理想国》中第一次提出了三种政治体制：僭政、民主和贵族。不管什么政体，统治者都会着眼于自己的利益来制定法律，而且还把这个实质上仅仅维护统治者或强者利益的法律说成是符合包括被统治者在内的所有人的利益，因而谁要违反了这种法律，谁就是不义者。统治者当然就是"强者"，正义就是让别人奉公守法来达成他们的利益（338d–339a）。这个"正确推理"（339a2–3）的必然结果就是：遵守法律和"服从统治者"（339b8）就是正义。

---

① Seth Benardete, *Socrates' Second Sailing*, p. 20.

因此从本质上说，正义乃是强者或统治者的利益，而对于普通人来说，正义就是奉公守法。

忒拉绪马科斯的定义已经比克法洛斯和珀勒马科斯的观念更进了一步，它多多少少摆脱了后两人的朴素看法，不是在内容上而是在形式上讨论正义，也就能够在一定程度上应对"反例"的攻击——越具体的定义就越容易碰到反例。① 当然，忒拉绪马科斯的这种更为普遍的正义观依然会遭到多方面的攻击，人们会认为它是一种"强者"的逻辑，"强权即真理"，看起来就是在为弱肉强食的"丛林法则"张本。

忒拉绪马科斯这种观点与《高尔吉亚》中同样被视为"反派人物"的卡利克勒斯的观点如出一辙，在后者看来，强者统治弱者和无能者，这不仅是天经地义的"自然法则"（483e3），而且是人世间所有生物和城邦的普遍现象，是放之四海而皆准的共同法则。然而世间的弱者总是多数，他们会提出另外的"法则"：不能多占，不能行不义，不能欺凌弱者，不能违背弱者制定的法律和道德规范；于是便有了 nomos 和 physis 的冲突（《高尔吉亚》483b – 484a）。这种霍布斯式的"强权理论"或"权力决定论"，当然与大多数人所信奉的道理格格不入。

忒拉绪马科斯所谓"守法即正义"以及"统治者的意志就是法律"，往往被人批评为"法律主义"（legalism）和"法律实证主义"（legal positivism）。正如苏格拉底接下来所批评那样，统治者及其制定的法律都可能犯错，即不义，因而"守法即正义"这个定义本身就是自我矛盾的。或者说，在法律至上、统治者的意志至上的情形下（朕即国家

---

① Seth Benardete, *Socrates' Second Sailing*, p. 22.

或皇帝的金口玉言),"正义"完全多余,相应的"伦理""道德"以及所有规范亦然。权威固然重要,但把它绝对化之后,一切都无从谈起。

不过,忒拉绪马科斯也许与权力意志主义者和"那些持粗鲁实证主义的论者们不同"(布鲁姆语),对此学术界不乏"同情的理解",比如罗米伊如此高调地评价智术师否认法律:"从某种意义上,我们甚至可以说,智术师只是通过将法律简化为实用且更容易引起争议的形式,以更脆弱的形式来审判法律,以实现正义。"[1]

安娜斯则认为忒拉绪马科斯的定义是一种"习俗主义":我们必须遵守习俗的或现成的规矩,因此,把"正义"还原到权力、法律。我们不能抽象谈论正义,必须把它放到一定的语境中去。对于忒拉绪马科斯粗鲁地强调的那个正义定义,我们应该把它视为对正义的"还原分析",也就是把正义还原到关于权力的事实之上。其推理过程如下:每一个政府都按照自己的利益来制定法律,法律本身代表正义,而违反法律就是不义,必然要遭到惩罚。因而,正义就是政府即强者的利益。

在安娜斯看来,忒拉绪马科斯是在政治的层面上解释正义,同时这也并非与伦理无涉,因为古希腊人的政治和伦理不像今天那样有着巨大的差别,而是相辅相成的。"实际上,如果我们睁眼看看现实,就知道,讨论正义就真的是在谈论权力以及谁在掌握权力。"[2] 看起来"正义即强者

---

[1] J. de Romilly, *La loi dans la pensée grecque des origines à Aristote*, p. 179.

[2] Julia Annas, *An Introduction to Plato's* Republic, p. 36, cf. 39 – 41.

的利益"完全成立。忒拉绪马科斯强调的是程序和形式上的正义,苏格拉底强调的是内容上的正义。忒拉绪马科斯看重政治正义,苏格拉底注重伦理正义。"权力正义论"才是真正在讨论"正义",因为权力或政治才是正义的恰当土壤。

在施特劳斯看来,如果不带有义愤的色彩去看待忒拉绪马科斯的"义愤",就会知道忒拉绪马科斯的定义是一种常识性的反应。"正义是强者的利益"这一命题要求人们遵守法律以及服从统治者,故正义即合法,这乃是"正义"最明显、最自然的命题(thesis),后来格劳孔以"社会契约论"再次证明了这个道理。法律是正义的化身,遵守法律,当然就是正义。而法律是立法者(根据统治者的意图)制定的,每一个政体都会着眼于自己的持存和安康(well-being),也就是自身的利益。① 这是从一个更广阔的背景和更高的层次上扩大了忒拉绪马科斯定义的范围,挖掘出了这个备受诟病的定义所蕴含的政治哲学意义。

忒拉绪马科斯这个"媚上欺下"的命题其实不是个体的行为规则,而是一个政治学原理:人们要谈论正义,首先必须生活在城邦中,城邦必须有首领,也必须有法律,否则,人的生存都成为问题,"正义"更无所依附。这种说法虽然有"国家至上"和"法律至上"的色彩,仿佛人们为了活命而必须把自己的所有权利都交给城邦的"权力"。但无论如何,忒拉绪马科斯把此前一直找不到正确定位的讨论引向了正路。克法洛斯所谓的"正义",说到底不过是个体的幸福,而珀勒马科斯的正义虽然更看重他人的利益,但这种友谊至多限于血缘亲属和地方乡党之间,忒拉绪马

---

① Leo Strauss, *The City and Man*, pp. 75 – 76.

科斯以过激的方式和刺耳的言辞把正义引向了"政治",这才是"正义"的家,或者说"我们才第一次被领到 δικαιοσύνη [正义] 的'政治'领域"①。

从历史的角度来看,忒拉绪马科斯所提出的这个"僭主式"的正义论,其实是当时城邦之间普遍的"自然现象"。即便"正义"在城邦内部之间不存在问题,但在国际关系中却一直是一个无法解决的问题。公民正义可以有很多支撑的理论,但"国际正义"却总是无法找到恰当的根基,以至于"国际正义"本身是否成立或存在,一直是一个问题。

人们在生活共同体内部大讲伦理道德和法律规范,但在国际关系上却信奉截然相反的逻辑:强者总(会)是正义的,弱者必须服从(弱国无外交)。希腊人对内讲民主,对外尤其对属国实行僭主统治。② 苏格拉底后来专门杜撰了一个言辞中的城邦来回答或反驳忒拉绪马科斯的这个最自然、最明显、最流行的正义观,但最终也没有涉及国际正义的问题:他只构建了一个孤悬的城邦,只探讨了个体间的正义。

忒拉绪马科斯显然站在"城邦"的立场上,他是在代城邦立言。他扮演着"城邦"的角色,就好像苏格拉底在《克里同》中扮演"雅典法律"一样(50a8 以下)。忒拉绪马科斯的正义观与城邦的正义观一致,真正的智术师就是城邦,还因为智术师拥有城邦最需要的技艺:修辞。③

---

① 亚当,《〈理想国〉疏证》,页25。
② 参修昔底德,《伯罗奔半岛战争志》2.63.2,3.37.2。
③ Leo Strauss, *The City and Man*, p. 78。施特劳斯引用了《理想国》492a 以下以及《高尔吉亚》465c4–5 来证明这个道理。另参施特劳斯,《古典政治理性主义的重生》,页221。另参布鲁姆,《人应该如何生活》,页51。

苏格拉底后来所谓"哲人王"其实就是不折不扣的"强者",正义如果符合哲人王的利益,对普通人也大有好处。苏格拉底"言辞"中的城邦文化很大程度上与忒拉绪马科斯的基本精神相一致,都强调政治,宣扬遵纪守法,都主张把"正义"放到城邦中去考察——苏格拉底言辞中建立起来的所谓"理想国"就是要完成这样一个简单的任务。因此,"忒拉绪马科斯就是一个尊重习俗的柏拉图主义者"。① 苏格拉底即便在与忒拉绪马科斯辩论时,也没有否认是强者在统治和制定法律,也默认了现实中的政治就是强者统治。

当然,尽管柏拉图或许并不像人们所说的那样讨厌、鄙视或憎恶忒拉绪马科斯,② 但他毕竟不是苏格拉底。他们之间的差别非常明显:统治者和立法者在忒拉绪马科斯那里极端自私,而苏格拉底笔下的哲人王则极端无私。或者如施特劳斯所说:"忒拉绪马科斯显然不是城邦。他只是城邦的滑稽模仿,是城邦扭曲的形象,一种对城邦的模仿。"③ 但忒拉绪马科斯对苏格拉底讨论"理想国"和"正义"的意义非同寻常,"对于促成哲学与城邦和解的柏拉图方式而言,忒拉绪马科斯不可或缺"④。

忒拉绪马科斯就像无知而莽撞的小孩,指出了"皇帝新装"的实质:"忒拉绪马科斯揭掉了覆盖在统治者及其法

---

① Seth Benardete, *Socrates' Second Sailing*, p. 26.
② 安娜斯就认为柏拉图很想让我们不喜欢和鄙视忒拉绪马科斯(*An Introduction to Plato's* Republic, p. 35)。但柏拉图很可能不是那么地鄙视这位对城邦统治者来说非常重要的修辞"专家"。
③ Leo Strauss, *The City and Man*, p. 78.
④ 朗佩特,《施特劳斯与尼采》,田立年、贺志刚等译,上海:上海三联书店,2005,页18。

律的自私之上的面纱。那些法律本身服务于城邦中一部分人的私人利益，并伤害城邦的其余部分。法律并非指向共同的好处。"① 现实就是如此，不惟忒拉绪马科斯那个时代，似乎至今依然（马克思在这一点上看得太清楚了）。人们不得不相信这样残酷的事实，因此格劳孔和阿德曼托斯才会代表千千万万人为忒拉绪马科斯辩护。他们不认为权力正义论有多么合理，而认为这就是事实。他们也看到了其中的"机会"，如果大家都无奈地接受这样的游戏规则，那么，不得势的人总还有机会。

与此不同的是，苏格拉底懂得但不打算屈服于这样不合理的现实，他要设法改变这一切，至少让统治者更加注重被统治者的而不是自己的利益。更重要的是，他不能容忍格劳孔和阿德曼托斯这样的青年才俊就这样被现实裹挟走，变成现实的奴隶。人不能脱离现实，同时也不能没有超越性的理想——但"理想"过头，就成悲剧，《理想国》就在如此多艰难的维度中走钢丝。于是，他不惜"强词夺理"甚或"胡搅蛮缠"，首先要打败忒拉绪马科斯，夺取教育权，然后再为青年树立正确的"正义观"。这些（政治）正确的正义观就像自然科学所谓的"范式"一样，还包含了此前的"范式"，也就是说，苏格拉底的正义观吸收了此前克法洛斯、珀勒马科斯和忒拉绪马科斯三种正义观中的核心而合理的成分。

《克里同》中的苏格拉底以及《法义》中的雅典异乡人都曾对"强者的利益"及其所蕴含的"法律之上"和"国家之上"做过正面的阐述。在《克里同》中，苏格拉底化身为雅典的法律，表达了国家对个人的"恩德"以及

---

① 布鲁姆，《人应该如何生活》，页47。

由此而出生的绝对权威，国家所制定的法律就是"绝对命令"，不管这种法律是否正义。撇开苏格拉底作为哲人对于死亡的淡然，也不管他的言辞其实只是在教化克里同这样的普通人，在古典思想中，国家高于个人乃是天经地义的事情。①

柏拉图笔下的"雅典异乡人"在《法义》中再次提到了"强者的利益"之说，其论证过程也与《理想国》中忒拉绪马科斯的观点一致：强者制定法律，政体决定法律的本质，制定者会宣布破坏法律的人为不正义，然后会予以惩罚（714c-e）。但雅典异乡人对这种流行的说法提出了批评。统治者制定法律必须为了整个城邦的共同利益（715b4），而不是统治者的个人利益，否则就不配叫"邦民"或"公民"，而只能叫"党徒"。更重要的是，法律不是强者的利益，亦非统治者的意志，统治者不能凌驾于法律之上，相反，法律应该高于统治者，而统治者乃是"法律的仆人"。这一点至关重要，它牵涉到城邦的存亡兴衰（715d1-6）。雅典异乡人显然是在纠正忒拉绪马科斯的观点。

第三节　认知与技艺（339b7-342e11）

苏格拉底等待忒拉绪马科斯完全而充分地抖搂出自己的观点后，便开始系统地反驳，概括起来有三点：强者或

---

① 现代人很容易把《克里同》中人格化的"法律"看成"高谈阔论的恶棍"，"真是鲜廉寡耻"（维斯，《不满的苏格拉底——柏拉图〈克里同〉疏证》，罗晓颖译，上海：华东师范大学出版社，2011，页202）。

统治者也会犯错，因此"正义"往往不是强者的利益，很可能恰恰相反；正义作为一种技艺，必须首先给技艺所施的对象即"他人"而非技工本人带来好处，所以"正义"不是"统治者"自己的利益，而是"被统治者"的利益；谋求他人的利益才能带来快乐和幸福，才是真正的正义，它比只为自己谋福利的不义具有更大的力量。总之，正义之所以非常强大，不在于它只为自己。在这个漫长而复杂的辩论过程中，苏格拉底既故意混淆手段和目的，也做出了一些合理而中肯的反驳。苏格拉底的前两点反驳都与知识和技艺相关，可合在一起来考察。

苏格拉底第一场反驳的关键之处在于人的"可错"与"不可错"（infallibility）。就算统治者有意根据自己的利益来制定法律并强迫臣民遵守，但统治者既然是人，便不能无过（339c1-2），所以统治者有时候会错误地判断哪些东西对自己才最有利（339d6-7），结果就会"不自觉地"制定了不利于自己反而有利于被统治者的规定（339e1-8），因此"正义乃是强者的利益"这一命题便不成立。

忒拉绪马科斯一旦承认统治者可能会犯错，就必然走进苏格拉底的圈套，后来忒拉绪马科斯多次"勉强同意"苏格拉底的反驳（342c10，342e5，346c12，另参350d1），实为不得已，这位以诡辩见长的智术师输给了更善诡辩的苏格拉底。这时双方的支持者珀勒马科斯和克莱托丰插话进来，试图解决这个问题。克莱托丰替忒拉绪马科斯打圆场说，虽然统治者有可能犯错，但统治者自认为对自己有利的东西就是正义。不过这种主观主义的修订并没有得到忒拉绪马科斯这位更有洞察力的辩论大师的认可，因为如果接受了克莱托丰的修正，那么"正义"就变成了统治者的主观意识，不再具有客观的强制力。

对此，忒拉绪马科斯不得不推翻此前自己曾经承认的"统治者可能犯错"的说法（见339c3），强硬地坚持：统治者不会犯错，或者反过来说，犯错的不再是统治者。忒拉绪马科斯以医生、会计、文法教师等技匠（demourgos）为例，既然这些人不出差错才有资格叫做医生等等，那么，统治者之为统治者，当然也不会出错。既然统治者不会犯错，那他认为对自己有利的就一定有利，最终忒拉绪马科斯以一种违反常识的强硬立场、以明目张胆而且非常鲁莽的诡辩维护了自己的"权力正义观"。苏格拉底对此似乎不愿意"以暴易暴"，即用鲁莽而荒唐的理由来进一步反驳，于是他暂时退却，转而从另一个温和的角度来有力地反驳忒拉绪马科斯。①

回过头来看这场勇猛有余但精彩不如接下来的"技艺辩"的交锋，便不难发现，苏格拉底的基本论辩手法与他此前击退克法洛斯和珀勒马科斯时如出一辙，而忒拉绪马科斯"反直觉"（counterintuitive）的诡辩，② 其实包含着现实的依据甚至"真理"的种子。苏格拉底此前反对克法洛斯"欠债还钱"的朴素正义论时，以一个特例，即"发疯"的情况，似乎就攻破了大家都普遍认同的看法。而珀勒马科斯所说的"扶友损敌"也是古希腊普遍接受的伦理价值，却似乎被苏格拉底"有用无用难说""敌友难分"和"正义不得伤害"三重攻击就化解得干干净净。苏格拉底攻击珀勒马科斯功利正义论的主要观点，与他攻击克法洛斯的基本方式，都在于我们的任何行动都可能出错，因

---

① 苏格拉底的态度，恰恰与忒拉绪马科斯相反，这本身就是"正义"的绝佳注解：正义不能以暴易暴。

② Stanley Rosen, *Plato's Republic: A Study*, p. 47.

而任何行动都会"异化"而走向本来"意愿"的对立面,不仅让"原意"落空,甚至有害。

苏格拉底对忒拉绪马科斯的第一波攻击也采用了一模一样的手段。"统治者"可能犯错,就正如"朋友"可能犯错一样,因而"统治者"会做出违背自己利益的事情,就好像"帮助"朋友可能恰恰让朋友受伤害一样,所以,"强者的利益"这种"权力正义论"就不成立。苏格拉底显然是以偏概全,用特例来否认普遍。难道我们能"因噎废食"吗?法律可能会有错,那它对社会生活尤其是社会正义就没意义吗?忒拉绪马科斯不知道当今所谓"证伪原则"。其实,恰恰因为人们总会犯错,所以遵章守纪、信守祖法、接受大家普遍认同的意见才显得极其重要,即使遵章守纪和信守祖法同样也可能会出错。

忒拉绪马科斯最后持这种"反直觉"的立场,一方面是被苏格拉底逼得走投无路(或者是被苏格拉底牵着走,掉进了圈套),另一方面"显然是想到了这个真实的观点,即,占上风的人担不起犯错误的后果,或者他很快就不再占上风"①。我们还应该进一步把忒拉绪马科斯的"反直觉"的强硬观点理解为:在强者面前,错误根本就不成其为错误。在强者统治的情况下,只有如何执行统治者意志的问题,不存在对错的问题。忒拉绪马科斯本身就扮演着统治者的角色,他的强硬势所必然,他只是以身作则显示了现实政治的"反直觉"的特质。

苏格拉底一以贯之的反驳利器就是"知识"或"技艺"。要判断"欠—还"是否恰当,要分清敌友,要懂得什么才是真正的"扶"和"损",而不是"亲痛仇快",都

---

① Julia Annas, *An Introduction to Plato's Republic*, p. 43.

需要知识。但我们也可以说,忒拉绪马科斯说的强者不仅是政治上的强者,而且也应该是知识或技艺上的强者——苏格拉底所谓"哲人王"已呼之欲出,因为"哲人王"就是这两种"强者"的合体。

如果说苏格拉底对忒拉绪马科斯的第一波攻击沿用了老套的诡辩把戏,很容易识破,那么他接下来的第二波攻击就显得名正言顺、堂而皇之,尽管实际上它仍然是一种诡辩,是把手段当成了目的。当然,其中也蕴含了一些有益的因素,后来成了苏格拉底"理想国"的种子。

既然忒拉绪马科斯认为技匠不会犯错,苏格拉底接下来就以其人之道还治其人之身,也从"技匠"的"利益"来反驳(341c5)。在苏格拉底看来,医生和舵手都以"技艺"为基础,他们都是"手艺人","技艺"本身是因为人的本性或身体之不足而提供的一种辅助手段,这种手段的目的就是维护每个人的利益(341d-e)。① 医学的技艺不考虑医学自身的利益,而是考虑病人的利益。

苏格拉底的推理有两个要点:一是任何技艺都不是完整而毫无瑕疵的,二是技艺本身又是自足的,必须严格遵守自身的法则,始终追逐自己的目标。这两个观点看起来相互矛盾,实际上苏格拉底是从不同的角度或层次来阐述的:前者说的是功能,后者说的是目标;或者换个更哲学化的说法,前者讲的是方法论,后者谈的是本体论或目的论。

技艺总有缺陷,每一种技艺都需要其他技艺来辅助,

---

① 柏拉图在其他处也提到人天生就是有限的,不足以管理人间的事物,凡人一旦拥有至高无上的权力,就会变得无法无天(《法义》713c)。

而后者就要考虑前者的利益，如此往复，以至无穷（342a）。在这个过程中，每一种技艺都必须照顾另一种技艺：这其实与《理想国》的整体趋势一样，乃是一种"下降"。技艺管理和统治着"对象"，并且是为了"对象"的利益，也就是说，统治者考虑的不是自己的利益，而是臣民的利益！《理想国》中的"我们"都发现，忒拉绪马科斯关于正义的定义被苏格拉底带到了它的反面！

苏格拉底这里所提出的论点在下面的连带讨论中还会出现。严格理解的"技艺"因其"无错"和"利他"其实就已经是"正义"，当然这还只是行动上的正义，而不是理论和意图上的正义。在施特劳斯看来，"技艺即正义"恰好反映出苏格拉底著名的立场：德性即知识。这样的结论必然引向苏格拉底在言辞中构建出来的以匠人为主体的城邦，该城邦不关心自己的技艺，却处处关心别人的利益，这种毫不利己、专门利人的城邦，就是苏格拉底心目中的"理想国"。①

但苏格拉底在论证"技艺"旨在为他人服务时，无疑也有诡辩的色彩。每一种技艺固然有自己的对象，因而都必须为了对象的利益而展开，但每一种技艺都不只有眼前这一种离自己最近的"对象"或"目标"。苏格拉底只注意到"下降"之路，却没有谈到上升之旅。技艺不仅关注"他者"的利益，还会关注自己的利益，这是任何技艺存在的前提和理由。

苏格拉底接下来从另一个方面谈到的恰恰就是技艺的存在理由（raison d'etre）：每一种技艺虽然要照顾另一种技艺的利益，但它不只照顾"一种"技艺的利益。比如说，

---

① Leo Strauss, *The City and Man*, p. 79.

医生照顾病人的身体，无非是一种手段，其目的归根结底是要让医生自己成为医生，而不管医生究竟是要赚钱，还是单纯的悬壶济世。切近的目标只能是更远更大目标的手段，哲学家解释世界和改造世界的目的，从根本上说还是为了哲学家所在那个类本身。苏格拉底把技艺这种手段当成了目的本身，不管有多少合理性，都只能是带有理想化高尚情操的诡辩。

第四节 利己与利他（343a1–347e2）

苏格拉底的诡辩颠转了忒拉绪马科斯的正义定义，引来了后者一阵谩骂，更引来了忒拉绪马科斯劈头盖脸浇来的"言辞之水"。而这些"言辞"恰恰暴露了忒拉绪马科斯定义的"非道德"特质，结果正义的定义让位于正义的功用，这样一来，正义讨论似乎又回到了克法洛斯最初的方式上。定义固然不等于功用，但完全离开功用来谈定义，恐怕也难以奏效。在这一部分，我们一方面看到了忒拉绪马科斯及其正义定义的狂野之处，一方面看清了苏格拉底坚定的利他主义正义观的理想特质。苏格拉底此前关于正义与技艺关系的初步阐发并非为了激怒忒拉绪马科斯，不料却达到了让后者原形毕露的效果。

忒拉绪马科斯的谩骂与其本性相关，也与他对现实的理解相一致：苏格拉底的正义观太过幼稚，苏格拉底简直比那种需要保姆照顾的婴儿还可笑。那种无视也无能于现实的哲人，"正其谊不谋其利，明其道不计其功"，他们在大众眼中容易被视为"呆好人"或"高尚的傻子"（εὐηθικῶν，343c6），这很难说是在称赞，实是在揶揄和讽刺哲人"头脑简单"——苏格拉底就是这帮天真者之翘楚

(343d2)。正义就需要放在谋利和计功这个框架内来谈。

忒拉绪马科斯以"牧羊人"为例来说明苏格拉底的"天真"。牧羊人照顾羊群，显然不是为了羊群的好处，养肥牛羊，归根结底是为了主人自己。同样，统治者夜以继日考虑的当然是自己的利益（343b1-7）。"牧羊人"例子有些不妥，因为牧羊人与统治者有差别——尽管希腊人喜欢用这样的比喻，因为牧羊人的工作本身主要还不是为自己，而是为了牧羊人的主人，而统治者自己就是主人，在他之上没有更高的主人——至少世俗的观点会这么认为。

但忒拉绪马科斯这个例子却选得非常聪明，他利用古希腊人特别钟爱的比喻"战胜"了苏格拉底。希腊人从荷马史诗时代开始就把统治者比作"民众的牧人"[1]，色诺芬在《回忆苏格拉底》中也讨论过这个问题，说明统治者像牧人照顾羊群一样，必须照顾手下士兵的安全。但色诺芬再三强调这不是目的本身，就像照顾羊群不只是为了羊一样，将军照顾士兵也不是最终的目的，而在于"战胜敌人，获得更大的幸福"[2]。

在柏拉图《治邦者》中著名的克洛诺斯黄金时代神话中，神明像牧羊人一样亲切地管理着世间的一切，对于凡人有如父母之于子女，完全超越于功利之上。但从神明后来再次出面间接管理人类是由于担心人类遭到毁灭并沉于

---

[1] 据统计，"民众的牧人"之说在荷马史诗中出现过56次，四分之三都在《伊利亚特》中。参 Johannes Haubold, *Homer's People: Epic Poetry and Social Formation*, Cambridge: Cambridge University Press, 2000, p. 17。

[2] 色诺芬，《回忆苏格拉底》，3.2.1，页88。另参亚里士多德，《尼各马可伦理学》1161a12以下，页249-250。

无尽的海洋中来看,① 神明似乎也与色诺芬笔下的将军一样,不能说丝毫没有"父爱"之外的考虑——尽管那必定非常微弱,与凡俗越来越功利的父母自是大不相同。

在当前的语境中,忒拉绪马科斯本身正扮演着"牧人"的角色,他利用修辞术为统治者或主人服务,自己也获得利益,这种正常的"予—受"关系就是正义。但忒拉绪马科斯如果只想到为自己谋利,全然不顾主人的利益,那么他最终必然遭到惩罚,是为不义。苏格拉底在这里虽然还谈不上是"主人"或"统治者",但他后来所说的"哲人王"显然就是忒拉绪马科斯之流的主人。换言之,作为统治者或"主人"的"哲人王"需要忒拉绪马科斯这样的牧人来辅助自己。

忒拉绪马科斯随之总结道,苏格拉底离"正义者""正义""不义者"和"不义"太远了,因为苏格拉底不知道:

> 所谓"正义"和"正义之事",的的确确就是"他人的好处",也是强者和统治者的利益,同时也是那些奉命行事的和服务的人"应得的伤害";而"不义"则恰恰相反,它统治着那些真正心性良善的人和正义者。被统治者为强者的利益而工作,让自己所服侍的人幸福,而自己则根本就谈不上幸福。(343c3 - d1)

---

① 柏拉图,《政治家》271d - 273e。参罗森,《柏拉图的〈治邦者〉》,陈志伟译,上海:华东师范大学出版社,2011,页80 - 81。另参拙著,《宫墙之门——柏拉图政治哲学发凡》,页122 - 125。

学术界普遍认为忒拉绪马科斯摇摆不定，对于"他人的好处"还是"自己的利益"有着相互矛盾的看法，甚至认为他头脑不清。① 但实际上忒拉绪马科斯的观点前后一致，而且论证也颇为合理。他说"正义"是他人的好处时，是站在被统治者的角度来说的，而说"正义"是自己的利益时，是站在统治者的立场来讲的。对于被统治者来说，统治者所规定的正义就是遵纪守法，就是他人的利益，也就是统治者的利益；既然如此，"正义"对于被统治者来说，当然就是应得的伤害、无可奈何而又必须承受的现实。

在苏格拉底的一再逼迫之下，忒拉绪马科斯最终把这种强权正义论的本质和盘托出，那就是：正义总是处处吃亏，不义则到处占便宜。统治者宣布的"正义"就是要让被统治者乖乖地吃亏。忒拉绪马科斯这是从正义的定义转向了正义的露骨描述。如果说忒拉绪马科斯此前还有些顾及大众的感受，那此时被苏格拉底激得有些失去理智的他则鲁莽地撕下了世间主要观念的遮羞布。忒拉绪马科斯看起来不再主张正义，而是反过来为不义唱赞歌，但他的立场实际上根本没有变化，他只不过把此前"强者利益"的非道德本质展露无遗而已。

在忒拉绪马科斯看来，所谓的"正义者"，也就是那些呆头呆脑的好人，如果一门心思为他人的利益着想便要处处吃亏。无论是生意买卖，还是纳税分利，抑或担任公职，正义者都无法得利，甚至还会因公正廉明而见恨于亲友。不义者则能为自己捞到更多私利。不义之尤者或完美的不义者能够把不义变成幸福，这种人就是僭主。僭主把"不义"玩到了极致：他巧取豪夺，无论世俗神圣、不管私人

---

① Julia Annas, *An Introduction to Plato's* Republic, pp. 34–35.

公有,大肆收揽。

忒拉绪马科斯知道,一个人如果只干了一两件坏事而未能逃得掉,就会遭到惩罚,还会被赋予各种恶名,但那些大奸大恶之徒攫取他人钱财,甚至拐卖他人,却被称为快乐而有福的人——即我们所谓"窃钩者诛,窃国者诸侯"。人们之所以不行不义,不是因为害怕干坏事,而是害怕遭受不义,所以才谴责不义。所以,当不义到了一定程度就比正义更强有力、更自由也更适合当主子($δεσποτικώτερον$)。忒拉绪马科斯最后总结了此前一直坚持的观点:正义是强者的利益,而不义则对自己更有利(344c7-8)。

苏格拉底则坚持认为,如果牧羊人养肥羊群却只为自己而不是为羊群(更不是为主人或羊群拥有者)的利益,那么牧羊人就不成其为牧羊人了:他食羊自肥时不过是尽情餍足的赴宴宾客,他卖羊自富时则无非谋利之徒。这些做法都不符合"牧羊人"的本质,即让羊群健康肥美——牧羊人的本质有所"缺乏"($ἐνδεῆ$),也就让牧羊人的存在"不完满"。

苏格拉底似乎已经充分论证了正义的本质是"利他",但实际上并没有真正做到有理有据,于是只好把话题转移到忒拉绪马科斯刚才所提到的一个并不那么重要的问题上:人们是否愿意无偿地统治。苏格拉底在这个问题上以"一人一艺"来继续反驳忒拉绪马科斯,最终才"说服"了后者。但苏格拉底所谓"自愿统治"似乎恰恰论证了忒拉绪马科斯的观点(只是后者没有注意到):"天下熙熙皆为利来,天下攘攘皆为利往",恰证明了人的自私。苏格拉底(而非忒拉绪马科斯)的立场其实自相矛盾:如果技艺是利他的,而这又是"正义"或"良善"的话,怎么会没有人愿意无偿利他呢?

苏格拉底的"诡辩"还体现在所谓的技艺自足性上,技艺当然是自足的,但苏格拉底"一艺一用"和"一人一艺"的说法如果不是故意的诡辩,至少也是范围狭窄的短视。这种观点与为"照顾他人的利益"而必须增加其他德性之说,多少有些矛盾:既然自足,何须附加。在此前的一轮争辩中,苏格拉底就已经抛出这种"技艺自足论",每一种技艺的"目的"($\tau\varepsilon\lambda\acute{\varepsilon}\alpha\nu$)就是为了其他东西的利益。而且,每一种技艺只有一种"利益",不会有更多更远更根本的利益,这显然不合逻辑。至于说每一种技艺都十分完善,不需要附加其他德性,则与技艺必须附加德性(342a)的说法相冲突。①

格劳孔的插话虽然帮助苏格拉底进一步阐明了正义的"无私"和"利他"的观点,但并没有新的论点和论据,而且这个观点过于模糊和乐观,很难为人所接受。在苏格拉底看来,高尚人士($\dot{\alpha}\gamma\alpha\vartheta o\iota$)既不会为了金钱也不会为了名誉去统治,以免被人讥讽为利禄之辈。必须用强制的方法逼迫这些高尚人士去统治,避免被那些比自己更差的人统治。由此,苏格拉底便引出了"理想国"的雏形:②在一个碰巧由"好人"或"高尚人士"组成的城邦中,人人都是君子,都不愿意统治。

> 一个真正的统治者天生不会谋求自己的利益,而是谋求被统治者的利益,就好比每一个有识之士都更愿意从他人处受益,而胜于找事去惠及他人。(347d6-8)

---

① 亚当,《〈理想国〉疏证》,页35。
② 这是《理想国》第一次暗指"理想国",参同上书,页46。

苏格拉底这段话让人难以理解，且自相矛盾。高尚人士早已看破名利，不愿意为物所累，无意于权谋统治之道，自是不难理解——这就为《理想国》卷七中强迫哲人进行统治埋下了伏笔，只不过那里的出发点与这里大不相同：哲人只喜欢真实的存在，对充斥着意见的城邦事务毫无兴趣，而苏格拉底在这里的出发点却是"技艺"天然就应该为他人服务。

苏格拉底利他主义正义观本身是对的，但要说每一种技艺提供且只提供一种利益，显然不充分。如果说忒拉绪马科斯站在"现实"的角度来谈论人世间的"正义"，那么苏格拉底则是从"理想"的境界为人世间设立一个范式（paradigm）或标准。苏格拉底并没有驳倒忒拉绪马科斯，他只是用一个更高级的模式取代了忒拉绪马科斯颇为现实而丑陋的"意见"。"谈话既未遗弃也未试图改善忒拉绪马科斯的正义定义，而是奇怪地改变了主题。在尚未确立正义之所是的情况下，苏格拉底转向它好不好这一问题。"①

苏格拉底这里的"正义观"其实已经预告了后来的种种乌托邦设想，已经为"共产"理想奠定了基础，② 苏格拉底的言辞中的城邦实际上乃是一个"我为人人"而无需"人人为我"的工匠城邦。③ 苏格拉底是理性主义者，忒拉绪马科斯则是现实主义者，而且太现实。

从把实际的政体当成抽象政体的模型加以描述，到把实际的僭主当作严格意义上的统治者，他把实在

---

① 布鲁姆，《人应该如何生活》，页57。
② Leo Strauss, *The City and Man*, p. 79.
③ 布鲁姆，《人应该如何生活》，页53。

的东西当作正统,这使他不能进入关于必然性的问题。忒拉绪马科斯是一个传统的柏拉图主义者。①

第五节 德性与幸福(347e2–354c3)

忒拉绪马科斯最后从对"正义"的定义奇怪地转到赤裸裸地歌颂不义,这本身就说明忒拉绪马科斯权力正义论一开始就没有包含道德因素在内。问题不在于忒拉绪马科斯是否绝佳地阐释了他的观点,而在于忒拉绪马科斯讲述的是"现实"的真理。苏格拉底刚才暗中承认克法洛斯和珀勒马科斯所讲的是真理(337c1),他大概会同样看待忒拉绪马科斯所说的话。苏格拉底或许不会否认也无法否认现实,但他不会满足,更不会屈服,他要进一步追问:不义者真的就更强大、更能够让人变得幸福?苏格拉底必须回答忒拉绪马科斯代表千千万万犹豫不决的普通人所提出的问题,否则正义就会虚无化,善良和德性更会走向其对立面。

对于忒拉绪马科斯"颠倒黑白"的强硬观点,苏格拉底先一步步地复述了那种邪恶的立场,然后从三个方面予以反驳。

苏格拉底的第一场反驳针对的是"不义者占便宜"。他说懂行的人聪明,聪明人是好的,而既好又聪明的人不会占同类的便宜,只有不义者才不分青红皂白多吃多占(pleoneksia)。苏格拉底没有从正面反驳忒拉绪马科斯所提出的

---

① Seth Benardete, *Socrates' Second Sailing*, p. 27。伯纳德特说忒拉绪马科斯是一位"传统的柏拉图主义者",太深刻了,很好地凸显了"柏拉图式的"和"柏拉图主义的"这两者之间的根本区别。

现实观点，即世间的正义多半具有伪善的实质，但他用自己的立场成功地阻挡了忒拉绪马科斯的进攻，用一连串似是而非且弯弯绕绕的论证让善于辩论的修辞教师满头大汗、哑口无言。其实，"在公民社会的品格以及人类生活与财产的不确定性中，忒拉绪马科斯的观察有着坚固的基础，而他却没有能力捍卫它。苏格拉底不是反驳他，而是羞辱和惩罚他"①。

苏格拉底以道德为武器成功让忒拉绪马科斯因不义而羞愧并投降。忒拉绪马科斯没有在苏格拉底这个"复杂难解、似是而非且富有乐趣的推理之链"（布鲁姆语）中看出问题。苏格拉底暂时成功了，但他真正的成功要到本书的末尾。无论如何，自以为胜利的苏格拉底"庆祝"了自己的成就：我们已经达成一致，正义是德性和智慧，不义则是邪恶和无知（350d4-5）。

苏格拉底的第二场反驳（351a-352d）针对的是忒拉绪马科斯所说的"不义比正义更强大"。苏格拉底延续或借用了第一场论证的结果：正义是德性和智慧，因此它比以无知为本质的不义更强有力（351a3-5）。如果苏格拉底的第一个论点能够成立，那么第二个论点就没有问题，但关键是第一个论点似乎还没有得到充分的论证，于是苏格拉底接下来从经验的角度来补充第二个论点。这时忒拉绪马科斯在苏格拉底的羞辱之下，已经完全丧失了斗志，任苏格拉底说什么他都一概予以认可，目的就是"讨好"苏格拉底（351c6），同时也不得罪现场的这些人（352b4），而他们显然可以视为"苏格拉底分子"——大多数人已经在不知不觉中从苏格拉底的审判者变成了苏格

---

① 布鲁姆，《人应该如何生活》，页59。

拉底的朋友。

一个共同体，无论城邦、家庭、军队、海盗、窃贼还是别的，如果没有正义，都不能长治久安，更干不成任何事情。哪怕不义者所组成的共同体，要完成一件事情，他们内部之间必须有某种形式的正义。所谓"盗亦有道"中的"道"便可训为"正义"，不义者身上都会有部分的正义，因为"坏透顶的彻头彻尾的不义者最终没有能力干任何事情"（352c7 – 8）。不义者相互之间也会以不义相待，结果就会产生争执、不和、内讧和仇恨，无法凝聚成一个团体，甚至会相互残害，不仅危及共同体的安全，而且对不义者本人的生命也会构成威胁。这样看来，不义者根本就不可能强大。

外在的社会共同生活和内在的个体精神生活都需要"和睦"（ὁμόνοιαν）① 和"友爱"，否则国与国之间、人与人之间就会处于永恒的战争状态中。② 正义者恰恰相反，他们一心为他人着想，处处帮助别人，大家同心同德，在友爱中形成一股合力，产生强大的力量，就能够干大事——亚里士多德的《尼各马可伦理学》对此有非常令人信服的阐述。沃格林把亚里士多德的这种思想总结为"正义最终被建立在理智和友爱的基础上"，"城邦的正义来自友爱和人的卓越的实现"。③

苏格拉底所说的虽自成道理，却与忒拉绪马科斯的观点没有直接的关系，不在同一个层次上，因为"苏格拉底

---

① "和睦"，本指"相同的思想"，顾寿观译作"同心一德"和"一心一德"，王太庆译作"一致"。
② Stanley Rosen, *Plato's Republic: A Study*, p. 58.
③ 沃格林，《柏拉图与亚里士多德》，页364，381。

在这里所说的,仅仅是不那么让人信服的修辞,并不比接下来马上就宣布的正义者因受神明青睐而更幸福之类的说法更好"①。

苏格拉底的第三场反驳针对的就是不义者的生活比正义者更幸福的问题。这是人们在现实中普遍认可的观点,苏格拉底在整个《理想国》的余下部分,都是在回答这个问题。实际上,刚才第二场反驳已经间接地涉及这个问题:既然不义者成天离心离德、打打杀杀、相互残害,怎么还有幸福可言?苏格拉底接着从希腊人普遍接受的"功能—德性"关系进一步论证德性与幸福的孪生关系。

万物皆有"功能"或"性能"(ergon),也就是有专属于自身的对象和"产物":只有它才能更好地完成自身所赋予的功能。充分实现这种功能,或者成功地生产出自己本应生产的东西,就叫做"德性"。万物皆有善与恶,有利于保存者即为善(608e),因此德性(arete)也就与善(agathon)相一致。在荷马史诗中这种观念就已产生,武士的功能或任务就是打仗立功勋(《伊利亚特》6.521,11.719等),②这里的 ergon 本身同时具有功能、任务和功勋等含义。荷马史诗中也出现了 arete,指捷足、善战以及思维敏捷等。《奥德赛》8.329 则直接把 ergon 和 arete 联系起来,"坏事不会有好结果"(王焕生译文)。

苏格拉底遵守了当时关于 arete(德性)的一般用法,即仍然从功能的角度来理解它,却赋予其更多社会伦理的

---

① Julia Annas, *An Introduction to Plato's* Republic, p. 53.
② A. W. H. Adkins, "The Connection between Aristotle's *Ethics and Politics*", in D. Keyt and F. D. Miller Jr. (eds.), *A Companion to Aristotle's* Politics, Cambridge: Basil Blackwell, 1991, p. 84.

内涵，从而真正实现了西方精神的"人文转向"，奠定了后世思想的基础。古典学家尚不十分清楚 arete 一词的来源，但普遍认为它与战神 Ares（阿瑞斯）相关，表示战争中的"勇敢"，当然，跑得快、思虑周全也属于 arete 的范畴。①勇敢不是私德，必须为公共目的服务，否则就只是祸害，不会给任何人带来好处。②

柏拉图在《美诺》中也谈到了"功能"和"德性"的关系，每一种 ergon 都有其自身的 arete（德性，72a3 - 4）。男人的德性是管理国家、扶友损敌、保家卫国，女人的德性则在于操持家务等等。柏拉图在《理想国》中关于眼睛和马匹的德性之说法，原封不动地为亚里士多德所继承：每一种德性（arete）都在于很好地实现自身的功能（ergon，《尼各马可伦理学》1106a15 - 17）。功能还不是德性，但离开了功能，德性似乎就无立足之地了。③

苏格拉底论证了"凡物皆有性，诸性成就德"这个"由性而德"的前提后，便直接把这个命题运用到人的灵魂上，证明人的灵魂的功能在于管理，其"德"便是"正义"，而"正义"就是生活得好，生活得好就是幸福，因此，正义的人是幸福的，正义也就是有益的。④ 如在其他

---

① 《伊利亚特》15. 642 - 643，另参 16. 31（ainarete），11. 763（aretes）；《奥德赛》8. 329（areta）。另参 R. Beekes, *Etymological Dictionary of Greek*, Leiden, 2010, pp. 128 - 129。另参帕帕斯，《柏拉图与〈理想国〉》，页 51 - 53。

② B. Hainsworth, *The Iliad: A Commentary* (Volume III: Books 9 - 12), Cambridge University Press, 1993, p. 306.

③ Seth Benardete, *Socrates' Second Sailing*, pp. 32 - 33.

④ 亚里士多德继承了柏拉图这种观念，"人的善就是灵魂的合德性的实现活动"（《尼各马可伦理学》1098a16 - 17，廖申白译文），也把幸福、美好生活与德性相连。

地方一样,这里苏格拉底正是利用了希腊语 ergon 和 arete 的语义模糊性,做了一番模糊论证。① 从人之有 ergon,即灵魂,可以推导出人有 arete,但这里的 arete 并不具有伦理的含义。每一种事物都有 arete,即卓越之处,但从中却不能够推导出正义来,否则牛羊狗马也会因其 arete 而成为正义。再者,也不能从人的正义推导出美好生活或幸福来,这本身是苏格拉底需要证明的问题,这时已经被苏格拉底当成了结论。

忒拉绪马科斯也许知道苏格拉底推理中的谬误,但他已经不能再扮演不光彩的角色,他只是说:那就当做本迪斯节日上的盛宴,言下之意就是,你想怎么说就怎么说吧,反正我不在乎。苏格拉底从智术师手中拯救了哲学(而智术师也为柏拉图的思想提供了丰富的养料),使得哲学免于被摧毁,还大大丰富了哲学,因此也就保留了生活的基础。哲学把握存在的真理,也就为城邦秩序找到了典型或"范式"。②

苏格拉底的论证并不完整,比如"灵魂""德性"以及"美好生活"或"幸福"等概念本身都还没有得到界定,尚不能用来作为论据支持"正义"。但对于希腊人来说,这些问题可能都不是我们想像的那样陌生而缺乏论证,比如对希腊人来说,"灵魂"就是一种生活的原则。③ 而

---

① 关于苏格拉底论证中的"错误",参 C. D. C. Reeve, *Philosopher-kings: The Argument of Plato's* Republic, Indianapolis: Hackett Publishing Company, Inc., 1988, pp. 19–21。

② 沃格林,《城邦的世界》,页 290–291。

③ C. L. Nettleship, *Lectures on the* Republic *of Plato*, London: Macmillan and Co., Ltd., 1922, p. 42。另参艾伦,《〈理想国〉卷一校释》,页 109。艾伦认为,基督教也许应该为我们当今把人与其他生物对立起来的这种灵魂观负责。

且，这些概念尽管还缺乏进一步的论证，但谁都不能否认那些东西本身就是社会生活赖以维系的重要基础。柏拉图加工整合古希腊人普遍认同的原则，正如亚里士多德所说，柏拉图第一个把合于德性的生活与幸福的生活等同起来。①

出人意料的是，苏格拉底"打跑"克法洛斯、驳倒珀勒马科斯并驯服了忒拉绪马科斯之后认为，我们即便用德性、智慧、有利等概念来论证正义，最终我们也还是对正义一无所知，"既然我不知道什么是正义，也就很难知道它究竟是不是一种德性，也不知道一个正义的人究竟幸福还是不幸"（354c1-3）。这是典型的苏格拉底诘难法的结局（难怪有人把《理想国》第一卷视为柏拉图的早期作品）。苏格拉底为什么要如此劳神费力地用尽各种手段来反对克法洛斯等人，甚至不惜诉诸模棱两可、偷换概念、强词夺理、似是而非等诡辩方法，最后却得出一个如此让人沮丧的结论？也许，"忒拉绪马科斯本人可以被驳斥，但其所代表的东西却难以克服"②。

从善意的角度来看，苏格拉底显然清楚地知道自己论证中的问题，但他正是为了引起大家深刻反思自己习以为常而不加审视的观念，才采用了如此极端的手段。实际上，这也许正是自诩献身于神以劝勉世人向善的苏格拉底的一种劝化技巧。历史上不乏以棒喝方式警醒冥昏听众的事例，尼采堪称个中翘楚。苏格拉底以种种方式解构了传统的观念，从而让人在无依无靠和无牵无挂的纯粹状态中，重新思考生活的意义。正如布鲁姆所说："传统的正义定义被化

---

① 亚当，《〈理想国〉疏证》，页60。
② Seth Benardete, *Socrates' Second Sailing*, p. 31.

为废墟,显露出对一个崭新开端的需要。"① 从另一个角度看,这也恰恰表明了哲学对生活和传统的疏离甚至伤害。② 当然,一心为其师辩护的柏拉图,在这里把苏格拉底刻画得非常高明。苏格拉底也许想以这种极端的方式表明正义不是一个理论问题:

> 这个道理不是关系到一个随随便便的问题,而是事关应该以什么方式来生活的问题。(352d5-6)

---

① 布鲁姆,《人应该如何生活》,页60。
② 详见本书第九章第四节。

第二部分　不义之鉴

苏格拉底的任务尚未完成。① 他原本以为驳倒了克法洛斯、珀勒马科斯和忒拉绪马科斯，就回答了"什么是正义"，完成了他被迫接受的"拷问"或"答辩"的任务。但他并没有真正驳倒那三种意见，如格劳孔马上就会指出的，苏格拉底只是把那三个人搅得晕头转向摔倒在地而已。

苏格拉底知道自己已不可能从"言辞"中脱身，无法凭借此前的辩护而"被释放"——苏格拉底本来是在言辞的法庭中为自己开解，最后却为那个"法庭"设计了一个只有天上才有的不可思议的城邦（592a – b；另参472d9, 529d7）。苏格拉底自言自语说他此前对那三人的批评还只是"序曲"（προοίμιον, 357a2）。对于要"正确地谈论正义"（331e2）的任务来说，这一切当然只是序曲。

---

① 安娜斯说柏拉图清楚地表明他对第一卷的方法不满意（*An Introduction to Plato's* Republic, p. 59）。这里似乎混淆了柏拉图和苏格拉底。苏格拉底在第一卷用的方法更多的是智术师式的狡辩，而这正是智术师忒拉绪马科斯的强项：他不是被哲学家苏格拉底击败了，而是被自己打败了，败得稀里糊涂。苏格拉底无非以其人之道还治其人之身而已，他到目前为止还没有提出自己的看法。

苏格拉底在第一卷中只谈到了"什么不是……"（what is not...），而非"什么是……"（what is...）——这才是苏格拉底的典型问题。欠债还钱不是正义，强权即真理也不是正义，那什么是正义？"正义"的探讨并未完成，"苏格拉底"也是。苏格拉底当然不会走（大家也不会让他走），他说本可逃之夭夭，也许是一贯地装样子而已。

由此看来，即便第一卷在用语、内容、风格以及创作时间等方面都相对独立，但它仅仅是"序曲"，《理想国》到此毕竟还不完整（甚至到全书末尾也很难说完成了）——大概与《法义》中的追寻一样，本来就没有尽头。无论如何，正义的探讨还有很长的路要走。

第五章 不义颂（357a2–362c8）

论证正义的道路既要从此前的诸多正义论为出发点，又要有别于这些传统而世俗的意见。但这些意见虽出自"反派"之口，却并非毫无价值，苏格拉底后来的诸多看法即蕴含在其中。苏格拉底接下来要面对的是比以前更极端更彻底的问题，即对不义的全面夸饰。苏格拉底只有铲除了这些浮沙和泥土，才能在坚实的地基上修建自己的理论大厦。[1]

第一节 社会契约论（357a2–359b5）

苏格拉底"原以为"答辩成功，可以抽身而退。如果这个时候退出，后世便不会看到一幅苏格拉底被迫描绘的天国理想图景。这对后人是福是祸，殊难逆料，但至少不会有人把柏拉图–苏格拉底视为乌托邦和极权主义等理论的鼻祖，更不会有雄心勃勃的政治家照着苏格拉底描绘的天国范式，试图在地上僭越地建立一个同样的国度——难道数千年生灵涂炭的灾难都由于格劳孔不识时务的挽留以及后来"为虎作伥"地帮助大家强留苏格拉底而开始？

最后一个辩论对手已经败下阵来（334a），对外邦人的承诺也得以兑现，苏格拉底本可以离开。但此时异峰突起，

---

[1] 参笛卡尔，《谈谈方法》，见《笛卡尔主要哲学著作选》，李琍译，徐卫翔校，上海：华东师范大学出版社，2021，页22。

作为"自己人"的格劳孔再一次站出来,他不再鲁莽地替苏格拉底作决定,让苏格拉底留下来(328b2),而是"叛逃"到敌人的阵营中,替忒拉绪马科斯辩护起来——这是《理想国》辩护中的辩护。后来,当被迫应战的苏格拉底费尽口舌自以为把政治体制都讲清楚并再一次准备离开时,格劳孔又站在了"敌人"一边,投票赞成不放苏格拉底走(449b-451b),接下来便有了真正的"理想国"故事。

难怪苏格拉底紧接着自己的"序曲论"之后说格劳孔总是"最勇敢"(357a3)。后来格劳孔的兄弟阿德曼托斯评价说,格劳孔像荣誉政制(timocracy)一样,爱好胜利(争强好胜),爱好文教,善于言辞,但也固执,似乎有些鲁莽(459a)。在《治邦者》中,异乡人说苏格拉底是"天下最勇敢的人"(263d3),在《泰阿泰德》中苏格拉底称年轻的泰阿泰德为"勇敢的人"(205a1),明显带有嘲讽的意味;勇敢可能是鲁莽,尽管勇敢也是主要德行之一。

在《理想国》第五卷,格劳孔在投票赞成强留苏格拉底时,告诉自己这位父执,他们倾听如此重要的问题,将会是一生的事(450b6)。当然,苏格拉底探讨和讲述这些问题同样也是一生的事——这是否还意味着要以生命为代价?格劳孔接下来便站在法官的角度鼓励犹豫不决的苏格拉底,意味深长地笑着慷慨地应允恕他无罪(451b2-5)。苏格拉底的担心并非没有道理,毕竟一语成谶,"不幸而言中"。无论如何,《理想国》中的苏格拉底已"失去了自由",走不了了。

格劳孔对忒拉绪马科斯轻易就范很不满意,① 便站出

---

① 在施特劳斯看来,忒拉绪马科斯的推理证明很糟糕,但他的原则还是胜利了——尽管忒拉绪马科斯最后被苏格拉底彻底驯服,但此前他自视有宰相之才(*The City and Man*, p. 84)。

来继续推进他的观点。他一再申明,支持忒拉绪马科斯对"不义"的称赞只是为了从反面帮助苏格拉底得到关于正义的本质和效用,以便听到苏格拉底对正义的真正赞颂,故而不惜站在对立面,为寻求真理充当"魔鬼辩护士"(358d;另参阿德曼托斯类似的角色,367b)。但格劳孔未必不是假戏真做,他很可能同意忒拉绪马科斯的看法,毕竟这位被苏格拉底像印度人那样用美妙音乐驯服的蛇(358b3)其实代表着千千万万人,其中也许就包括还没有被苏格拉底彻底说服的莽汉格劳孔。

紧接着"好"之三分后,① 格劳孔打算从三个方面重提大众的意见:正义是什么以及从何而来;行正义者是自愿的还是被迫的(大多数人其实并非为了善而正义);哪一种生活更可取。这三个问题在第一卷中都没有得到解决,苏格拉底在第一卷最后一句话亦承认,如果连正义是什么都没有弄清楚的话,其他善恶幸福等问题当然更无从谈起(354c)。

接下来格劳孔以更为抽象同时也更生动的方式推进了正义问题的讨论。格劳孔从哲学的高度深入探讨了正义的"本质"(ousia)和"生成"(genesis)、"自然"(physis)

---

① 格劳孔在《理想国》中并非最先提到"正义"和"自然"(physis),但他在这里却率先提到 eidos,这个词便是哲学界大名鼎鼎的"相""形式"或"理念"。这里仅作"种类"或"形式"之义。这里的"好"(ἀγαθόν)也是一个让汉语学界头疼的词,它有道德的含意,但译作"善好"似乎颇觉别扭,译作"好东西"又太平淡,姑作"好"。关于"好"的三分,另参《法义》613b、617b,《尤叙德谟》297a,《高尔吉亚》467e,《斐勒布》66a;亚里士多德《尼各马可伦理学》1098b12;以及廊下派的分类(见《名哲言行录》5.96,107)。

与"习法"(nomos)、"现实"(einai)与"表现"(dokein)。① 格劳孔还用以"自然状态"为基础的"社会契约论",做了一场法律、权利和正义的生成过程的思想试验,还化用神话故事巧妙地把"正义"的脆弱性展现得淋漓尽致。社会契约假说和居吉斯神话,以及后来苏格拉底被迫建立的城邦,都是思想实验——其实整个《理想国》就是一场大型的思想实验(Gedankenexperiment)。②

不管格劳孔从生成(genesis)来推导本质(ousian)和自然(physis,或"性质")这一做法是否合理,他把这几个本不相属的概念混在一起阐述时,却提出了最早的"社会契约论"。莫非自然状态和社会契约论都是为"不义"张本,并且都是由勇敢而近于鲁莽的"雅典人"提出来的?

格劳孔没有明确勾画出人类的自然状态(《法义》677a 中大洪水之后的状态庶几近之),但他说"行不义自然就是好的,而遭受不义就是坏的"(358e3-4),就已经点明了逻辑上的"自然状态"。其中一切价值都颠覆过来了:不义才是好的(忒拉绪马科斯对此已经作出了详细的说明)。人类一开始只关心自己的好处和利益,根本不关心他人的好处。人们为了生存和自保,以及更虚幻的荣誉(见阿德曼托斯的言辞),便会毫不犹豫地损人利己。③ 这就是人本恶或不义的天性(nature),而完全按照天性生活的状态就是自然状态,但它实质上却是指人类的自然未得到有效控制时的状态。

---

① Seth Benardete, *Socrates' Second Sailing*, p. 36.
② 费格尔,《苏格拉底》,页91。
③ Leo Strauss, *The City and Man*, p. 86.

社会中的绝大多数人都是弱者，他们很快就发现自己行不义所得来的好处，远远无法抵消自己遭受别人行不义所带来的害处，太不划算，便开始订立契约，以保证不遭受不义，于是便有了法律。他们赋予法律以"正义"的内涵，但这种"正义"是"被人算计又算计别人的正义"（calculated and calculating justice），而不是因为其自身值得追求，① 人们以为这就是正义的起源和本质（359a5，b4）。格劳孔故意支持这种观点，实则感到厌恶，毕竟他很高尚（high‑minded）。

在法律或正义中，人们既不因行不义而获得最好的利益，也不因遭不义而罹受最大的坏处。正义即中道。强者也好，弱者也罢，在法律面前一律平等。但在自然状态中，或者在人的"自然"中，大家本不平等——法律的产生就已经说明了人人生而不平等这一事实。这就是法律自身的悖论：以公平的方式来捍卫不公平，却以为自己绝对公平。对于不义者，法律只能以看上去"不义"的手段来矫正。

格劳孔似乎完美地证明了第一个问题：正义的产生过程就已经说明其本质的脆弱性，人们不是因为正义是好的而去践行它，正义不过让弱者少受一些苦罢了。正义不是普遍的善，格劳孔说，只有有能力在行不义时不遭受别人不义的"真正的人"，也就是强者，才会不理睬契约，否则他岂不是疯了（或者傻瓜）？这就是关于正义的"说法"。忒拉绪马科斯也曾说过，人们不是害怕行不义，而是怕受到不义之害。不义比正义更强大。（344c，另338c）

这种观点在柏拉图、亚里士多德时代十分流行，可见传统礼法的大面积崩坏——亚里士多德《政治学》记载了

---

① Leo Strauss, *The City and Man*, p. 85.

另一个智术师的说法：法律这种契约是"人们对他人公正的保证而已"（1280b10）。柏拉图在《普罗塔戈拉》中也描述了类似的"自然状态"，人们虽然为了战胜野兽而结成了同盟，建立了城邦，但由于缺乏政治技艺，结果人与人之间相互伤害，最后只好分散居住，又因无法抵抗外力的侵袭，便丢了命。宙斯怕整个人类都被消灭了，便派赫尔墨斯把正义和羞耻（也作"敬畏"）送给人类，让人们重新联合起来，友好地相互对待（322b）。

克里特资深的政治家克莱尼阿斯直接坦白了他的政治理念的基础："绝大多数人所称赞的和平，只是一个空名而已，实际上对每个人来说，天然就会有所有城邦之间的不宣而战。"（《法义》626a）

胆子更大、口才更好的雅典人卡利克勒斯把法律和正义的脆弱性阐释得更为彻底：立法者是大众，一切为了自己的利益。他们恐吓那些更优秀的强者（以免被他们欺负），说占别人的便宜就是低贱和不义（《高尔吉亚》483b – c）。这种契约、法律以及由此而来的正义其实都不那么可靠，因为，"正义的东西根本就不是自然的"（889e6 – 7）。正义并非天然的，甚至可以说天然就没有正义这种东西，即便有，也不过是人为的约定而已。

格劳孔、忒拉绪马科斯、克莱尼阿斯和卡利克勒斯等人对自然状态、社会契约、法律和正义的看法有很大的普遍性，不独柏拉图时代为然，后世对此亦多有共鸣。古希腊的伊壁鸠鲁，近代的霍布斯、卢梭，现代的叔本华、尼采，都从不同的角度阐述过这些问题。伊壁鸠鲁把忒拉绪马科斯等人的这种普遍看法上升到了政治哲学的高度，值得详细引述：

(31) 自然正义是一种达成的契约（σύμβολον），以避免伤害别人，也避免被人伤害。① (32) 动物没有互相订立契约的能力，做不到既不伤害别的动物也不受到伤害，对此既无所谓正义，也无所谓不义。而一些部族也存在同样的情况，他们的成员不能够也不愿意互订契约来免于伤害和被伤害。(33) 同样，没有什么就其自身而言的正义，只有人们相互聚集时（无论规模大小）订立的契约：永远既不伤害也不被伤害。(36) 正义本身对所有人都一样，因为它是在相互交往中的某种利益。但在特定地方以及某种原因中，并非所有与它相伴的都是正义。②

伊壁鸠鲁的正义观似乎颇为完整，其核心思想无非说明了格劳孔—忒拉绪马科斯的基本看法：正义不是因为它自身的"好"而受到人们的尊奉。"正义"不过是缓解人与人之间互相冲突的方式，丝毫没有神圣性，也与神明毫不相关。凡以"自然"来解释的东西都用不着神明，甚至还必须赶走甚至杀死神明——哲学由此应运而生，而且一再复兴。

正义在这种自然状态和社会契约论中是无根的，任何人为约定的东西都没有根基——哪怕被后世奉为新的神明的"形而上学"都不能真正为任何东西提供稳靠的基础。在神明离弃之后，任何根基性的寻求可能都是徒劳——海

---

① 这里指个人之间订立的契约，与格劳孔所说的契约不是一个词。

② 据希腊文翻译。中文可参《名哲言行录》10.150，页1085。另参尼古拉斯，《伊壁鸠鲁主义的政治哲学》，溥林译，北京：华夏出版社，2004。

德格尔一生的思考就是为了说明这个基本的事实。

在《法义》中，那位被请来为克里特当立法者或帝王师的老人，坚定地认为奴隶应该被统治而主人当然应该统治，也就"强者应该统治，而弱者应该被统治"（690b4-5），由此便打开了几千年关于主奴关系的讨论（比如黑格尔的《精神现象学》）雅典异乡人化用了品达的著名论断，表明自然不平等以及由此而来的弱肉强食、上智下愚、统治与被统治等等，无非都是自然的法则（或法律）。这样一来，自然（physis）与法律（nomos）就形成了冲突，在智术师启蒙运动时代特别突出，柏拉图试图扭转这种局面。

柏拉图认为正义乃天生的或先验的，所谓"自然正义"或"自然正当"不是靠"契约"来保证，因为"契约"本质上是人类理性或理智的产物，本身并不具有神圣性，当然也就不具有最终的合法性。施特劳斯总结道："自然正确是那种在任何地方都有同样权能（power）的正确，且自然正确的有效性并不归因于人类的制定（human enactment）。"[①] 人类的普遍同意或所谓的"公意"丝毫无法保证"自然正确"或"自然正当"，人类的理性也与之无缘，因此要理解那种近乎"天道"的自然正当就显得力不从心。

人们正是由于像伊壁鸠鲁那样认为"没有什么就其自身而言的正义"（《名哲言行录》10.150），才不得不提出"契约论"来维系社会关系。但这种放弃了神意和天道的补救措施很难从根本上解决人世间的根本问题，因为契约论本身就很成问题，它无法解释什么东西，反而需要其他大量的理论来说明。

---

① 施特劳斯，《柏拉图式政治哲学研究》，张缨等译，北京：华夏出版社，2012，页186。

在舍勒看来，社会契约论最先由古希腊的伊壁鸠鲁提出，最后却成了现代自由派学说的基础，由此可见伊壁鸠鲁以及契约论的"现代"性，毕竟这种契约论的本质乃个人主义，无法建立起真正的共同体，尽管它的目的恰恰就在此。①"契约"替代了"真"和"善"，人类的行为实际上已经丧失可靠的规范——难怪契约在古代被视为一种耻辱。当然，若连契约都不遵守，那更不像话。舍勒甚至因契约论的本末倒置而提出拒绝一切形式的契约论！

契约是意见，不是真理，却是现代社会政治的基石。人们动辄高谈"契约精神"，以为现代大思想家所构建的"契约论"能够取代古代的"德性论"。但沃格林不这么认为，他说：

> 如果我们遵循柏拉图的意思，"契约理论"没有历史，而只是一种意见类型，它容易出现和再出现，而与早先的表象之间没有连续性，也不论灵魂的意见状态何时在历史上出现——例如在16和17世纪。如果我们遵循现代人的意思，作为历史学家，我们会歪曲柏拉图的意图；作为政治学家，我们会破坏柏拉图在社会瓦解现象的分类上的成就。……现代政治思想史上的著名人物，如霍布斯或洛克，都接受一种"契约理论"，我们不必被这个事实吓倒。因为，尽管一种意见在现代著名思想家中间风靡一时，但是它不会通过这个事实而成为一种理论。另一方面，如果我们遵循柏拉图的意思，那么在他的分类中我们会拥有一个重

---

① 舍勒，《基督教的爱理念与当今世界》，见刘小枫编，《舍勒选集》，上海：上海三联书店，1999，页825，另参页1266。

要的工具,当出现"契约理论"这一症状的时候,我们能够用它诊断出灵魂和社会在意见方面的状态。①

一直被现代人视为金科玉律的"契约论"其实是一种灵魂和社会疾病的征兆或表现!而"自然正当"或许就是治疗"契约论"的良药,施特劳斯指出,"如果我们不具备自然正当的知识的话,由社会上各种相互冲突的需求所导致的问题就不能得到解决"②,不仅如此,还会导致各种灾难,其中最深重的就是虚无主义,因为拒斥自然正当本身就等于虚无主义。

即便订立了契约,制订了法律,明白了正义,那又如何?难道人们会自愿或自觉地遵守这些漂若浮萍的人为约定?格劳孔接下来讲了一个意味深长的故事,说明契约和(人定)法律都很脆弱,丝毫不能保证正义的稳固地位。

第二节 人性论(359b6–360d7)

为了进一步说明正义的非自然性,格劳孔展开了他的第二个论点:人们不会自愿地行正义,除非没有能力行不义。正义是此世的权宜,不是道德上的必然——道德已很软弱,正义的脆弱更是可想而知。格劳孔借用居吉斯的古老传说表明人们在极端自由和极端强大时不会尊奉正义。(359c1)格劳孔本来说要分别测试正义和不正义的人,要做两次试验,但他最终只做了一次,仅仅检测了不正义的人在拥有巨大的力量而"与神明相等"时的选择。

---

① 沃格林,《柏拉图与亚里士多德》,页126–127。
② 施特劳斯,《自然权利与历史》,页3。

也许格劳孔认为没有必要再作第二场试验，因为人的本质如此确定不移，正义的人在同样条件下也会干出跟不义的人一样的事情（359c4，另参 360b3 以下）。但我们仍然好奇：一个本性大异于普通人的正义者——如果有这种人的话，在极端状态下究竟会如何表现？不消说，人处在无力无助的极端状况中为了活命而不得不把正义和道德降到最低限度，甚至彻底抛弃这些轻飘飘的东西。

给予某个人以绝对的权力（ἐξουσίαν），让他想干什么就干什么，不管这个人是正义的还是不义的，目的就是要观察欲望将把他引向何处。

> 我们马上就会发现，正义者和不义者由于贪图利益而走同一条道路，因为所有生物（φύσις）天然会把它当作好东西来追求，而只有法律才会强制让他们尊重平等。（359c2–6）

格劳孔发现正义者和不义者在欲望和利益面前其实都一样，会走上同一条道路，而他们所追求的所谓"好"（ἀγαθόν）都是相同的。这是所有自然物的"自然"，因此人的行为与正义没有多大关系，与之真正有关系的乃是"欲望"。

"欲望"（ἐπι-θυμία）意为心（θυμία）之所向（ἐπι-），包括渴望、想望、性欲等等。心有所向，并非恶事，但心所向着并追求着的是自己的利益，从自己最本己的"自然"出发来行事，就会让正义变得苍白和虚幻。贪得无厌的欲望会把我们引向不择手段的攫取，引向战争和毁灭。格劳孔接下来所讲述的居吉斯的故事即便不能说毫无必要，充其量也只是对这里所展示的"人性论"的例证，因为居吉斯如果没有各种各样的欲望，戒指再大的魔力也不能对这个世界造成什么伤害。

人一旦获得能够满足其欲望的能力且缺乏有效的规制，那么人的欲望就会冲决而出，不断膨胀，变本加厉，最后甚至想与神明平起平坐（$ἰσόθεον$，360c3），① 至于杀死上帝以取而代之——"现代性"不正是这样一个弑篡的"进步"观念吗？尼采笔下的"疯子"不小心说出了真相：我们杀死上帝，是为了让自己成为上帝（selber zu Göttern werden）。②

戒指这种强大的"装置"（借用海德格尔的术语），看上去能够给人类带来无穷的力量，但它归根结底是"来自地狱的礼物"③。那枚戒指在电闪雷鸣和风雨飘摇的时刻因山崩地裂而重现于世间（359d，另参621b），也必定会对这个世界造成同样的结果，那就是电闪雷鸣、风雨飘摇和山崩地裂——我们今天已经看得很清楚。戒指代表着欲望、野心或肆心（hybris）。

后来苏格拉底引用荷马史诗进一步表明了连天生的神明都无法摆脱欲望（尤其是性欲）的控制，凡夫俗子更难以自拔。众神和众人之父宙斯也陷溺在欲望中差点误了大事：他因情欲而难以入眠，忘掉了所有计划，迫不及待与

---

① 另参568b3，亦参亚里士多德关于"人中之神"的论述，《政治学》1284a10。
② 尼采，《快乐的科学》，黄明嘉译，上海：华东师范大学出版社，2007，页209。
③ 奥康纳，《重书柏拉图戏剧中的诗人角色》，见费拉里编，《柏拉图〈理想国〉剑桥指南》，页67。

赫拉露天交合，还说从未如此沉醉（390b-c）。①

在《奥德赛》中，战神阿瑞斯和爱欲之神阿芙洛狄忒偷情时被后者的丈夫设计捉住，引来诸神哈哈大笑。最能说明欲望的普遍和深刻的，便是赫尔墨斯看到这种狼狈的场景时居然表示愿意受此龌龊，只要能够躺在黄金的阿芙洛狄忒身边（8.266以下）——阿芙洛狄忒本身就是欲望的化身。

赫西俄德《神谱》和《劳作与时日》中的潘多拉这件"众神的礼物"，其本质就是阿芙洛狄忒所代表的eros（欲望），其目的就是诱惑，因此她美若天仙，"不死的神明和有死的凡人都对这个十足的诡计惊奇不已，凡夫俗子更是不能自持"（《神谱》588-589），无辜的厄庇米修斯明知故犯，为神人之间的复杂纠纷背了几千年"黑锅"。欲望这种"美丽的罪恶"（kalos kakon）最终代替了"善好"（agathos），这就是天地间逃无可逃的圈套。

人有各种欲望，再辅之以绝对的权力，其结果不问可知。"权力"（ἐξ-ουσίαν）由介词ek（从中）和动词"是"构成：难道"权力"与"存在"竟如此密不可分，以至于有了权力才拥有了完全的存在？当然，这里的权力不仅仅是世俗意义上掌控他人命运的政治权力。在古希腊语中，这个词不仅指"权力"（557b8，d4）或"特权"（460b3，布鲁姆译作privilege），也指"自由"（554c8，557b5），还指"权威""资源""管理"等，表明上古时期的人们对此就有深刻的认识。

---

① 典出《伊利亚特》，罗念生译作："宙斯一见她，强烈的情欲即刻笼罩住他的心智，就像他们第一次上床享受爱情的欢乐时那样，瞒着父母亲。"（14.294-296）柏拉图间接转述荷马史诗，略有变动，把《伊利亚特》原文中的philos换成了aphrodision epithumian[阿芙洛狄忒式的欲望]，指性欲。

吕底亚人的祖先居吉斯在为统治者放牧时,发现大地沉裂出一个深坑。居吉斯很好奇(这正是哲学的起源),便下去看。他看到了一匹中空的青铜马,马腹中有一具裸尸,体型比常人大很多,手上有一枚金戒指。居吉斯在众多奇珍异宝中似乎只拿了那枚戒指。后来牧羊人聚会时,他偶然发现了戒指的隐身功能,于是便"立即"(360a7)想办法成为国王的传报人,随之与王后通奸,并在她的帮助下杀死国王,接管王国。

柏拉图选择居吉斯来做试验,当然不是没有用意:他针对的正是希罗多德《原史》开篇讲的那个"王后裸体"的故事。在希罗多德的故事中,居吉斯没有魔力无比的戒指,也同样勾引了王后并弑君篡国。柏拉图则想先赋予居吉斯巨大的权力,再表明正义跟这种权力没有直接关系(612b)。在我看来,居吉斯是谁并不重要,即便换一个人,也会有同样的结局。

居吉斯所看到的那具尸体属于一个往昔的时代。在赫西俄德的"五纪说"中,幸福如神灵一样的黄金种族、愚昧而忧伤的白银种族、强大得可怕的青铜种族,死后都被埋进了大地。第四代的英雄们一部分死在了特洛亚城下,没有被埋葬(而是火化,见391b,另见《伊利亚特》卷23),另一部分则极为幸运甚至因超过让人向往的黄金种族而显得过分幸运地被神明送到了远离人类的幸福岛上,几乎已成神明。

可见吕底亚人居吉斯所看到的中空青铜马里的那具尸体,肯定既不是英雄种族,也不是赫西俄德和居吉斯身属的黑铁种族,而是青铜马所预示的青铜种族。① 他们比黑

---

① 据 Apollonius 载(i. 2.1),这个指环可能跟独眼巨人库克洛普斯有关。

铁时代的居吉斯更强大（即便仅仅体型），更喜欢暴力。暴力代表着不义，居吉斯从他们那里得来的魔戒难免会产生或增加不义，尽管不义有更深刻的根源。

居吉斯碰到的雷电、地震、戒指等可能是偶然的，"偶然"属于神界：难道王位只能靠偶然的不义而获得？难道神明所掌管的运气总会与不义纠缠不清？居吉斯的戒指具有一种超"自然"能力（$\delta\acute{u}\nu\alpha\mu\iota\nu$，359d1，360a5），① 代表着没有限制的"力量"和"权力"，它为格劳孔思想试验提供了基础。那种超然的能力在"欲望"的催化下，便外化成了实在的政治权力。

居吉斯的故事表明，从心获力，由力增欲，循环往复，未有期也。人类从外在世界获得巨大力量后，便等同于神了（那位王后肯定把能够隐身的居吉斯当作了神明），僭越非分，自是难免。而一旦僭越，悲剧即接踵而至——古希腊所有的悲剧都在重复着这一相同的主题，但不幸的是，我们还在不断地重复着这一切，甚至在一个像居吉斯倚仗魔戒一样过分倚仗科学和技术的时代，连这种悲剧意识都已丧失殆尽。

那匹中间藏有魔戒的马其实就相当于让特洛亚遭灭顶之灾的木马。它们的材质不同，但都藏着毁灭性的力量。堡垒最脆弱的地方就是内部，因此最容易从内部攻破。巨大的权力对于城邦来说无疑就是一种比"特洛亚木马"还可怕的病毒，而人类在科学技术中所获得的力量，对整个人类来说亦未始不是一种自我颠覆甚至自我埋葬的力量——

---

① 另参《阿卡奈人》中的"希厄洛倪摩斯那顶毛蓬蓬的黑色隐身帽"（390，罗念生译文）。日耳曼文化中古亦有"尼伯龙人的指环"之传说。

如果没有某种恰当的"法律"或者"法则"来予以控制的话（359c5）。但在一个要杀死上帝（而不仅仅与上帝平起平坐）甚至叫嚣着"人为自然立法"（康德语）的时代，谁又来为人立法？

可见，仅有魔戒这种外在的力量还远远不足以让人揪心，毕竟"居吉斯的故事对于格劳孔的思想实验来说是不必要的，其中的大部分细节都只是陪衬"①。大多数人都认为权力或力量是中性的，既可助益强者，也为弱者所用，就好比科学乃是"价值无涉"（如韦伯所谓 wertfrei）。但如果弱者也能分享权力，也许就不叫弱者了。权力不可能是中性的，科学亦然，它总有特别的服务对象。当然，更可怕的还是人性，如果人性与权力合流，则尤为可怕。而人不可能没有人性，人类社会同样不可没有权力。

没有人会自愿行正义，若碰巧谁还具有神一样的力量和权力的话，可能更要为所欲为甚至为非作歹了：偷盗、抢掠、奸淫等都不在话下（360b）。正如忒拉绪马科斯所说，行不义既然能够得来更多的好处，谁还会自觉自愿地行正义呢？即便有个别天性纯良又没有被环境污染且有能力的"好人"，居然还能够洁身自好的话，便会被大家视为疯子、最可怜最没脑子的怪物（360d4），因为"所有人都认为不义比正义更合于自己的私利"（360c8）。尽管大家还是会当面赞颂这种稀有的好人，亦无非是"互相欺骗"以免遭不义而已。这种人在城邦中的地位必定十分微妙，随时都面临着巨大的危险，一旦时机到了，民众不再需要用欺骗的面纱遮住自己的嘴脸时，这种人就难逃厄运了。

---

① Seth Benardete, *Socrates' Second Sailing*, p. 38。伯纳德特提醒我们注意希罗多德《原史》6.69 中的类似故事。

如果我们把这种少数人比作"哲人",就更能看清哲人与城邦的永恒冲突。①

面对如此窘迫的情况,格劳孔还是让我们看到了一线希望——尽管很渺茫,那就是"法律":法律才能迫使我们走上正轨。格劳孔说,一般人不会自愿行正义,"除非被迫如此"(360c6)。世间万事并不是那么让人彻底悲观无助,毕竟还有某种东西能够对人的本性起到"强迫"作用,还能够规范和限制欲望的活动范围。这里的被动态的"被迫"或主动态的"强迫",在希腊语中还有"必然"的意思,于是我们便在遍地恶之花的荆棘路上,看到了一丝希望,个体的保护和救赎才有了微薄的可能性。

格劳孔所说的那种能够"强迫"人尊奉正义的东西就是上文所说的"法律"。不过,这里的"法律"不完全是那些羸弱的大众为了免遭不义之害而订立的契约——它不过是"人为自己立法"(化用康德的话),但既然人的本性都靠不住了,所订立的法律又如何能让生命和公正得到安稳的呵护?近代哲人把正义的根基寄托在理性之上,以为人有了理性,便会"自律"(auto-nomie),即自己为自己立法。

但是,人不仅仅有理性,还有力量更大的"权力"和"欲望",于是"自律"和"绝对命令"变得单薄而飘摇:无神时代的"法律"——他律也好、自律也罢——总会陷入悖论。无论如何,制衡此世的恶的机制不是没有,只是

---

① 《理想国》很多地方都表明了哲人与城邦的冲突,参429a3,496c5以下。对此的详细论述,参拙著《宫墙之门——柏拉图政治哲学发凡》,页159以下;阿尔法拉比的《高尚城邦公民意见诸法则》等著作亦对此有所讨论,参拙著《阿尔法拉比与柏拉图》,第二章第三节。

很微薄和脆弱,归根结底就在于人性。

人性所蕴含的力量既可为善,亦可作恶,如何控制后者以免于人类自我毁灭,就成了每一个思想家必须回答的问题。《理想国》快结束时(612b),"居吉斯的戒指",连同《伊利亚特》中雅典娜所戴的同样可以隐身的冥王哈得斯帽子,都被苏格拉底成功地摒弃了:魔戒或隐身帽巨大无边的力量并不重要,正义才对灵魂有益,灵魂也必须行正义。苏格拉底如何做到这一点?我们得跟着苏格拉底继续走下去。

第三节 不义胜正义(360e1-362c8)

要获得正义,首先就必须充分了解并治疗不义。整个《理想国》揭露不义的篇幅很多:第一卷中忒拉绪马科斯赤裸裸的"不义颂"始作其俑;第二卷中格劳孔和阿德曼托斯进一步推进了忒拉绪马科斯的观点;苏格拉底在第二卷后半部分开始建立言辞中的城邦,一直到第四卷末尾,都在艰难地与不义搏斗;第八九卷描述政体的持续衰败,实际上是从更大的范围来揭示不义在社会政治层面中的表现,政体的不断退化,当然是一种不义的表现,同时也是不义的结果。

这六卷本是《理想国》的主干,因为中间第五至七卷异峰突起的"理想国"跑题(543c5)了,而且这个正面寻求正义的过程也暗中在揭露不义——"理想国"的种种法门都是对"不义"的克服。最后一卷对诗人的总结性批判,实际上就是在批判世俗宗教为不义张本的神义论,至于厄尔神话以及地狱景象,正是为不义者专设的末日审判机制。可见,克服不义是寻求正义的主要途径,因此比正面宣扬正义困难多了。

到格劳孔讲述"居吉斯的戒指"这个故事时,不义的面貌没有得到完整勾勒,格劳孔还需进一步讲述它的第三个方面:不义比正义更可取,不义者比正义者更幸福。从逻辑上讲,原初的自然状态和居吉斯为所欲为的状态都不是常态,因为居吉斯的故事毕竟只是一种思想实验——沃格林称之为"精神实验"(mental experiment),① 现实生活中人们不可能拥有魔戒所带来的巨大权力。

既然一般人没有可以行不义的超自然魔力,是不是就不行不义了?恰恰相反,人不是因为有了外在的力量才行不义,而是因为与生俱来的内在欲望自然要行不义。当然,外在的因素会起一定的催化作用,内外两方面相互交织,共同作用,使不义如此强大。

即便没有魔戒,不义者也比正义者更强大,因为他们像聪明的匠人一样(360e7),在行不义时显得非常专业。不义者更明事理,有明确的目标,并且知道哪些是不可能的而哪些又是可能的,因此他有能力"正确地"(361a3)做坏事。② 这种人既能恰当地调动语言,又能在必要的时候使用暴力,而且还能充分利用自己行不义所获得的金钱来实现自己的目标,于是更"勇敢"和"强大"(361b)。尤其要命的是,他有了种种此类能力后,要装好人亦并非难事,不义居然看起来就成正义了!极端的不义也会获得极端正义的名声!(361a4 – b1)

为什么不义者如此强大?格劳孔引用了埃斯库罗斯《七将攻忒拜》中的诗句,证明不义者之所以能干、清醒,

---

① 沃格林,《柏拉图与亚里士多德》,页127。
② 可见,正确≠正义,政治正确也未必就是正义的。

"因为他们追求的是真正实在的事情,而不是为意见而活着"(362a5-7)。"真理"与"意见"的对立也可为不义者所利用。格劳孔继承了智术师的看法,把不义当作真实,而把正义视为虚幻的表象。① 既然假作真来真亦假,不义者当然不惮于成为不义者,公然以"真小人"自诩。"真小人"干得好,会弄到钱财来施恩于人,迟早成"君子";而"伪君子"一旦被揭穿,就没有好戏唱了。

不义者自觉自愿地以不义自居,那是因为大有好处,而这种好处才是"真理",才是实实在在的事情($πρᾶγμα$,即后世的"实用主义"的词源)。不义者具有现实主义乃至实用主义的眼光,往往能够"眉头一皱,计上心来",捞到各种好处。具体而言,这种人能够统治城邦,与名门望族通婚,与有势力的人结盟,凡此种种,"既然他肆无忌惮地行不义",便能够获利。

当不义者有钱有势后,公私竞争无往不胜,这时他就可以用自己的财富来"扶友损敌",为神明奉献牺牲,体恤弱小,远比穷困潦倒的正义者更优秀,更受神明青睐(362c5)。而"扶友损敌"和敬奉神明正是第一卷中那三个外邦人提到的正义之内涵——格劳孔从反面论证了克法洛斯等人的观点。但颇具讽刺意味的是,这里行正义之事的人却不是正义者,而是带着正义面具的不义者。②

反过来看正义者,则完全是另一番景象。正义的人简单而高贵,除了正义之外一无所有,还必须接受"不义"的考验,看他是不是真的正义者。这种人连自保都困难,

---

① 见乔伊特和坎贝尔,《〈理想国〉注疏》,卷三,页65。另参《泰阿泰德》167a 和《智术师》246b。
② 亚当,《〈理想国〉疏证》,页75。

何谈"扶友损敌",更无法向神明献祭丰厚的牺牲以取得神明的眷顾。最可怕的是,在不义者看来,正义者不得好死,最终会领悟到不应该做一个好人,而应该当一个貌似正义的人(361e3 – 362a3)。

这正应了忒拉绪马科斯对"心最善良"实际上也"头脑最简单"① 的苏格拉底所说的话:"正义者处处都比不义者所得更少"(343d2 – 3),"最完美彻底的不义让不义者最幸福,而遭受不义且不愿意行不义的人则最可怜不幸"(344a4 – 6)。② 所以从根本上说,"正义是强者的利益,而不义则对自己有益有利"(344c7 – 8)。

总之,正如格劳孔所总结的,不义者上有神明眷顾,下有百姓爱戴,呼风唤雨,所向无敌,为所欲为,其乐何极!不义者比正义者幸福多了,不义当然比正义更可取。世间不义如此猖狂,有何倚仗?

---

① 原文 εὐηθέστατε 指心地善良,也指头脑简单。忒拉绪马科斯讥笑苏格拉底不懂人情世故,而这在智术师们看来才是实在的东西,他们的教导才是"醒世恒言",才是高于"意见"的"真理"(另参362a5 – 7)。

② 忒拉绪马科斯在这里颠覆了苏格拉底的看法,参354a4;关于"最可怜不幸",另参360d4。

第六章 神义论批判（362d1 – 367e5）

对于格劳孔的宏论，苏格拉底惊呼"妙啊"（babai），这是《理想国》中苏格拉底仅有的两次惊呼。① 苏格拉底装模作样表示佩服得五体投地，觉得自己没有能力为正义辩护（362d7 – 9）。这时阿德曼托斯插话了，又从另外的角度继续推进格劳孔的论证。如果阿德曼托斯没有从根本上揭示不义的神圣基础，那么苏格拉底究竟会如何反驳格劳孔看似对不义完美无瑕的辩护？《理想国》接下来的正义探索历程还会不会是眼前这般模样？

格劳孔只是从"生成""本质""自然"或"性质"等形而上学方面阐释了不义的来源和样态（即柏拉图思想中的所谓"理念"），从道德哲学方面论证了不义在实践上更为可取，但还没有从"目的论"和神学的角度进一步分析不义在世俗传统中的神圣根源，这就不算完整，难怪阿德曼托斯一上来就认为"最需要说的还没有说呢"（362d5）。如果从根本上解决了阿德曼托斯的问题，那么格劳孔的辩护就不攻自破了，因为阿德曼托斯的问题更为核心，兼容了格劳孔的论证。② 当然，柏拉图笔下的苏格拉

---

① 另一次在459b10。苏格拉底在《理想国》中还两次以另外一个词popoi表示了惊叹（386d4，388c4）。在布鲁姆的译文中，苏格拉底似乎受到突如其来的精妙打击而变得结结巴巴。

② 弗里德伦德说："只有当正义本身被证明为善、不义本身被证明为恶的时候，敌对力量才算是被击败了。为了给这个目标做准备，才出现了阿德曼托斯的发言。"（见刘小枫编，《〈王制〉要义》，页86）

底不仅仅要批驳两兄弟,而且要把格劳孔的勇敢与阿德曼托斯的审慎"编织起来",这样才能发现什么是正义。①

格劳孔勇敢而近于鲁莽,在对不义的赞颂中丝毫不节制,甚至毫无批判地引用诗人的诗句,格劳孔比野兽一般的忒拉绪马科斯(336b5)更不清醒节制。阿德曼托斯把正义与节制联系了起来,② 批评诗人的诸多不当之处,却并没有过多叙述情色和暴力的内容——他很有节制地展示了不义的深刻根源。③ 如果格劳孔的思想实验仅仅为苏格拉底在言辞中建立城邦提供了外在的刺激,那么苏格拉底对诗人及其所代言的传统宗教的批判,则更多是受到了阿德曼托斯的启发。

我们来看阿德曼托斯以为最该说的内容,究竟对我们的正义或不义探讨有怎样的作用。

如果说格劳孔从不义的角度反向趋近正义的本质,那么阿德曼托斯则直接从人们对正义的看法开始自己的批评之旅:世间流传的正义学说,不是真正的正义,反而可能是对正义的极大损害。阿德曼托斯也从三个方面来展开他的"伪正义颂",他首先指出,人们赞颂正义不是因为正义本身,而是为了正义所带来的好名声。但不管怎样,格劳孔认为不义有好处,而阿德曼托斯则歌颂正义所带来的益处。

阿德曼托斯话锋一转,认为由正义得来的好处并非轻易可得,不义之路倒是平坦通畅。好名声及其利益最终虽

---

① Leo Strauss, *The City and Man*, p. 91.
② 参 Stanley Rosen, *Plato's* Republic: *A Study*, p. 67。
③ 格劳孔与阿德曼托斯的性格差异,以及这种差异在柏拉图《理想国》503c 中的描述,参乔伊特和坎贝尔,《〈理想国〉注疏》,页 67。另参 Julia Annas, *An Introduction to Plato's* Republic, pp. 65–66。

由神明所赐,但神明可能受贿,这样一来,正义的神圣基础彻底坍塌了,"神义论"也荡然无存,甚至为害人间,损害正义。既然正义不仅没有什么好处,还艰辛危险,谁还会真正行正义?人们由此而怀疑神的存在,也就顺理成章了。阿德曼托斯在发言的结尾处给苏格拉底提出了具体的任务。

第一节 神义论 (362e1–363e4)

正义大有好处且来自神明,因此就有了神圣的基础和保障——这才是对正义最彻底的探讨(也就是"最需要说"的),尽管可能仅仅是为下文作铺路石。

正义的好处就是"名声",它可间接带来官位和婚姻——阿德曼托斯把格劳孔归于不义者的"好东西"给了正义者。阿德曼托斯在这里用了一个特殊的句式来强调神明所赐的恩典,① 为正义引入了神圣的维度。此前克法洛斯和格劳孔只是谈到对神明的献祭,神明因而还是"被动"的,现在则"主动"为世间赏善罚恶了。"高贵的赫西俄德和荷马"通常被视为神圣的权威,希罗多德说,"是他们为希腊人创作了诸神的家世,把它们的一些名字、尊荣和技艺教给所有的人并且说出了它们的外形"②。人们便引用他们的诗句来表明神意的存在,比如奥德修斯之父拉埃尔特斯看到儿孙打败求婚人,高兴地欢呼:"神明们显然仍在

---

① 乔伊特和坎贝尔,《〈理想国〉注疏》,页68;亚当,《〈理想国〉疏证》,页77–78。
② 希罗多德,《希罗多德历史》2.53.4–8,王以铸译,北京:商务印书馆,1959,页135。另参亚当,《〈理想国〉疏证》,页78。

高耸的奥林波斯"(24.351),意即"苍天有眼"。

赫西俄德说神明为正义的人提供丰富的食物和羊群(《劳作与时日》232,另参227-231,235-237),而荷马对正义的褒扬则涉及政治哲学的根基(《奥德赛》19.109-113,王焕生译文):

> 无瑕的君王,敬畏神明,
> 高举正义,黝黑的土地为他奉献
> 小麦和大麦,树木垂挂累累硕果,
> 健壮的羊群不断繁衍,大海育鱼群。①

荷马的这几行诗常常被后人用作政治的神圣依据:君王的虔敬和正义必能得蒙上天垂眷,则四海升平,风调雨顺,"人民在他的治理下兴旺昌盛享安宁"(《奥德赛》19.114)。

阿德曼托斯还引入了末日审判来加强神义论,为《理想国》卷十的神话作好了铺垫。缪赛俄斯和他的儿子还为正义者提供更大的好处,那就是死后的幸福待遇:正义者在冥府中"斜倚长榻,头戴花冠,一觞一咏,以消永日"(363c,郭斌和、张竹明译文)。当然,正义者靠德性从神明那里得到的回报远远不是自己在阴间终日醉酒,而是子子孙孙绵延不绝。② 而不义者在冥府受的(唯一)处罚就

---

① 其中"高举正义"一语,王焕生译作"执法公允"。原文在第一行(19.109)之后还有一行"统治无法胜计的豪强勇敢的人们"(19.110)。

② 赫西俄德说,如果讲正义,宙斯就会给他幸福,后人便兴旺昌盛(《劳作与时日》280-285);圣经《创世记》9:1,9:7,尤其"耶和华的慈爱,归于敬畏他的人,从亘古到永远。他的公义,也归于子子孙孙"(《诗篇》103:17)。

是用竹篮打水（比较西绪福斯的苦役），生前要遭受坏名声的耻辱。总之，阿德曼托斯反过来把格劳孔归在正义者名下的那些坏东西给了不义者。

但阿德曼托斯在这里抬出的神义论不是没有问题，毕竟柏拉图要借他的叙述来批判现行的宗教，让我们明白世间不义的顽固性。人们追求正义不是为了正义本身，而是为了正义的后果，也就是所谓的好名声以及这种好名声所能够带来的权势婚姻等等。格劳孔认为真正的正义是"绝对命令"，无关乎后果，这种看法似乎太理论化了，正如施特劳斯所说："从阿德曼托斯的话可以清楚地知道，格劳孔认为正义必须为自身的利益才可取的这一观点，全然是一种新观点：正义的衰败其实如同人类一样古老。"① 因此格劳孔的正义学说，如同康德的道德哲学一样，由于脱离了技术和自然，注定要失败。②

正义应该有回报，但阿德曼托斯所说的也太不像样，很难与正义的品级相对应。所谓子孙繁盛，不过是普遍的套路，而"正义最好的回报就是永久的酩酊大醉"（363d1-2）则是十分低俗的冥府生活或未来理想，远非苏格拉底最后所讲的"美德的最大报酬和奖品"（608c1-2），同时也有悖于真正的正义教导，因为醉酒对最正义的城邦护卫者最不合适（398e6）。其实普通人也不能醉酒，一旦喝醉了就不知道身在何处（403e4，另参《法义》775b，815c）。醉酒就是放任自己的欲望，近似于民主社会过分追求"自由"的表现（562c8）。柏拉图在《法义》前两卷中，用了大量篇幅来探讨醉酒的害处，因而饮酒被柏拉图用作考验自制

---

① Leo Strauss, *The City and Man*, p. 89.
② 同上。

力和正义的方法：喝酒是一个政治哲学问题。①

此外，正义者死后同样也要下地狱——尽管在冥府的待遇比不义者好一些。这种观念显然还停留在颇为原始的阶段，与荷马史诗中所描写的景象没有实质区别：无论我们怎样想像正义者在冥府的所谓"幸福"生活，这种想像都无法不被冥府的阴森恐怖冲淡（参《奥德赛》卷 11）。但在苏格拉底后来的终末论神话中，正义者却能够进入天国（614c）。

凡夫俗子乃至于神明所生的英雄（不管他们多正义）绝少能够进入天界。这表明包括俄耳甫斯教在内的原始宗教的确还缺乏一些理性的支撑，而苏格拉底接下来对这些世俗宗教及其代言人的批判，就是要给神义论以真正合法的根基，从而建立一种新的（理性的）宗教，使之在政治领域里有更大和更实在的效用，更能够为政治提供神圣的保障。我们可以把苏格拉底后来建立的神学，看作真正有效的"政治神学"。

阿德曼托斯讲辞的第一部分扭转了格劳孔的看法，含蓄地批评了他毫无节制的"不义颂"，考察了人们赞颂正义的具体原因，并引入神义论予以更深刻的说明。但阿德曼托斯引入世俗宗教的神义论，其实是为了说明这种不稳靠的神义论并不能给世间带来真正的正义，不义才会如此猖獗。阿德曼托斯把不义彻底暴露在苏格拉底面前，好让苏格拉底对症下药。

---

① 参 Leo Strauss, *An Introduction to Political Philosophy*, p. 29。见《什么是政治哲学》，页 22。

第二节 正义的艰难（363e5–364b2）

神圣的正义因神明的"邪恶"而崩溃，因而刚才所引入的正义的神圣根基不过是阿德曼托斯彻底批判前的拔高，所谓"欲抑先扬"。阿德曼托斯考察了"私人"和"诗人"对正义的看法，在文体上考察了"散文"和"诗歌"，① 提出了两个方面的问题，一是正义即便来自神并受到神的呵护，却艰难而贫弱；二是可以贿赂神明以达到自己的目的。

人们都承认正义比不义更好，但不义者往往有钱有势、既富且贵，正义者则弱小贫穷，于是人们转而认为不义者更幸福。最重要的是，不义易得而正义难行：

> 节制和正义虽美好，但困难而艰辛；放纵和不义甜蜜而轻松，仅在意见和习俗中（被视为）可耻。（364a2–4）②

---

① 这里的"私人"（*idia*, 363e6），与360c8中的"私利"是一个词。在古希腊，诗人通常被视为专业教师，而他们的诗作也就是官方意识的表达，甚至是城邦宗教的"圣经"。而"私人"指362e5中的那些"父亲"，后来统称诗人之外用散文形式写作的人（历史学家希罗多德就是开先河者，类似所谓"诗亡而后《春秋》作"），而该词所代指的文体就往往被译作"散文"。可见散文即"私言"，在一个礼崩乐坏的转折时代，往往会出现私言杂陈、话语通胀的现象（参刘小枫，《现代性社会理论绪论》，上海：华东师范大学出版社，2018，页5）。从"经"下降到"子"，从"书"下降到"博客"，概莫能外。

② 这里并没有把正义说成"善"（agathon），而说成"美好"，细微差别，亦见真章。此处"习俗"原文即 nomos，布鲁姆译为 law，似不妥。康福德译作 convention，据改。

柏拉图这段话显然是在影射被视为城邦宗教"诗人"的赫西俄德，其兄不断地向他行不义，他便撰《劳作与时日》来劝诫家兄。这部诗的名称即表明，劳作是凡夫俗子的宿命，也是正义者的必由之路。正义险而远，不义平且近：

> 要想接连不断地陷在困败中
> 很容易，道路平坦，就在邻近。
> 要通向繁荣，永生神们却事先
> 设下汗水，道路漫长又险陡，
> 开途多艰难，但只要攀达顶峰，
> 无论困难重重，行路从此轻便。（行 287－292）①

色诺芬在《回忆苏格拉底》第二卷中几乎一字不差引用了赫西俄德的这段话，这在古希腊的交互文献史中可谓极其难得，因为那个时候的人大多凭记忆或自己的需要来引用，往往与原文相差甚远。色诺芬接着还讲了那个著名的"赫拉克勒斯两条道路"，进一步说明善恶的错位：能够让人过上最舒适最快乐最轻松日子的"卡吉娅"（Κακία），即"邪恶"女神，被称作"幸福"，她能够让人拥有巨大的"权力"（ἐξουσίαν），也就相当于那个魔戒给居吉斯带来的能够为所欲为的能力（由此不难看出居吉斯戒指的善恶性质）。

尊贵而高尚的"阿蕾特"（Ἀρετή）即"德行"女神，却如实把神明的规定告诉了刚刚成年的赫拉克勒斯："神明

---

① 吴雅凌撰，《劳作与时日笺释》，北京：华夏出版社，2015，页12。这里的"困败"，张竹明和蒋平译作"邪恶"。

赐予人的美好高贵事物（ἀγαθῶν καὶ καλῶν），并非无需劳作和操心。"（2.1.28）这时邪恶女神插话说：德行女神所指出的道路艰巨漫长，而她自己的路则是轻松的捷径。德行女神在反驳中强调正义的名声、神明的恩宠、朋友的爱戴、国人的器重等等，① 但对照柏拉图笔下阿德曼托斯彻底的"解构"，似乎也软弱无力。

诗人西蒙尼德斯模仿了赫西俄德的诗歌，认为"成善真真难，手足脑力艰"（柏拉图《普罗塔戈拉》339a），而七贤之一的皮塔科斯亦有箴言曰，"不管多聪明，成善难又难"（《普罗塔戈拉》339c）。照理说，正义既然美好，为什么还会如此困难且往往灾难深重？不义既然可耻，又为何那么幸福？可以说，这个问题一直困扰着那些呼吁正义的思想家，从赫西俄德的现象描述到康德的理论探讨，似乎都没有彻底解决这个问题——这本来是人类的本质所决定的，又怎么可能"最终解决"呢？当然，即便只能永远靠近，我们也不能停下追索的步伐。

在这个充满荆棘的追索道路中，我们以前遇到的不义胜正义等问题与接下来阿德曼托斯要讲述的"最让人吃惊的说法"相比，就不算什么大问题了。

第三节 神义的崩溃（364b2 –365a3）

神义论有三个层次的含义：（1）神明本身是正义的（他们洁身自好，不偷鸡摸狗）；（2）神明赏善罚恶，公正无私；（3）正义因来自神而是神圣的，即正义神授。一般

---

① 色诺芬，《回忆苏格拉底》，页47以下。另参刘小枫，《沉重的肉身》，北京：华夏出版社，2004，页74以下。

宗教理念都把第二点当作神义论的主干甚至全部，但在古希腊宗教中，人神关系过于密切，还需要另外两点来补充。

在阿德曼托斯的推导中，即便正义本身并不来自神——正义的来源和依据一直都是悬而未决的问题，但正义能够给人带来好处，足以让人满意，至少比格劳孔毫无遮掩地赞颂的不义更能够给人以信心。如果这种好处最终来自神，就更让人坚定而放心了。与格劳孔提到的"生成"相比，阿德曼托斯的"后果"更能够说明正义的"好"之本质，因为"生成"多属假说，不实在，反而对正义的"正"和"义"有害，而"后果"即便还不是最理想的状态，却以实实在在的"好处"来说明其"好"，至少说明正义可取。

如果格劳孔的自然状态和社会契约无法给正义以神圣的根基，那么阿德曼托斯的效用主义多少给神义论打开了方便之门。格劳孔把正义托付给法律，阿德曼托斯则寄希望于神明。但阿德曼托斯的神义论描述语焉不详、意犹未尽，我们不妨先帮他把神义论彻底建立起来，然后再"打碎"，就会看出它本身的问题以及"打倒偶像"（即今"解构"）对青年的害处（356a4 以下）。传统神义论的确有不足之处，但彻底摧毁生活所赖以维系的终极信仰所带来的问题远甚于传统神义论本身。

正义观念本身很古老，但赫西俄德之前的作品中似乎还没有我们今天的"正义"之说，宙斯、雅典娜、特弥斯以及比他们古老得多的看不见的命运女神，充当着或准确地说分担着正义的任务。Dike［正义］作为一种评价标准、社会生活的应然尺度以及政治法律所追求的目标，的确是很晚近的事情。荷马史诗中虽然出现了这个词，但更多是法律方面的公平审判之意，离该词最初"为人指路"的含义尚无多远。而且荷马史诗的诸神谱系中还没有"正义女神"。

在赫西俄德那里，dike 已经有正义的含义，也在神话中落了根。与荷马史诗——尤其《奥德赛》第一卷宙斯第一次发言（1.32-34），以及雅典娜自始至终维护正义，到最后拉埃尔特斯称颂神义（24.351）——相比，《神谱》中正义女神的地位并不能说明赫西俄德的神义论思想（《劳作与时日》倒有更多神义论色彩），但赫西俄德关于神法、神意、正义、秩序、和平的叙述本身就是古希腊样式的神义论。这与克莱芒（Clement of Alexandria）这位早期教父所理解的基督教神义论大不相同，但后者对希腊宗教的批判跟阿德曼托斯和苏格拉底的批判竟如此相似，无法不让人猜疑其间的脉络关系。

据赫西俄德《神谱》所载，宙斯在打败父祖辈的提坦神之后，论功行赏，分封职位完毕，便开始娶妻生子。宙斯一共娶了七个妻子，其先后顺序也颇有意思。宙斯最先娶了墨提斯（Metis，智慧），生智慧女神雅典娜（比较柏拉图四主德的顺序）；其次便是特弥斯（Themis，神法），然后是欧律诺墨（Eurynome，水草放牧，控制荒野）、德墨特尔（Demeter，农业）、谟涅摩绪涅（Mnemosyne，记忆）、勒托（Leto，生殖关爱下一代）、赫拉（Hera，宙斯的姐姐，胜利者家族，正宫娘娘，亦是权势的象征）。

特弥斯是非常古老的神明，甚至可能是地母盖娅的女儿，在荷马史诗和品达的颂诗中，常常充当宙斯的顾问，帮助天父管理一切。Themis 来自动词 tithemi（设立），即为万事万物设定规矩，是为"神法"。"神法"嫁给"统治者"后，生了时序三女神，即秩序女神（Eunomia，即"良法"或"善治"）、正义女神（Dike）以及和平女神（Eirene）：有了神法便有了秩序和正义，才会有"繁荣"的和平，她们都关怀着有死者的劳作（《神谱》903）。这就表明正义不仅与统治者相关（正义是宙斯的女儿），还与更为古老的神法相关。正义来自神，更来自（神）法：正义女神几乎等同于神法特弥斯。①

但这种传统"天"经地"义"的神义论就能够保证正义的崇高地位吗？古人不会问这种出格的问题，因为它渎神。而一旦时代精神已经衰败到把这个问题公开暴露在人们面前时，思想的危机就会挫败任何辩护，因为它徒劳。阿德曼托斯"先扬后抑"，首先有条件地承认了神义的存在，正义者会受到神明的奖赏而不义者要受到一定的惩罚，接下来他立即把这种本已十分脆弱的神义论引向了绝境：正义的艰难乃至更深的灾难也是神明赐给正义者的。

> 神们却给很多好人分发了不幸以及灾难的生活，给相反的人分发相反的命运。(364b3-5)

神明掌握着两种命运（《伊利亚特》24.524-532），却往往给错对象，这对正义和神义来说，的确是最可怕的"奇谈怪论"。这句话中的几个关键词彻底颠覆了此前人们一直深信不疑的神义论。复合词"不幸"（$\delta\upsilon\sigma\text{-}\tau\upsilon\chi\acute{\iota}\alpha\varsigma$）由 $\delta\upsilon\sigma\text{-}$（坏）和 $\tau\upsilon\chi\acute{\iota}\alpha\varsigma$（命运）构成，词干与本句最后一个词 $\mu o\tilde{\iota}\rho\alpha\nu$（份额、命运）意思相近，都由神明掌管和分发。"分发"（$\H{\epsilon}\nu\epsilon\iota\mu\alpha\nu$）的原形是 $\nu\acute{\epsilon}\mu\omega$，后演化成名词 nomos［法律］，即指根据善恶分发刑赏。② 神明掌管着偶然和命运，却有些"神而不明"，结果把坏东西分发给了好人，而把好

---

① M. L. West, *Hesiod: Theogony*, Oxford: Clarendon Press, 1966, p. 407.

② 参拙著《宫墙之门——柏拉图政治哲学发凡》，页 99。

东西分发给了坏人。神义论在"好—坏"的错位中荡然无存。

阿德曼托斯刚才所说的"正义艰难无益而不义轻松多利"表面看来只是一个简单的事实陈述,但他紧接着就谈到了神明的不明,显然就把前面的事实归结到神明头上了。阿德曼托斯暗指,神明是正义的艰难和不义的轻松之原因,① 既是正义的诸多好处的原因,也是正义的诸多坏处的原因。正义有害,这本身已经让人难以接受,正义的害处居然还来自神明,就更无法让人信服这种理论了。但神义论的问题还不止于此。

世间凡事都不轻松,正义之路艰难崎岖,尚在可以接受的范围内。正义的艰难困苦乃是拜神明所赐,也还不至于让人彻底绝望,比如我们可以把它看作是"天将降大任"前的历练,至少可以给阴间生活、来生命运、子孙后代积累一点福分(这正是宗教和迷信纠缠不清的地方)。但如果为凡人分发命运的神明居然会被凡夫俗子贿赂收买,那就完全把正义弃入虚无和绝望的深渊中了,因为神明掌管正义、赏善罚恶,是含辛茹苦甘受煎熬的好人最后的依靠,但神明们居然也会"腐败",天地之间便再也没有"司法公正"可言了。难道居吉斯戒指的故事告诉我们"权力必然带来不义"的道理,不仅仅对此时已孑然一身无依无助的凡夫俗子有效,连无比崇高伟大庄严善良且权力无边的神明都逃不脱这种"天地大法"?

于是,游方祭司、江湖术士以及其他能够通神的人士便云集于朱门望族,为后者排忧解难。有钱有势的人只要肯献祭,神明们就会赐给他们"权力"($\delta\acute{\upsilon}\nu\alpha\mu\iota\varsigma$, 364b7),

---

① 参 Leo Strauss, *The City and Man*, p. 90。

即居吉斯的戒指所拥有的那种"能力",这种能力当然可以转化为权力。从前面关于正义和不义的分析看来,这种有钱有势的人多半不义,因此,如果他们或者他们的祖先行了不义,便可以通过快乐和宴飨予以祛除;而如果他们还想毫不费力地消灭敌人,不管对手是正义者还是不义者,都可以通过符咒和餍魇之法消解!① 这帮通灵人士自称,他们可以贿赂神明为他们(权贵)服务(364c4-5)。

"贿赂"($πείϑοντές$)一词,多作"劝说"和"怂恿"解,大写即"诱惑女神"。② 很多译本都译成"劝说",语意不强,似不足以表达人神之间的这种肮脏交易之实质,故而采用了该词的另一个义项"贿赂",以符合此处语境。后来苏格拉底也引用了类似的诗句"礼物可赂神"($δῶρα ϑεούς πείϑει$,390e3),就是对此提出的严厉批判。而所谓"服务",本意是"(给神)当仆人"——在凡夫俗子贿赂下,人神关系完全颠倒过来了:神乃是人的仆人!③如此一来,还有什么神义论可言?④

这种神义论本已破碎不堪,他们居然还引用城邦宗教代言人的诗句来作例证!他们首先借用赫西俄德表明正义

---

① 餍魇之法中外皆有,所不同者,希腊人把咒语写在记事用的石板上,这种石板今日尚存。关于餍魇之法,另参《法义》933a。
② 王太庆译作"役使"。关于诱惑女神,参康福德,《神话与历史之间》,孙艳萍译,上海:上海三联书店,2006,第九章。
③ 荷马史诗《伊利亚特》(21.442-457)记载了神明为凡人打工的事情,虽与此处的"人之仆人"有所不同,亦颇为有趣。无比凶恶的天神居然会给凡人打工,遭到失信拒付后,也无可奈何。喜哉,亦惑哉。
④ 难怪苏格拉底在《游绪弗伦》中要把这种观念颠倒过来,即把对神的服务或侍奉,也就是"奴仆对主人的那种服侍",看作是对神的虔敬(13d)。

的艰难,① 接下来又说"那些人"以荷马为权威,说神明还会被凡人牵着走（παραγωγῆς, 364d4）,也就被引向错误:

> 神明自己也会为祈求打动。
> 用献祭与温和的许愿,
> 祭奠和牺牲的香气,人们可使之
> 回心转意,如果有人违法和犯错。(364d6 – e2)②

阿德曼托斯继续引用权威。俄耳甫斯教的"书"（βίβλων）中说,不仅个人,城邦也可以通过献祭和"游戏的快乐"（即举办祭神的赛会）来为那些仍然还存在的不义行为净罪,否则就要发生可怕的事情。

柏拉图刚才引用《伊利亚特》时省略了第二句"他们（按指神明）有的是更高的美德、荣誉和力量"（9.498）,符合这里的"渎神"语境,其实保留这句话更能够显示出强烈的反差和极大的讽刺意味。我们该如何理解柏拉图引用上的"失误"？乔伊特和坎贝尔认为是为了避免"无谓的重复"（tautology）。③ 在瓦伦看来,如果逐一（seriatim）核查柏拉图的引文,就会发现柏拉图几乎从来没有很准确

---

① 另参《法义》718e,《普罗塔戈拉》340d。在《圣经》中,耶和华也说:"我见过恶人大有势力,好像一根青翠树在本土生发。"（《诗篇》37:35）

② 典出《伊利亚特》,但与原文有出入。福尼克斯劝说因受辱而拒不出战的阿喀琉斯:"天上的神明也会变温和,他们有的是更高的美德、荣誉和力量。人们用献祭、可喜的许愿、奠酒、牺牲的香气向他们诚恳祈求,使他们息怒,人犯规犯罪就这样做。"（9.497 – 501,罗念生、王焕生译文）

③ 乔伊特和坎贝尔,《〈理想国〉注疏》,页71。

地引用过,"稍加变化,并非特例,而是规律"①。最离谱的就是《理想国》389e 中来自两本书中的两段话被柏拉图凑成了一段引文。柏拉图在 405e 引用时弄错了人名,但《伊翁》538b 的引用却又对了。这种随意引用在几乎所有古代作家那里都是通病,甚至包括《新约》对《旧约》的引用。

为什么会出现这种情况?瓦伦认为古人很可能凭记忆引用,在当时的条件下要他们去校对核实引文,技术上很困难,实践上也不可能。而且每种作品都有不同抄本,公私版本皆有,良莠不齐,再加之把荷马史诗"阿提卡化"(Atticize)亦是自然趋势,因此要绝对正确地引用可谓难于登天。而亚当的疏释则认为柏拉图拿到的荷马史诗版本就是如此的,比如这里跟原文不一样的"被祈求打动"一词只在这里出现过,即表明其真实性,② 也就是说,柏拉图忠实抄录和引用他所看到的荷马史诗。

上述解释都有一定的合理性,但即便凭记忆引用,其所犯的"错误"可能也不是没有用意的,而是柏拉图的"笔法"。柏拉图甚至可能"故意"误引用,这方面亚当有所感觉:"柏拉图为了自己的目的而编排这些诗行。"③ 这里的目的十分明显,就是故意暴露传统宗教的不足之处。对此,谁还会相信神明的存在?这种神义论最终走向了渎神论和无神论。后来苏格拉底把传统的神义论连根拔起,连同其代言人一起扔进批判的烈焰中重新熔炼,以资新的政治神学的降生。

---

① 瓦伦,《〈理想国〉字义》,页 201。
② 亚当,《〈理想国〉疏证》,页 82。
③ 同上。

第四节　败坏青年（365a4–367e5）

阿德曼托斯描述了神义的败坏，然后"语重心长"乃至"痛心疾首"地对苏格拉底说，"我们要想一想，这些东西让年轻人听到，会对他们的灵魂产生什么样的影响啊？"（365a6–7）这里所说的年轻人主要指那些"心性优良"（εὐφυεῖς）且在一切事情上都精明能干的人，他们像蜜蜂一样在智慧的花朵中采集花粉，以期能够酿成人生赖以维系的蜂蜜，解决两个大问题：应该成为什么样的人？怎样才能最好地走完人生的道路？（365a8–b1）这就是古典政治哲学最为关心的问题：成人和优良的生活。"成人"即paideia［教化］，该词来自pais［孩童］，表示从生物人转变为道德人、社会人和政治人（homo politicus）的过程。

阿德曼托斯所说的这种年轻人是城邦的骨干和希望，苏格拉底建立城邦时精心选择和教导的也是这种人——古典政治哲学特别看重人的"天性"或"心性"。但现有的神义论彻底败坏了年轻人的天性，他们面对如此残酷的人性论和如此让人绝望的神义论不得不问：该用正义还是用不义来筑起高墙（品达语），保护自己过完此生？《理想国》中的谈话者都是天资聪颖且好学深思的年轻人，他们强留苏格拉底并向他请教即为明证。阿德曼托斯替他们这代人"问天"，问"天赋异禀"（《申辩》31d）的先知苏格拉底：礼崩乐坏之际，年轻的灵魂该何去何从？

很不幸，年轻人已经被传统宗教败坏了。

首先，他们走向不义，并且出现人格分裂。正义者太吃亏太不幸了（361e），所以年轻人便"顺理成章"选择了不义，"顺"的便是传统宗教的"理"，"成"的是自己生活的华"章",也就是阿德曼托斯所说的"光辉的生活"(365b6),实则"不义而富且贵"(《论语·述而》)。年轻人的败坏还不止于此,他们看到正义的用处,便采纳了"聪明人"的建议,装出正义的样子来欺世盗名。年轻人表面上会给自己武装上德行的外衣,暗地里却在追随着最智慧的阿喀洛库斯聪明而难以捉摸的狐狸,耍弄狡猾的权术。正义和不义通吃的年轻人不再有纯良的天性,不可能成为表里如一的君子,只能是人格分裂的小人。

其次,他们效仿摇唇鼓舌和颠倒黑白的智术师,语言与暴力双管齐下,甚至开始组织秘密社团。他们深知要行不义而不被发现很不容易,说什么"没有任何一件伟大的事情是容易的"(365c7–d1),只不过他们所理解的"伟大"已不再指正义。"恶"变成了伟大,年轻人以"大恶"为己任。他们知道,要获得幸福就必须顺应传统神义论的"道理"(365d2)。于是,他们为了不让人发现自己行不义,开始建立秘密社团和地下组织(365d3)——这是当时雅典乱糟糟政治生活的真实写照。① 这种靠誓言而结成的秘密组织对任何社会都是政治毒瘤,难怪柏拉图在《法义》中要予以严厉的打击(856b 以下)。这些年轻人还追随那些提供智慧的"劝说术"教师,即智术师;当然,必要的时候,还会动用武力(361b)。年轻人阴阳两面,密谋乱世,威逼利诱,上下其手,为达目的,不择手段。

最后,他们滑向了无神论和渎神论。或问:万事难逃神明的掌控,难道多行不义就不怕神明的惩罚吗?毕竟"获罪于天,无所祷也"(《论语·八佾》)。年轻人答:

---

① 参《申辩》36b,《泰阿泰德》173d,修昔底德《伯罗奔半岛战争志》8.54 和 3.82。

(1) 如果没有神明,或者他们不关心人类,那为什么还要在乎神明?(2) 即便神明存在,也关心人类事务,但我们不过是从习俗①和为神明制作谱系的诗人那里才知道或听说过神明,且我们正是从那里得知,神明可以为牺牲、咒语、献祭等东西所打动(或贿赂)。年轻人如果不信神,当然可为所欲为;② 如果信神,也可大行不义,只需要从不义而来的收获中拿出一些来献祭即可。反正都无妨。

又问:你们如此不义和不虔敬,就不怕死后遭报应并且祸延子孙吗?这些精于算计($λογιζόμενος$)③ 的年轻人答:朋友啊,秘密仪式(另参365a)以及能够让人解脱罪名的神明强大得很呢!伟大的城邦和那些神明的后裔④——现在已变成诗人以及神明的代言人——就是这样说的,他们已揭示了这一点(尽管它可能是秘密)。有了神明这把保护伞,不义者还怕死后报应和子孙的日子不好过吗?

---

① 这里的 nomos 一词,在另外的版本中(比如肖里的旧 Loeb 丛书、法国布德本以及亚当的《〈理想国〉疏证》)作 logos,而琼斯(Ch. Emlyn – Jones)的新 Loeb 丛书则改为了 nomos。布鲁姆采用 nomoi,但译作了 laws,但他指出 nomos 另有宗教歌曲之意,可资参考。康福德译作 current tradition。

② 陀思妥耶夫斯基说:"没有灵魂不死,就没有美德,一切都是允许的。"(陀思妥耶夫斯基,《卡拉马佐夫兄弟》,耿济之译,北京:人民文学出版社,1981,页 112。根据张百春兄的建议而略有改动)人们由此引申为:没有上帝,人就可以为所欲为。

③ 海德格尔有诗曰:"算计的人越急,社会越无度。"(《海德格尔选集》,孙周兴译,上海:上海三联书店,1996,卷下,页 1264)

④ "伟大的城邦"指雅典,埃琉西斯(Eleusinian)神话已成为国家宗教的一部分。神明的后裔即影射上文说的"缪赛俄斯"和"俄耳甫斯",前者是月亮女神的后裔,后者是缪斯女神的后裔(364e3)。

柏拉图在《法义》中也提到了这三种"无神论":"首先是不信神;其次,神明即便存在也不关心人类;第三,神明很容易被献祭和祈祷摆平。"① 雅典异乡人的态度显然比苏格拉底严厉得多,被称为"神法"的整个《法义》第十卷就是在针对这三种不虔敬的罪行。如果说苏格拉底在《理想国》中仅仅从"理论"上反驳无神论,那么《法义》中的雅典异乡人就要在"实践"上下手了。苏格拉底在《理想国》中是城邦的"缔造者"(379a1),雅典异乡人则是已缔造好的城邦的"立法者"。

苏格拉底主要讲正义与美好生活的道理,因而只是从总体上驳斥无神论,不够细致和深入,而对这些问题的真正回答,是柏拉图若干年后借雅典异乡人之口完成的。也就是说,《法义》卷十886a – 907b 是对《理想国》365d – 366b 的回答:只讲道理还远远不算完,切实有效的措施才能最终解决问题。《法义》对这种无神论做到了"尽可能以一切方式予以拒绝"(905d5 – 6)。

这种"无神论"显然受到青年导师即智术师尤其普罗塔戈拉的影响,他说:"对于神,我既不知道其存在,也不知道其不存在。"② 这种怀疑论本身就是"无神论"的直接来源。而究其根本,无神论直接来自城邦宗教本身,这是何等触目惊心的精神溃败!又是何等深刻的讽刺!

对此,我们已不难窥得柏拉图的"别有用心":他是在为苏格拉底辩护。众所周知,苏格拉底被判死刑是"因为

---

① 885b,另参948c。这里所谓"摆平",希腊原文为$εὐ$-$παρα$-$μυθήτους$,可传神地译作"好说,好说"。林志猛译作"很好求情"。
② 见拉尔修,《名哲言行录》9.51,页917。另见《古希腊罗马哲学》,北京:生活·读书·新知三联书店,1957,页138。

他败坏青年，不信城邦所信的神，而是代之以信奉新的神灵"（《申辩》24b8 – c1），这两条罪名相互联系，苏格拉底通过"教他们不信城邦所信的神，而是信另外的新神灵"（26b4 – 5）来败坏青年。但柏拉图要反过来审问城邦：究竟是谁在败坏青年？

真正应该谴责并处以重刑的是那些不信神并且彻底败坏青年的"诗人、神明的代言人"，他们虽是神明的后裔，却是神明的不肖子孙，因为他们亲手杀死和埋葬了先神和先圣。① 误人子弟而自肥的智术师以及趋炎附势的游方祭司和无耻术士，也是败坏青年的罪魁祸首。为诗人、智术师、祭司等人撑腰的正是传统宗教，因此城邦宗教才是思想败坏的渊薮。柏拉图在这里不仅为其师辩护，认为苏格拉底无罪，还把祸水引向了判苏格拉底死刑的那个共同体：真正有罪的，乃是城邦；引入新神（如本迪斯）的，也是城邦。

可见传统宗教实在无法承担起为日常生活提供超越性依据的重任，正如最后阿德曼托斯在总结格劳孔和忒拉绪马科斯的立场时所指出的那样（366b 以下），当不义有利而正义却蒙难的时候，谁还会选择正义？怎样才能让一个在灵魂、金钱、身体和家族方面都有力量的人，自愿尊奉正义而不是在听到有人赞美正义时予以嘲笑？自古及今，又有谁在名声、荣誉和好处之外真正赞美过正义？又有谁用诗歌或散文充分证明过不义为万恶之首而正义即万善之

---

① 尼采明确地说：是我们杀死了上帝。教堂就是上帝的陵寝和墓碑，上帝之死的罪魁祸首就是教会（《快乐的科学》，页 209 – 210）。当然，尼采虽自诩"敌基督者"，却并不是杀死上帝的帮凶，他只是在描述欧洲基督教文明的堕落现实（《快乐的科学》，页 323 – 324）。

源？（366d7 - e9）

柏拉图借年轻人阿德曼托斯反诉城邦有罪：如果城邦（包括诗人、政客、智术师）从一开始就以正道来劝说我们，我们从青年时期起就不会相互提防以怕不义之事，相反每一个人都会是自己最好的守护者，① 会害怕作了不义之后背负上罪大恶极的孽债（367a1 - 4）。迷惘无助的阿德曼托斯请求苏格拉底：你不是终生都在考虑这些问题吗？给我们说说吧。但不要仅仅跟我们说那些大而无当的道理，什么不义比正义更强之类的空而又空的教义，请告诉我们，正义和不义究竟是什么？（367e1 - 5，另参 b2 - 5）救救我们，救救年轻人吧。

年轻的阿德曼托斯亦知，人们在智术师的"启蒙"之下开始了渎神的狂欢，价值颠覆，道德沦丧，人们不再相信神明，结果"在其中命定要发生的事情是：超感性世界——即观念、上帝、道德法则、理性权威、进步、最大多数人的幸福、文化、文明等——必然丧失其构造力量并且成为虚无的"②。相对主义、无神论、怀疑论和虚无主义以及其他如享乐主义等等，已控制了精神世界，政治动荡，思想混乱，革命频仍，这一切似乎都跟智术师运动相关，而传统宗教似乎也不能适应新形势，受到了人们的普遍怀疑。究竟谁败坏青年，此时已真相大白。

柏拉图在《理想国》中不仅控告诗人、智术师和政客，也把城邦及其宗教一起拖上了被告席：这不仅是诗与哲学

---

① 参下文所谓城邦的"守护者"。如果城邦教育得当，年轻人就会自律。

② 海德格尔，《林中路》，孙周兴译，北京：商务印书馆，2015，页253。另见《海德格尔选集》，页775 - 776。

之争，不仅是哲人与城邦的冲突，也是旧传统与新思想的较量，更是理性法则与生活宗教的角力。可以说，《理想国》堪称古往今来最大的一份诉状，它甚至大到几可"变天"的程度。《理想国》才是真正的"苏格拉底的申辩"，比《申辩》中的无罪辩护完整、细致、深刻得多。

《苏格拉底的申辩》中苏格拉底的自辩其实不充分，甚至是在"诡辩"：他把不信城邦所信的神归结为"不信神"，又故意混淆"神"（theos）和"神灵"或"精灵"（daimonia），偷换概念，把自己信神灵说成自己信神，并以此反驳对方认为他不信城邦所信的神这一指控。苏格拉底似乎不得不如此，他不能对城邦说：你们信的神其实是渎神的神——苏格拉底知道，在场的几千普通人无法接受这个论断，哲人不能抽掉普通人的生活信念，于是苏格拉底选择了死亡——难道他是为了维护老百姓的正常生活，因为"秩序井然的政治制度无需哲学"？（《理想国》619c6-d1）但让人不解的是，苏格拉底这种新宗教无疑也是一种革命，莫非苏格拉底也被革命的热浪冲昏了头？革命的逻辑就是启蒙逻辑，反之亦然。他最后选择留在雅典，坦然接受雅典的判决，是不是觉得自己真的"罪有应得"？

苏格拉底所说的"神灵"，就是阿那克萨哥拉所说的"努斯"（nous），即"理性"。因此城邦控告苏格拉底不信城邦的神，并且引入新神，可谓"证据确凿，罪名成立"，不容反驳。苏格拉底自己也说从小就有一种神灵发出声音，守护着自己，警告自己不要去做那些不好的事情（《申辩》31c3-32a3）。苏格拉底引入的这种"神灵"的确是一种新神，即理性神，它与城邦所信的那种奸淫偷盗、受贿腐败、败坏青年的神明，有天壤之别。

苏格拉底为一种新的理性宗教而献身，他就是这种宗教的先知——只不过这种宗教还没有来得及建立和流传就因政局动荡而暂时搁置了，它仅存于柏拉图的著作中，后来亚里士多德对它作了更理性化的处理。再到后来，苏格拉底所开创的这种宗教理性化趋势最终在早期教父和新柏拉图主义那里扎了根。时至今日，这种理性化是福是祸，还需要进一步考察，不过那已经超出我们的主题和能力了。

其实，对于阿德曼托斯的指控，辩方也并非无话可说。比如，在传统宗教中，祭祀不是万能的，神明也不是随便可以收买的。在《伊利亚特》中，对神明的祭祀有时也不起作用，因为天地之间还有比神明更伟大的力量，那就是命运。比如"宙斯却不满足他们的心愿，他接受焚献的祭品，却增加他们的辛苦"（2.419-420）。特洛亚主帅赫克托尔专程从城外战场上赶回来要母亲给雅典娜献祭，最后也没有能够挽回特洛亚的覆灭。如果命该如此，即便凡人虔心献祭，神明也不会接受，但要命的是，凡人无法知道神明是接受还是拒绝。

此外，神明在荷马史诗中也并非万能，因为宇宙中还有比神明更强大的力量，那就是命运。就连凡人都隐隐约约知道，神明之外的命运可能才是终极的原因，帕特罗克洛斯说，"是残酷的命运和勒托之子（即阿波罗）杀害了我"（16.848）。人在生下来时，命运女神就在为他搓线（24.209-10，另参20.128）。但荷马史诗没有交代命运女神如何给一个人纺织生命线和运气线，就其所宣扬的道德伦理和万物法则来看，命运女神大概会根据其先祖的功业和罪孽来初步定调，然后还会根据此人自身的善恶表现来决定。总之，人的生死祸福都掌握在命运女神手中，奥林波斯山上的神明也奈何不得。命运遥不可及而且晦暗不明、捉摸不定，凡人既无法跟踪，更无从"贿赂"。至于宙斯等神明，他们所能起到的作用实在有限，而他们遭受凡人的咒骂的确有些冤枉：他们一方面代命运女神背黑锅，另一方替凡夫俗子受过。

凡夫俗子总是看不到自己的不义和僭越，一旦出事又不能自省，反而把过错统统推到神明头上。这种看法在荷马史诗的神义论中就已经出现了。宙斯在《奥德赛》中最先开口说话，一上来就莫名其妙大倒苦水："可悲啊，凡人总是归咎于我们天神，说什么灾祸由我们遭送，其实是他们因自己丧失理智，超越命限遭不幸。"（《奥德赛》1.32-34，王焕生译文）这段突兀的辩白不知从何谈起，也许宙斯是在回应《伊利亚特》中阿伽门农的指控，后者把自己的错误推到神明头上（19.87-96）。《奥德赛》批判了这种推卸责任的做法，维护了神义论的纯洁性，在这一点上已十分接近苏格拉底的观点（参619b7-c6）。

其实希腊思想的理性化趋势早已开始，在传统宗教内部也已可见理性化的端倪。奥林波斯第二代天神与在凡间四处留情的宙斯颇为不同，他们很少强抢民女，也很少像第一代天神那样为非作歹，比如阿波罗看上了特洛亚的公主卡姗德拉，被后者戏弄后也没有使用暴力，只是吻别了卡姗德拉，让她从阿波罗那里学来的预言能力不再为人所信而已。雅典娜和阿尔特弥斯等神明似乎已经开始戒除情欲，走向清净之境，更接近理性神了——雅典娜在《奥德赛》中全程安排奥德修斯的正义归返，就是要建立一种新的宗教。① 苏格拉底-柏拉图要建立的，显然也是一种类似的新宗教——也许苏格拉底死得并不冤。

---

① 参伯纳德特，《弓弦与竖琴》，页17。

第七章 言辞中的城邦（367e6 – 373d3）

阿德曼托斯声情并茂发表长篇大论，中途没人打岔，这在《理想国》中并不多见，可见在场的十来名青年才俊和苏格拉底都被阿德曼托斯的话深深吸引住了。正义就算有好处，就算来自神明，又能怎样？青年们照样败坏了，纲纪还是崩乱了，"一切固定的东西都烟消云散，一切神圣的东西都被亵渎了"①。人们再也无法冷静地看待自己的生活地位，尤其是像阿德曼托斯那样的天性纯良的年轻人，更不知应该何去何从。

苏格拉底静静地听完，必定思绪万千、感慨良多，不知如何是好，感觉无路可走（ἀπορῶ, 368b3），可能多少有些伤世感怀：他一向欣赏阿德曼托斯和格劳孔的天性（357e6 – 7），但他们现在却说出这般决绝的话来，尽管他们一再声明自己只不过是在说反话（358d，367a），为苏格拉底寻求正义充当"污点证人"。不过他们说得如此真切，就连苏格拉底也差一点认为那些话就是他们的真实想法（368b1 – 3），因为苏格拉底暗中把他们戏称为智术师的传人。

苏格拉底说自己"很高兴"（368a1），但实情也许并非如此，因为格劳孔和阿德曼托斯所说的"反话"对苏格

---

① 参《马克思恩格斯选集》，北京：人民出版社，1972，卷一，页254。

拉底来说绝非一种"享受"①。如果苏格拉底有所欣慰,亦无非是满意于他们把不义彻底暴露出来,让他更清楚地知道此时所面临的局面并非坏事。于是他先是语带双关地赞美了他们一通,再谦虚了两句,然后便开始着手教育他们。

苏格拉底把阿德曼托斯两兄弟称作"那人之子",这里的"那人"不知所云,颇为突兀。紧接着苏格拉底又引用了格劳孔的情伴($\dot{\varepsilon}\rho\alpha\sigma\tau\dot{\eta}\varsigma$)的诗歌来赞颂兄弟俩:"阿里斯通之子嗣兮,名人之神圣苗裔。"(368a4)② 阿里斯通是这兄弟俩的父亲,但苏格拉底在这里显然是在玩文字游戏。联系到刚才的"那人",就不难明白苏格拉底如何评价兄弟俩的"高论"。

据古典学家考证,这里的场景和用语与《斐勒布》极为相似。当时斐勒布退出了讨论,而接替他说话的普罗塔库斯就被戏称为斐勒布的"儿子"。③ 从戏剧结构上看,格劳孔和阿德曼托斯接着忒拉绪马科斯往下讲,所讲的内容也完全一致,至少表面上在为他辩护。④ 柏拉图正是利用这种关系和形象把整篇对话联系了起来:珀勒马科斯是克法洛斯的儿子(331e),而格劳孔和阿德曼托斯也就是忒拉

---

① 苏格拉底所说的"很高兴"一词,原形为$\dot{\eta}\delta o\mu\alpha\iota$,就是后世"享乐主义"的来源,故此双关理解。

② "情伴",指同性恋伴侣(参刘小枫译《会饮》,北京:华夏出版社,2003)。施莱尔马赫猜测这个情伴很可能就是苏格拉底的另一个弟子克里提阿斯(见瓦伦,《〈理想国〉字义》,页207)。古希腊流行同性恋,本不足为奇,但柏拉图这里故意借这个与 eros(情欲)同根的词来说格劳孔,亦隐射其本性,为下文格劳孔因欲望膨胀而主张"发烧的城邦"埋下伏笔。欲望总会让人发烧。

③ 亚当《〈理想国〉疏证》注。见《斐勒布》36d。另参 11a-c, 12a, 16b, 19a,亦比较 15c 和 28b。

④ 见 357a,358b,比较 367a 和 367c。

绪马科斯精神上的"儿子"了。

"阿里斯通"在希腊语中指"最好",后来苏格拉底再次友善地、半戏谑地用了这个双关语:至善之子认定至善和正义的人乃是幸福的(580b9)。① 这里的"阿里斯通"也讽指忒拉绪马科斯这位"最好"的诡辩家,他与真正的阿里斯通相比,当然更是名人:智术师看重名誉胜过真理(自然不惜颠倒黑白)。苏格拉底马上称赞他们"如有神助"(368a5),有着神圣的本性,这与所谓"神圣苗裔"一样,乃是客气的夸赞。但我们把它与刚才苏格拉底自述颇为欣赏两人的"天性"联系起来看,就能够感觉到其间的巨大落差。正如阿德曼托斯自己所说,只有两种人能够自觉自愿行正义,一是有着神圣天性而不能忍受行不义的人(366c7),二是已获得知识能远离不义的人。苏格拉底这里的客套话亦半真半假,暗指格劳孔和阿德曼托斯本性善良,可以自觉行正义,但不幸的是,如此优良的天性已然被智术师们败坏殆尽,让苏格拉底感到颇为棘手。

苏格拉底一方面"自认为"已经无能为力,因为此前在与忒拉绪马科斯的对话中虽已证明正义比不义好,但大家并不接受。另一方面,苏格拉底也有所畏惧:正义遭到恶意中伤直至放弃时,他自己尚能呼吸和言语,但却不能有所助益,的确"不合天理"($οὐδ'ὅσιον$,368b8,或作"不虔敬")。他的良心和责任感让他不知道如何拒绝或逃避而不去帮助他们(368b7),虽然他既不知道如何帮助,也不知道如何"不"帮助。

---

① 柏拉图好以人名开玩笑,也是以语带双关说事,近人有辑录。但乔伊特和坎贝尔似乎没有看出这层双关的含义。另参亚当,《〈理想国〉疏证》,页90。

苏格拉底处于"无能为力"而又"不得不然"这两重困境中，最后还是选择了"知其不可而为之"。这是"天命"或"天理"（ὅσιον）的召唤，于是苏格拉底一反常态，不经意暴露了他带格劳孔等年轻人来佩莱坞的目的——苏格拉底的神灵（daimon）并没有阻止他帮助年轻人，他虽然感到无能为力，但作为年轻人的教育者（而非败坏者），也作为言辞城邦的"哲人王"，当然就是年轻人的精神导师，因此绝不能袖手旁观。

于是他抛弃了此前种种"被迫"的假象，毅然站出来"死守善道"。若立于天地之间，口尚能呼吸，舌尚能言辩，却不能"铁肩担道义"，主动捍卫正义，便为不"虔敬"。苏格拉底一开始就在"逃避"，而且一直到后来都还想离开，但现在却如此义无反顾，似乎不仅仅是为了洗刷自己"败坏青年"和"不虔敬"（即不信城邦所信的神）的罪名。柏拉图再次让苏格拉底既用行动也用语言为自己辩护，在环环相扣的情节中无可置疑地证明了苏格拉底的良善与伟大。

面对时代精神的严重危机，苏格拉底身不由己，个人名节倒在其次，挽救颓亡责无旁贷。那些急需指点的年轻人多次表达了自己的迷惘：格劳孔伙同其他人再三恳求苏格拉底无论如何不要撒手不管，① 要有所助益，不要放弃讨论（logos），要"仔细研究"正义和不义之所是（τί ἐστιν），以及两者的好处（368c4 – 7）。苏格拉底似乎"被逼无奈"、更似"当仁不让"地走上时代精神的大讲堂，缓缓说出了自己的看法。而讨论"什么是……"（τί ἐστιν）一类问题，正是苏格拉底的特长和职责所在。

---

① 前两次分别见 328b 和 357a。

第一节　城邦与个人（368c7–369a4）

苏格拉底"固辞不获",自谦无能,但还是说了很多——这既是苏格拉底一贯的"装样子"风格使然,也是因为兹事体大,不得不然。他碰到的问题,"绝非琐屑易与"（368c8）,也"并非微不足道的事业"（369b3）,当然需要勇气和智慧。

也许是受到了格劳孔的启发,苏格拉底为了完成自己的任务,即回答阿德曼托斯和格劳孔代表年轻一代所提出的问题——"什么是正义"以及正义的好处,便提出了一个新的方法：一个人视力不好,不能看到远处的小字,但如果他先去看别处写得更大的同样的字之后,再来看这些小字,也许就会更清楚。苏格拉底假定说,如果机缘巧合或"赫尔墨斯神送来好运气的话"（ἕρμαιον, 368d6）,① 就会发现大字和小字是一样的。

阿德曼托斯对此有些迷惑：这与正义的研究有关系吗？19 世纪以来很多研究者也有这种疑惑。苏格拉底便进一步问：我们说一个人身上有正义,那么整个城邦也有正义啦？阿德曼托斯不假思索地做了肯定的回答。对此我们不必大惊小怪,这与其说是他缺乏头脑（ἄφρονάς,这正是年轻人的特点,见 378a3）,不如说是语境使然。正义是生活看不见的潜在基础,这说明正义还在默默地支撑着生活的大厦,正义本身是不证自明的原理。但时过境迁,正义成了问题,

---

① 该词来自"赫尔墨斯",意思指神使赫尔墨斯送来的运气。布鲁姆译作 godsend,瓦伦《〈理想国〉字义》释作 a great piece of luck,因为赫尔墨斯就是"发现之神"（a God of finding）。

而且愈发尖锐:辩护和捍卫正义就已经折射出时代精神的巨大危机。如果"硬核"(借用科学哲学术语)受到威胁,那么整个传统范式就岌岌可危了。

苏格拉底以城邦比个人更大为由来说明:也许正义在大的东西中更多,而且更容易"细查探明"。于是,他打算先研究正义在城邦中是什么样子,然后再思考正义在个体中的表现,看看大的东西和小的东西在"形相"(idéa,369a3)上是不是相似。但后人却不认同苏格拉底的这种方法,因为城邦虽然比个人更大,却不是一回事,至少不同质,不可混为一谈。至于"正义在大东西(即城邦)中更多"之类的说法,在现代人看来,似乎也经不起推敲。个人与国家的关系在漫长思想史中一直都没有成为问题——在柏拉图时代也很难说就是真正的问题,成为问题乃是在"个人"和"自由"崛起之后的事情。

格罗特(George Grote,1794—1871)批评柏拉图把"庞然大物利维坦"仅仅看作是扩大了的个体(the individual man "writ large"),① 也就是把个人与国家简单等同起来了。其他学者亦"惊讶"于柏拉图甚至没有考虑到"正义"在城邦和个人那里的含义其实完全不同。② 个人有喜怒哀乐之类的七情六欲,但国家似乎不能如此简单比附,因而苏格拉底的策略不能成立。但仔细研究,却并不尽然。③

对此,罗森从语文学方面为柏拉图-苏格拉底辩护。

---

① George Grote, *Plato and Other Companions of Sokrates*, London: John Murray, 1888, p. 96.

② Julia Annas, *An Introduction to Plato's Republic*, pp. 72 – 73.

③ Seth Benardete, *Socrates' Second Sailing*, pp. 45ff.

他注意到，苏格拉底并未毫不含糊地认定城邦就是放大了的灵魂，因为苏格拉底一开始就谨慎又有所保留地说"也许"（pou）大字与小字一样，接下来也只是期望它们"碰巧"一样（368d5-7）。罗森特别指出：苏格拉底仅仅是在探讨大东西和小东西在"形相"上的"相似"，"相似"不是"相同"。① 个人与城邦在"形相"上的确有很多相似的地方，即便这些相似性未必能够保证正义，但个人与城邦之间的平行关系却是显而易见的"表象"。

柏拉图在《理想国》中亦充分证明了两者的对应或平行关系：城邦和个人（或灵魂）都由更为细小的部分构成，都可以分为三个部分。城邦由统治者、士兵或辅助者以及包括农民和手工业者的第三等级构成；与此对应，个体的灵魂由理性、血气（主管愤怒、义愤、勇敢等方面）和欲望构成。正义就是指各个部分完成自己的天性所适合的任务，各个部分或阶级各司其职、各安其位、各行其是、各尽其能。

在城邦中，统治者统治，辅助者辅助，生产者生产；在灵魂中，理性统治，辅以血气，与那些不符合理性的东西勇敢战斗，而欲望在理性的统治下有节制地得到满足。正如怀特所指出的，这种简短的概括虽不能尽其要旨，但对于理解城邦与个人灵魂之间的平行关系来说足够了。②

施特劳斯则从另一个角度阐释了苏格拉底所面临的问题以及为了解决这个问题而作出的推论。要理解苏格拉底的论证步骤，我们必须再次回到第一卷的结论上去。在第

---

① Stanley Rosen, *Plato's Republic: A Study*, pp. 70-71.
② Nicholas P. White, *A Companion to Plato's Republic*, Indianapolis: Hackett Publishing Company, 1979, p. 14.

一卷中，正义看上去就是为每一个人分发有利于其灵魂的技艺，就是领悟和获得公共的善（common good）的技艺。而这种正义在任何城邦里都找不到，因此就有必要建立一个城邦，好让这种正义能够得以践行。但问题是有利于每个人灵魂的东西是否等于公共的善，个人的利益与城邦的利益是否一致。这个问题其实不难解决，如果公共的善与个人的私利完全等同，或者这两者之间并不存在实质性的差异，仅是数量上的区别，城邦与个人之间是严格平行的，那么个人与城邦的关系就理顺了。① 从其目的来看，苏格拉底似乎不得不作出这样的假定，这富于启发，也成效卓著。

如果说苏格拉底的目的论论证还不足以让人信服，那么亚当从方法论的角度为苏格拉底-柏拉图辩护以反对格罗特等人的指控，则不仅仅出于"同情的理解"。亚当疏解道，城邦中的正义事实上不过是一种手段，以解释个体中的正义，后者才是真正的正义（443b 以下），才是社会最根本的目标，城邦的正义不过是到达该目标的桥梁。这两者的关系就是"范式"与它所要解释的对象之间的关系，与《治邦者》（278c）近似。②

苏格拉底本人也只是把自己被后人严厉批评的所谓"理想国"视为天上的"范式"而已（592b2），但后人却当成了现实对象，再予以无限放大和刻意扭曲，最终无情唾弃，还把很多历史灾难归咎于这种子虚乌有的"理想

---

① Leo Strauss, *The City and Man*, p. 91.
② 乔伊特和坎贝尔认为《治邦者》此处的方法与《理想国》中苏格拉底所使用的"由大见小"方法刚好相反，《治邦者》的论证是从简单到复杂（《〈理想国〉注疏》，页79）。而亚里士多德的《政治学》从个人到家庭再到城邦的论证秩序也是"从小到大"。

国"。亚当还从历史实践上为柏拉图辩护：柏拉图虽遭严厉的批评，但他着意于个人与城邦的关系是为了要粘牢（cement）公民与城邦的统一体，因为这种统一体在柏拉图时代正在迅速崩解。① 可惜柏拉图仍然未能挽狂澜扶倾厦，不过，这本不是哲学家而是政治家的任务。

无论如何，城邦与个人的平行对应乃是整个《理想国》的大前提和基础。苏格拉底后来一直都在围绕这种平行对应的关系来探讨问题，并且在第四卷中再次重申了这种方法，更加明确了他讨论城邦正义的目的：如果能够看清楚大东西中的正义，就更"容易"看到正义在个人身上的样子。苏格拉底打算拿大东西中得到的正义来看小东西中的正义，如果这两者相一致就太好了（434d – 435a）。苏格拉底在第八卷讨论城邦的败坏时，再次运用了同样的方法，还证明了城邦和个人的相似性可在"统治者"身上融为一体：统治者既是个人，又代表城邦。苏格拉底最后如愿以偿，把城邦中的正义顺利运用到个人身上，得出了正义比不义更为可取这一结论，完成了任务。

第二节 城邦的形成（369a5 – c11）

苏格拉底转到城邦这个"大东西"后，第一句话就说："如果我们在言辞中观察城邦的诞生，那么我们就会看到它的正义的生成，以及它的不义［的生成］。"（369a5 – 7）苏格拉底效仿格劳孔，打算从"生成"来看正义。与格劳孔在"思想中"（$\delta\iota\alpha\nu o i\alpha$，359c1）解构正义的试验不同，苏格拉底在"言辞中"（$\lambda\acute{o}\gamma\omega$）观察

---

① 亚当，《〈理想国〉疏证》，页92。

正义的本质，也在"言辞"中建立城邦（369c9），最后连莽撞不羁、多欲少思的格劳孔都明白了苏格拉底所设计的城邦"存在于言辞中，而不存在于地上任何地方"（592a11 – b1）。

生成（becoming）和本质（being）之间有着深刻的关联，但毕竟不是一回事。柏拉图通常只会让苏格拉底直接追问"什么是"（what is），不会绕圈子通过某物的"生成"来看它的"本质"。凡生成者必有毁灭时，这种可变的东西并非哲学家关注的对象。从毕达哥拉斯以来，哲人们就一直在寻找永恒和不变的存在。柏拉图的"理念"与必然生成和坏灭的具体事物相区别，永恒不变，却是可变世界的基础。哲学家苏格拉底在这里居然采用了有勇无谋的年轻人的方法，试图从变动不居的生成之中来寻求永恒不变的正义的"理念"或"形相"，看上去有些奇怪，却也不难理解：苏格拉底打算从格劳孔的立场出发，带领年轻人前进，而不是从高不可攀的形上命题开始构建自己的理论。正如胡塞尔对新康德主义所批判的那样，"马堡学派一开始就建造屋顶，他本人则从打地基做起"[1]。

苏格拉底在这里的短短一席话发生了两次转折，第一次把正义本质的探讨转向城邦与个人平行关系的探讨，第二次把城邦中的正义的探讨转向城邦的生成与正义的生成的研究。在第二次转折中，他预想"大概"可以通过观察城邦的生成来探索正义和不义的生成，并由此而寄"希望"能够更轻松地达到研究的目的，即理解正义的本质（369a5

---

[1] 施特劳斯，《苏格拉底问题与现代性》，刘小枫编，刘振、彭磊等译，北京：华夏出版社，2016，页493。

-b1)。罗森发现，苏格拉底在这里也预设了正义的存在，因为我们不可能在不知道正义本质的情况下建立城邦，建立城邦必然要以正义为准绳，所以城邦中必然包含正义。这就意味着我们其实不需要再去界定正义，它业已存在，且已为建国者所知晓。①

苏格拉底转而讨论城邦形成时首先遇到的基本问题，即城邦形成的原因：人们为什么会聚集起来形成一个社会共同体？那是因为：

> 我们每个人都不能自足，而是需要很多东西。（369b6-7）

"自足"（αὐτ-άρχης）字面意思即"自律"，指自我管理。每个人的能力总归有限，单靠自己无法生存，需要从别人那里获得很多东西，于是人们就聚集起来，相伴相助，这种"共同生活的团体"就叫做城邦。在这个大家庭中，每个人都分一份给其他人，也会从别人那里取一份来满足自己的需要，"这样更好"（369c6-7），比各自为战而均不能自保更好。于是，城邦形成了。

这好像是城邦起源的历史性阐释。在《普罗塔戈拉》中，柏拉图也讲述了自然状态和城邦形成的原因与过程，人们起初分散而居，因个人力量弱小而不能抵挡野兽的侵袭。人们即便联合起来，也因缺乏政治技艺而互相拆台互相伤害，结果还是分散居住，对外无法抵挡野兽，对内无法禁止自相残杀，导致人口急剧下降。宙斯深恐人类由此灭绝，便派赫尔墨斯把正义和羞耻之心赐给人类，城邦便

---

① Stanley Rosen, *Plato's Republic: A Study*, p.71.

有了秩序，人们就在友谊的纽带中联合起来了（322b-c）。

《理想国》谈到了人的有限性，但没有谈到野兽和神明。《治邦者》虽然谈到了神明，但神明并没有直接给人类送来"城邦的技艺"即"政治学"，反而对人间沉沦撒手不管，甚至任由宇宙反转。人类以前生活在"黄金时代"，但宇宙的反转让人类陷入极大的困境中，在食物上不能自足，也不知道如何保护自己。幸好在人类面临灭绝时，神明站出来"掌舵"，并把火、技艺、教化作为礼物送给人类。但人类却必须学会自己照顾自己，也就是自己通过回忆黄金时代的社会管理机制，模仿神明的天道，创造城邦（274b）。

在《法义》中，人类经历"灭世洪水"后慢慢学会了自理。人们虽然分散居住，却以家庭为单位——这本身就已是政治的雏形：年长者根据自己从父母那里继承而来的权力进行统治和管理，然后家庭与家庭之间开始联合，逐渐扩张，终有城邦（676a 以下）。《法义》显然更看重人的社会本能。[①]

在这四部著作中，《普罗塔戈拉》和《治邦者》更为接近，都用神话来阐释城邦的起源：神明为人们的"劫后余生"起到了关键作用，赐给人们各种求生的本领，其中当然也包括能够让人们团结联合共同生活的政治技艺。《法义》更像"历史"描述，尽管它的"大洪水"之说亦有宗教的意蕴。

《理想国》的描述乍一看是多种版本的混合：有些是从后来文明时期才有的产业基础的分析，有些（372b-d）——比如第一城邦中的美好景象——则是半神话的和田园诗般的想像。但究其根本，它的主导思路不是历史性的

---

① 亚当，《〈理想国〉疏证》，页93。

或传说中的，而是观念上的——只需要看看接下来设计城邦时所使用的"应该"（369e，370d2等）一词，就会清楚地知道，苏格拉底不是在历史中，而是在逻辑上设计城邦。因此第一城邦不是独立的政治形式，而是更高级城邦的基础。柏拉图甚至不是在描述具体的城邦，而是为所有城邦的生成（genesis）寻找一般法则。①

此后所设计的所谓"理想国"是言辞中的设计或观念上的想像，本质上也是"逻辑"上的构建——谁又会把逻辑上的事情当成真实的甚至是现实中的东西呢？而后世把《理想国》归为"理想国"这种"乌托邦"之谬，正是把逻辑混同为现实，它与现实本来就没有多大关系，哪里谈得上什么"乌托邦"？

城邦的产生不是源于神明的恩赐，而是出于个体的需要。苏格拉底在城邦形成的逻辑假说中最后总结道："看来，我们的需要会创造出它（城邦）。"（369c10）这是前面"人不能自足，而是需要很多"这一基本命题的结论，不像格劳孔那样认为只有弱者——也就是只能被动接受不义之害而不能享受不义之利的弱者——才不能自足。在苏格拉底这里，人与人之间还没有出现强弱之分，所有人都不能自足因而"需要"他人他物。② 这似乎是最合逻辑的起点，尽管看起来不那么高蹈和神妙。

苏格拉底的出发点与格劳孔完全一致，也暗中提出了一种"自然状态"说，但结论却迥然不同。那么，苏格拉底和格劳孔是在哪里开始分道扬镳？苏格拉底又如何从"自私"中推导出"正义"来？

---

① 亚当，《〈理想国〉疏证》，页93-94。
② Seth Benardete, *Socrates' Second Sailing*, p. 47.

亚里士多德政治学的出发点是人天生的社会性，但苏格拉底的出发点却是人的有限性。人是不完善的，需要借助其他很多东西来使自己完善：城邦的建立可以让自己在力量上更完善，至少足以保命。城邦建立起来之后，还会继续设置各种方法来克服和提高人的不完善性或有限性。人的本性究竟如何，暂且不论，可人首先要活命，这是最基本的事实，谈不上崇高，也说不上卑微，却是所有崇高理想和伟大事业的保证。

学术界素来以为柏拉图政治哲学高不可攀，仿佛不食人间烟火。但柏拉图实际上却极为重视那些低俗的东西，直面人最基本的要素。当然，柏拉图也知道，这些最基本的"需要"（χρεία）很容易变成一种邪恶的力量，人会由此变得"自私"。人同此心、心同此理，无人例外，忒拉绪马科斯所说的"强者"甚至最专制的人即最反社会的那类人（573c–576b）也是如此。但既然只有城邦才能满足我们的需要，那么建立城邦终归是好事情。柏拉图从身体开始，逐渐上升到精神。

柏拉图如何从这个最低的地方走到高处？因为人的需要是一种"自我利益"，因此城邦从根本上说也就起源于"自私"，而非友谊和同情，① 但结果却能够让每一个人得到满足，实现人人的福祉即普遍的善。从自私到无私，以利他来实现利己，何以可能？城邦的建立是为了所有人的幸福："我们建立城邦，并不是为了我们某一集团特有的幸福，而是为了整个城邦。"（420b5–8）亚里士多德《政治学》开篇说：

---

① Stanley Rosen, *Plato's* Republic: *A Study*, p. 73.

一切社会团体的建立,其目的总是为了完成某些善业——所有人类的每一种作为,在他们自己看来,其本意总是在求取某一善果。既然一切社会团体都以善业为目的,那么我们就可说社会团体中最高且包含最广的一种,它所属的善业也一定是最高且最广的:这种至高而广涵的社会团体就是所谓"城邦",即政治共同体。(1252a3-7,吴寿彭译文)

古典政治哲学的基本目标是共同的善和普遍的优良生活,因为"最重要的不是生活,而是优良生活"(《克里同》48b6)。但从人的需要或自私出发,如何能够实现这种普遍的善业和普遍的优良生活?毕竟,这里看起来颇为中性的"需要",实际上就是"欲望"——苏格拉底在第八卷和第九卷再次阐述了人的各种欲望(尤其不必要的欲望)必然把我们带向沉沦和堕落。苏格拉底在第二卷所讲的吃喝拉撒之类的"需要",在第八、九卷中改成了"欲望"(558d9,559b9,559c9,559e6,580e2等),① 就是此前格劳孔所说的那种牵着人鼻子走的力量(359c2)。人性本恶,那么如何实现善的目标?(358e)

也许在肯定的"善"和否定的"恶"之间还有一个中间地带,可以称作消极的"不善不恶"。格劳孔认为人们订立契约和法律就是为了达到这种不善不恶的中间状态:既不行不义,也不遭受不义。如果世间本恶,这种不善不恶已堪称正义(359a1-4),甚至算得上幸福(《法义》829a1-6)。不为恶,便是行善。这种看法未免太脆弱,消

---

① C. D. C. Reeve, *Philosopher-kings: The Argument of Plato's Republic*, pp. 43-47.

极的不为恶又如何能够最终实现积极的善?仅仅停留在不善不恶的阶段,最多只能比肆意行不义好一些,但离真正的美好生活、幸福、正义、神圣之境,还差得远。

为了解决这个难题,苏格拉底突然提出一种全新的人际关系,不过却未加说明,而是悄悄塞进推论过程:

> 于是,他就分给了别人一些东西,而如果他分享了,那他就会得到一份,他认为这样更好。(369c6–7)

苏格拉底这里提出的是一个反问句,意在肯定其所说的内容,我们把它暂时译作陈述句。在这个"我为人人、人人为我"世界中,大家为了共同的目的——即美好的生活(尽管这里还只是暗中提到)——而相互联合起来,互帮互助。

苏格拉底本来从人的需要出发,中途却突然转向了人的社会性和利他性。他说人们相伴相助时(369c3),就从人性恶转向了人性善。接下来他又进一步提出了"取予"的辩证法,即人首先是"给予",然后再"获取",强化了自己的观点。苏格拉底用的是 $\mu\varepsilon\tau\alpha\delta\iota\delta\omega\sigma\iota$,意为"分享",其主干 didomi,就是"给予";$\mu\varepsilon\tau\alpha\lambda\alpha\mu\beta\acute{\alpha}\nu\varepsilon\iota$ 的词干是 lambano,意为"拿取"。

这里让人产生无穷想像的便是它们共同的前缀 $\mu\varepsilon\tau\alpha$-,意为"共享",这已表明人的社会性。这个介词还指"在后面",比如 metaphysics 即"物理学之后",由此我们似乎可以进一步把"分享"理解为"享乐在后",利己首先要利他,先予后取。苏格拉底的"取予"辩证法就是政治哲学的根本。

苏格拉底没有解释"于是"($\delta\acute{\eta}$)一词,也就没有说明为什么要分给别人一些东西。他只是说"如果"($\varepsilon\ddot{\iota}$)分享,就可以获得。"给予"是"获得"的条件,其目的是为了"更好"($ἄμεινον$)。这里显然缺乏充分的说明和论证,更重要的是如何才能让人明白这个道理。靠教育就够了吗?如何把握利他和利己的度?假如不需要利他就能满足自我的需要(这是格劳孔的看法),又如何让人们去利他?

第三节 健康的城邦(369d1–372c1)

借用存在主义的口号"存在先于本质"来说,要了解城邦的(正义)本质,必须先有城邦。苏格拉底开始建立城邦,阿德曼托斯和格劳孔也是建设者,包括忒拉绪马科斯在内的人都是这座城邦的公民。① 这时所有人的角色都发生了变化,尤其是格劳孔和阿德曼托斯兄弟俩,他们此前似乎支持不义,此时变成了城邦的建设者。这让人想起《法义》中那位虽无德行却年轻好学且与立法者合作的年轻人(709e6)。②

城邦必须从最基本的需要开始,首先是"食"——"民以食为天",其次是"住",再次是"衣"。因此城邦至少需要农夫、建房者、纺织者,当然还需要诸如鞋匠之类的生产者或匠人,所有这些人都为"身体"($σῶμα$,369d9)服务。身体不是最重要的,却是最必需的,不是价值在先的,却是逻辑在先的。身体是一种自然现象,城邦从根本上说首先就是安顿身体的地方。要安顿好我们的身体,既需要春华秋实和寒来暑往的自然,又不能止于此。既要"顺其自然",又不能"任其自然"。既要满足身体的需要,又必须控制这种需要或欲望,否则无休无止没有堤

---

① Seth Benardete, *Socrates' Second Sailing*, p. 47.
② Leo Strauss, *The City and Man*, p. 93.

防的欲望会把人冲入无尽的深渊。

一个"最低限度的城邦"(369d11)至少得要四五人。所谓"最低限度",在希腊语中也是"最必需"之意,与"必然"一词同根,既表明身体需要的必然性,也暗示满足这种需要的城邦也必然会存在。这个最低限度城邦的人需要分工,这是社会组织的基本原则,也就是"政治原则",否则既无法真正联合而构成共同体,也没有效率而必然崩溃瓦解。

苏格拉底提出了两种"劳动分工"模式,一是让每个人全心全意从事一件工作,与其他人互相交换劳动成果;二是每个人都全面负责自己的衣食住行。在苏格拉底的引导下,阿德曼托斯也认识到第一种组织形式比第二种更容易。苏格拉底进一步解释为什么社会需要分工合作:

> 我们每个人天生就与其他人不完全相同,即天性有别。(370a8 – b1)

"天生"(φύεται)是动词,"天性"(φύσιν)是名词,都指"生出、生长、生育",自然而然,生来如此,多译作"自然"和"性质"。① 人生而不同,本性各异,这是传统观

---

① physis 几乎是古希腊思想的"关键词",古典学者或多或少都会有所阐发,参乔伊特和坎贝尔,《〈理想国〉注疏》,卷二,页317–321。另参汪子嵩等,《希腊哲学史》,北京:人民出版社,1988—2010,卷一页610,卷二页202以下,卷四页1222以下。另参纳达夫,《希腊的自然概念》,章勇译,张文涛校,上海:华东师范大学出版社,2021,第一章。有学者认为 physis 有 66 种用法(A. O. Lovejoy and G. Boas, *Primitivism and Related Ideas in Antiquity*, Baltimore: The Johns Hopkins University Press, 1935, pp. 447 – 456),但他们的归纳分类似乎不那么恰当。

念,所以阿德曼托斯没有提出异议。近现代理智革命和思想启蒙以后,人天生的差异便被"人人生而平等"的口号抹平了。

既然每个人天性或天赋都不一样,每一件工作需要的"专业知识"也不相同,那么每个人只做一件事(370b5)就符合天道自然。苏格拉底这个原则把格劳孔和阿德曼托斯关于正义的相反看法融为一体:正义者是单纯的,也富有知识(397e)。① 这样一来,每个人的工作中只有极小部分是为自己的需要而做的,其结果就成了"我为人人",最终"人人为我"。

"我为人人"与"人人为我"看起来相辅相成、互为条件,价值上无分高下,但无论逻辑上还是实际上,"我为人人"都是"人人为我"的前提条件。苏格拉底接下来为这个微型城邦设计外贸时进一步表明了这两者的关系。国与国的关系对应于甚至等同于人与人的关系:国之不能自足,便如同人之不能自足,人与人之间需要交换,国与国之间也需要进出口,"不需要进口的城邦几乎是不可能的"(370e5-7)。既然需要交换,那就首先需要向别人或他国提供他们所没有的东西,否则就会"空手而归"(370e12-371a2)。② 如不予之,何能取之?

大家都在满足自己的需要,结果却是在互相为他人而工作,这是一幅天下为公的美好景象。正义由此萌生,尽管在这个初级阶段还谈不上真正的正义和不义(371e12-13),但建设城邦这个行为本身就已算得上正义了。③

---

① Leo Strauss, *The City and Man*, p. 94.
② 另参《法义》卷四的城邦选址设计时对贸易的考虑,704a以下;另参亚里士多德《政治学》1326b26以下。
③ Stanley Rosen, *Plato's Republic: A Study*, p. 72.

效率与正义（公平）的分野一直让现代人头疼，但这在古代似乎不是大问题。苏格拉底的劳动分工理论表面上追求更高效率，实际已经包含对正义的诉求。他的劳动分工与现代相关理论不同的是，他更看重人的天性，劳动分工不仅是社会的基础，更是个人天性的需要。① 每个人都能干自己天性适合干的事情，或者说，按照应然的要求来分配一切，这本身就是正义的绝佳表现。

"自然"或"天性"乃是《理想国》——尤其二至四卷——的基调。苏格拉底接下来首先谈到了"自然"的第二层含义："合于天时"（370b8），也就是"恰当的时机"。个人和城邦的需要也得在自然的恰当时节才能得到满足，既要合于自然，又要依于时令（370c4），一人一艺，各尽所能（374b10），人性与自然协调相容，万物才能充盈、美好，个人和社会才会幸福——这就是天道。

统治者的任务就是挑选天性合适的政治家，而政治家的任务则是挑选天性合适（374e4）的护卫者或辅助者（374e6-8），并与他们一起为合适的天性分配合适的工作。如此，天下岂有不大治之理？苏格拉底后来的种种设计都围绕"自然"或"天性"，但要认识人和城邦的天性就必须具备（哲学）知识，哲人王的推论似已呼之欲出了。

---

① 苏格拉底的劳动分工学说，很容易让人联想到亚当·斯密的"政治经济学"。瓦伦说，柏拉图也把它当作了"道德经济学"的基础（《〈理想国〉字义》，页208）。但在柏拉图这里，人的需要以及经济对这种需要的满足，并不是社会历史的决定因素，因此把柏拉图看作马克思之前的马克思主义者，肯定搞错了（R. C. Cross and A. D. Woozley, *Plato's* Republic: *A Philosophical Commentary*, MacMillan, 1966, p. 83）。柏拉图不是一个糟糕的政治经济学家（乔伊特和坎贝尔，《〈理想国〉注疏》，页85）。

也有学者认为所谓"天然的任务"或"符合自然的任务"模糊不清,在哲学上也大有疑问。统治者怎么能知道那么多人的天性,又怎么可能知道哪一种天性适合哪一种工作?即便分配工作的人既知道工作的性质,也了解臣民的天性,那又该如何分配?柏拉图—苏格拉底没有考虑这些问题,而仅从经验上推断一人一艺是有效的策略。① 需要特别指出的是,苏格拉底这里所说的"自然",不仅指本然(as it is),也指"应然"(ought to be),这才是政治哲学家关心的对象,也是柏拉图的城邦得以建立的基础。

苏格拉底—柏拉图最低限度的城邦当然不能仅仅由四五个人构成,城邦再小也需要很多人来从事大型的交换活动,这就需要市场、商贾和货币。在重农社会中,商业被视为投机倒把和见利忘义,乃是败坏人性的渊薮(另参《法义》919c)。流通需要金钱,但"理想国"的护卫者阶层必须远离金银,以免他们的本性为这些东西所污染,毕竟人们为此做了太多不圣洁的事情,因而远离金银(包括金银器皿)不仅能拯救这些护卫者,也能够拯救城邦。

更何况护卫者灵魂中已经有金银,故不再需要世俗的黄白之物(416e4 - 417a5)。金钱仅限于国与国之间的流通,而不是用于个人的享乐,这才符合自然(另参亚里士多德《政治学》1257a28以下)。既然金钱有害,就让最没有能力的人以及"身体最弱的人"去掌管钱币的流通吧(371c)。与格劳孔的理论和斯巴达人的做法大不相同,在

---

① Nicholas P. White, *A Companion to Plato's* Republic, pp. 17, 86.

苏格拉底的"理想国"中，没人被抛弃，哪怕是弱者。金钱和弱者都是必然且自然的，政治家必须面对。人人在"理想国"中都有事做。

这是一个小国寡民式的城邦，所有需要都控制在最低限度内，几乎近于禁欲的程度。人们吃素，食无肉，宴无鱼，牛羊牲畜只为人们提供畜力和生活原材料。施特劳斯机敏地概括道：格劳孔把这个城邦说成是猪的城邦，这再次表明他不大懂得自己所说的话，因为从字面上说，健康的城邦其实是一个没有猪的城邦。① 因为猪只能用作食物，不能拉车耕田，因此只有在后来的发烧城邦中才会有猪（373c）。

茹素戒荤或许不能说明道德水准，② 但适度控制人的需要或欲望总有好处。苏格拉底最初提到了面包、住房和鞋子，接着说到了饮酒、头戴花冠、唱颂神明，最后才提到了"甜美的交媾"。"性"的目的亦无非为了传宗接代，而且为了免于饥馑和战争，还需要计划生育（372b8－c1）！"饮酒"和"唱颂"暗示诗歌和宗教（二者在古代联系极为紧密），因此，性这种身体的需要亦处在神圣的语境中，甚至"神圣的性生活"（马林诺夫斯基语）有可能被严格

---

① Leo Strauss, *The City and Man*, p. 95.
② 另参《法义》："有过一个我们甚至不敢吃牛肉的时期，献给众神的牺牲并不是动物，而是在蜂蜜里浸过的饼和麦片，以及其他类似的'纯洁的'祭品。人们不用猪肉，理由是吃猪肉或用猪血弄脏神坛是不虔诚的行为。所以在那个时候，人们过的是'奥菲士教式'的生活，只吃无生命的食物，完全禁吃动物的肉。"（782c－d，张智仁、何勤华译文）20世纪希腊农村人口也多吃素。在《理想国》中，苏格拉底似乎也允许士兵吃点烤肉（尽管不允许他们吃鱼和煮肉），参404b－c。

地限制在宗教庆典的场合中。

即便在第五至七卷的"理想国"中,"性"也只是为了延续人种而已。苏格拉底极为简单地处理性问题,就是为了更加突出各种技艺在城邦中的作用,把城邦与技艺尽可能相连。① 人的需要、本能和欲望必然不断扩张,那将会导致战争。即便在如此清心寡欲的城邦中,战争的阴霾也时刻可见。哪怕在小国寡民状态下,政治上的种种考虑也都是为了应对战争以及它背后的无尽欲望。

在健康的城邦中,人人有事做、事事有人做、任人唯贤、专业对口,没有饥饿、贫穷和战争,人们也不茹毛饮血,由于寡欲,也没有多少疾病,甚至不需要医生,② 庶几近于"黄金时代"(《治邦者》272a)。但它们的差别还是很明显的,黄金时代没有杀牲献祭,动物的生命也是神圣的;而在健康的城邦中,人们尽管不吃肉,但为了取皮做鞋还是会杀牲。它们之间最大的差别在于,"健康的城邦"建立在人的需要之上,以人欲为基础,各种罪恶也随欲望的膨胀而不断泛滥,算不上"理想国"。黄金时代在神明的直接监管下,没有罪恶,没有坏灭。③

"健康的城邦"不是最美好的城邦,而是展示人性本来面目的地方。苏格拉底用了很多名称来命名这个城邦:"第一城邦""最低限度的城邦"(369d11)、"真正的城邦"

---

① Leo Strauss, *The City and Man*, pp. 95–96.
② 在自然状态中的人,朴素寡欲,病源少,几乎不需要药物,也就不大需要医生。但格劳孔的奢华城邦却需要医生。《黄帝内经·素问》"上古天真论"开篇说上古之人懂得天道:"法于阴阳,和于术数,食饮有节,起居有常,不妄作劳,故能形与神俱,而尽终其天年,度百岁乃去。"
③ Julia Annas, *An Introduction to Plato's* Republic, p. 77.

(372e6)以及"健康的城邦"(372e7)等等,但从来没用"理想的城邦"一词——整个《理想国》中都没有现代人所说的"理想"这个词。这个城邦仅仅建立在人的最低需要基础上,虽有一点"理性化"的成分(即控制欲望),但在基础、环境、目标、人口等方面丝毫都谈不上"理想"。①

健康的城邦不是一个独立自足的城邦,只是城邦在逻辑上的初级阶段。认识不到这一点就会像亚里士多德那样感到大惑不解:"这样的城邦似乎不是以善德为其社会生活的目的,而是仅在寻求经济的供应。"(1291a10以下,吴寿彭译文)亚里士多德显然把想像混淆为实际,把逻辑当成了现实,把城邦的起因当成了最终目的,对老师做了"浅薄的批评"。②

"健康的城邦"和"真正的城邦"(372e6-7)之名本身就表明了它不无可取之处,正如清心寡欲总有很多好处一样,这种极为单纯的生活方式展示了美好城邦的基本特性。对此,施特劳斯的精彩归纳值得花些篇幅来引述:

> 健康的城邦乃是幸福的城邦;它没有贫困、高压或统治、战争,也不吃肉。它是幸福的,就在于每个成员都是幸福的。它不需要政府,因为每个人的付出和回报之间有着完美的和谐,谁都不侵犯他人。……健康的城邦是幸福的,因为它是正义的,而它是正义的又在于它是幸福的。它是正义的,任何人都不需要担心自己的正义问题;它天然就是正义的。健康的城

---

① Nicholas P. White, *A Companion to Plato's Republic*, pp. 87-88。另参亚当,《〈理想国〉疏证》,页100。
② 乔伊特和坎贝尔,《〈理想国〉注疏》,页82。

邦完全是自然的；它几乎不需要医药，因为在健康的城邦中，人们的身体不像在与忒拉绪马科斯谈话中（341e4-6，33d1-3）所认为的那样糟糕。在健康的城邦中，正义丝毫没有自我牺牲的色彩：正义是轻松而愉快的。正义之所以轻松愉快，就在于没有人不得不关心公共的善并为之献身；唯一看起来像关心公善的行为就是控制孩子的数量（372b8-c1），它会被每个人想成是为了自己的好处而得以贯彻。①

正义在这样的城邦中本身并不是问题，因为人们并不需要正义来调节、监控和规范社会生活。大家自觉自愿地安分守己，便没有恶的滋生温床，同时也没有正义滋生的地方。正义乃是人伦日用而不自知的潜在力量，甚至就是城邦生活本身。因此在这样的城邦中，既然不需要正义，就当然找不到正义。这是柏拉图在《理想国》中第一次审视"正义"。②

人的需要远不止那些最基本的东西，人类社会也不可能停留在"无政府"状态中。这个阶段的人还必须学会很多东西才能成为真正的人，③ 而不是快乐或幸福的猪。总之，纯真易逝，因为欲壑难填。与正义相伴的不一定是善良，也可能是邪恶。

第四节 奢华的城邦（372c2-373d3）

健康城邦中的人过着一种"伊甸园式的简朴生活"，粗

---

① Leo Strauss, *The City and Man*, pp. 94-95.
② 第二次是在卷四 432 以下，441 以下；第三次是在卷六 504b 以下从形而上学的角度来审视正义。（亚当，《〈理想国〉疏证》，页 98）
③ Leo Strauss, *The City and Man*, p. 95.

茶淡饭，恬淡自如，虽有醇酒妇人，① 也不过分，仅以活命和传延等最低限度生活为尚。这种近于苦行的生活不是人人都受得了，生气勃勃、爱好运动（spirited and athletic）的格劳孔就过不了这种太简朴的生活，② 便再次错误地把刚刚建立的那个城邦视为"猪的城邦"，并要求苏格拉底满足他更多的欲望：调味品、家具、装饰品等。他无法体会到苏格拉底建立那个"猪的城邦"的用意，更不能理解苏格拉底把那个平淡如水甚至根本就谈不上享受的城邦叫做"健康的城邦"甚或"真正的城邦"。

欲望越多，离真理越远。脑满肠肥，容易浑浑噩噩。但纯净如水、无思无欲，似乎也无法得到知识。于是，苏格拉底在格劳孔的建议下突破了"最低限度"的底线，开始为"健康的城邦"引进很多不健康甚至容易让人发烧的东西——这个"奢华的城邦"（372e3）又被苏格拉底叫做"发烧的城邦"（372e8）。奢华的东西总是容易让人发烧，正如"欲火中烧"一样，奢华享受的欲望会让人生病发烧，甚至"自焚"。

为生活增添一些调味品和桌椅板凳，本来不是什么大事，无非想比"猪"过得好一点而已。但人的欲望无穷无尽，如果放任自流，就会从简单逐渐变得无比复杂，最后会导致战争。人的要求最先不过是为了活命，到后来却必须以消灭生命为代价来求得自己的活命。我们在油盐酱醋中还闻不到血腥味，但逐级放大提升、变本加厉后，酱油

---

① 罗念生，《醇酒·妇人·诗歌》，见《罗念生全集》，上海：上海人民出版社，2004，卷六，页14，298。

② 乔伊特和坎贝尔，《〈理想国〉注疏》，页87；亚当，《〈理想国〉疏证》，页99。

麸醋也会变得血腥无比。

健康的城邦是苏格拉底与审慎正义的阿德曼托斯一起建立的，奢华或发烧的城邦则是苏格拉底与格劳孔的杰作。兄弟俩各自的性格为各自主建的城邦打下了烙印。观察他们的品性或"自然"，才能很好地理解各自的立场和苏格拉底的用意，此即所谓"知人论世"，亦所谓"情节与论证"。① 格劳孔突然插话，提出要给宴饮增加一些调味品，于是便开始了"第二城邦"或"净化的城邦"的建设，而"净化"当然要有对象，那就是"奢华的城邦"。② 苏格拉底就以这样一种轻松幽默的方式转换到更复杂的城邦来了。③

对苏格拉底的目标来说，奢华城邦的建立也是必需的。健康的城邦只以基本的需要为生活的目标，还顾不上"正义"，只有在人的生存得到充分的保障之后，更高的追求才

---

① 施特劳斯学派特别注重哲学著作（尤其是柏拉图作品）的文学性质，包括其谋篇布局、遣词造句、微言大义、沉默不语、数字形式等等，尤重柏拉图著作中的"情节"，这些情节在有形的论说文字之外，也起到相当重要的论证作用。施特劳斯的绝唱、其解读《法义》的著作即名为"论辩与情节"（见施特劳斯，《柏拉图〈法义〉的论辩与情节》，程志敏、方旭译，上海：华东师范大学出版社，2011），其首代弟子伯纳德特也有类似题名的著作（《情节中的论辩》）。

② 怀特认为格劳孔插话要求为饮食加入调料，并不意味着就是在描绘奢华的城邦——尽管调料的确见于奢华的城邦中（373a3, c3），因为柏拉图后来注意到，调料对人的健康和营养来说，也许是必需的（559b1–6）。因此，怀特认为奢华城邦的描述始于372d7，也就是格劳孔提出还要躺椅和饭桌的地方（*A Companion to Plato's Republic*, p. 89）。

③ 乔伊特和坎贝尔，《〈理想国〉注疏》，页87。

得以可能。① 健康的城邦中没有谎言,② 没有哲学,没有战争,无善无恶,还没有真正进入政治阶段。苏格拉底必须充分开发人的各种需要,而不是仅仅像猪那样,为温饱而知足。

吃肉与否本身并不说明任何问题,但它可能意味着政治的开端,即古人所谓"肉食者谋之"(《左传·庄公十年》),而在《理想国》中,护卫者和统治者也在"肉食"后才出现。肉食与政治,肉食与理念,正如罗森所说的"性"与"哲学"和"战争"的关系一样,都不是巧合,更不是风马牛不相及。③ 只有在政治状态中,疾病与医学并存,享受与罪孽同在,幸福与不幸相伴,正义与不义会同时出现,苏格拉底的任务才有基础。

进言之,苏格拉底只有把人天生的各种欲望充分暴露出来,才好对症下药,予以"净化"。所谓"净化",一方面是驱除某些欲望,另一方面则要为新社会树立规范。只有经过了净化的城邦才是柏拉图的"第二城邦",而第二座城邦也就是最高的城邦,即《理想国》第五至七卷中的"统治者的城邦"或"美好的城邦",才有可能,④ 苏格拉底教导青年、劝化世人、督导君王、建设美好生活的终极

---

① 参亚里士多德,《形而上学》981b20 以下,《尼各马可伦理学》1172a3 – 6, 1177b4 以下。

② 在荷马史诗、赫西俄德的著作中(《神谱》行27),谎言是缪斯女神的一项技能,而缪斯女神及其首领阿波罗又是君王的老师,故政治与谎言有着千丝万缕的关系,苏格拉底所谓"高贵的谎言",正是一种政治的高超技巧,也只有在真实的政治生活中才有用武之地。"理想国"根本就不需要谎言,由此反推,柏拉图笔下的城邦不会是理想国。

③ S. Rosen, *Plato's* Republic: *A Study*, pp. 73 – 76.

④ 参亚当,《〈理想国〉疏证》,页 100。Leo Strauss, *The City and Man*, p. 93.

目的才能实现。

苏格拉底不是在分别建立三种不同的城邦,而是分为三个阶段建设一个能够看到正义本质因而也值得居住的城邦。① 城邦的三个阶段对应于城邦内部的三个阶层,内外一致,隐约符合"逻辑与历史相统一"的辩证法。在这三个环节中,奢华的城邦承上启下,不可或缺。借用黑格尔的"正、反、合"理论,健康的城邦是"正题",而奢华的城邦就是"反题",美好的城邦或哲人王统治的城邦则是"合题"。

从人的本性来说,奢华的城邦也是必然的。人的需要就是欲望。人对世界的"好奇"看似理性的追求,实则也是一种欲望,想要获得答案或谜底以达到精神上的快乐。人身上除了 epithumia [欲望] 外,还有 thumos [血气],更有 nous [理性],正好对应于社会的三个阶层,也对应于城邦的三个阶段。人的"欲望"不仅指生理需要,精神追求其实也是欲望。人的本能不仅体现在动物性上,人的理性也是一种本能、一种更深刻更强大的欲望——尽管理性与欲望表面上水火不容。

苏格拉底知道,健康城邦中的干面包仅能果腹,谈不上享受,当然不会让某些人满意(373a1)。欲望具有强烈的冲击力,必然会不断自我复制、自我繁衍以及自我超越,总会想方设法突破任何"必要的边界"(373d10),一直不断向外扩张,迟早会走向奢侈和发烧,最后被迫接受"净化"的治疗。人类追求对身体而言并非必需的东西,就会影响健康,最终健康的城邦必然会毁灭。奢华的城邦是欲望的必然结果,与健康的城邦一样也是"需要"的产物

---

① Stanley Rosen, *Plato's* Republic: *A Study*, p.75.

(369c10)。

苏格拉底在调味品外还加了蔬果,允许健康城邦的公民就着这些食物适度饮酒,简朴而健康(372c6)。苏格拉底以为这样一来,人们会安乐祥和、健康快乐地生活,得享遐龄。苟能生于安乐之中,死于耄耋之年,子子孙孙,世代相传,已经很幸福了。但在格劳孔看来,这种生活其实跟猪没两样,还远远不够,他质问苏格拉底:你就算要建立猪的城邦,也总得喂点其他东西吧(372d4 – 5)!苏格拉底佯作不解,反问格劳孔。格劳孔回答的却不是别的喂食,而是桌椅板凳,还说在桌椅板凳上享用调味品和甜点,乃是今人的习惯(372d7 – e1)。格劳孔没有意识到自己的矛盾,因为他想的已经不是最低限度的需要,而是更为奢华的享受。

面包、甜品、果实和酒来自大地,女人也象征着大地:人类、神明乃至万事万物的母亲就是"盖娅"(大地)。这些都是健康城邦的根基,是人类的存在所不可或缺的东西。但桌椅板凳就不是了,没有这些人造器物,照样可以吃饭喝酒,也能活命。桌椅板凳能隔离人与大地,把人和猪区别开来,让人得到提升;[1] 但另一方面,人不必要的欲望也给大地带来了不必要的负担,更有甚者会踩躏和破坏人类赖以生息的大地。当大地无法满足人类无限制膨胀的欲望时,战争就不可避免了。人的欲望是一把双刃剑,既能让人追求进取,也能把人类"从大地上连根拔起"[2]。

我们在桌椅板凳上还看不到什么奢华的欲望,它甚至压根儿就不会让人发烧生病,但已是"奢华的城邦"和

---

[1] Seth Benardete, *Socrates' Second Sailing*, p. 51.
[2] 海德格尔,《海德格尔选集》,页1350。

"发烧的城邦"的肇端。苏格拉底知道格劳孔需要什么,他了解人性,懂得欲望的本质。真正的哲人能够见微知著,闻弦歌而知雅意。从健康到发烧这个过程,有如酿酒和蒸馏,既需要发酵,又需要净化。

苏格拉底在格劳孔提出桌椅板凳的要求后,马上就为他和格劳孔即将建立的城邦定了性:奢华的城邦、发烧的城邦,或者说,"奢侈的城邦"和"发热、发炎、化脓"的城邦。然后,苏格拉底再逐次在桌椅板凳之外,不断添加东西,这样才谈得上奢华,才能让人发烧。于是苏格拉底应格劳孔的要求,首先加上了调味品,接着便是香料、香水、糕点(即404d中的"雅典点心"),而在这些饱暖享受中间,当然还会加上"伴妓"(暗指404d中的"柯林斯女郎",即低贱而轻佻的女人,多从事肉体交易)。

总之,人们不再停留在必需品上,还会要求形形色色的装饰,到最后追求黄金和象牙时,"奢华"就名实相符了。这让人联想到商纣王的奢华无道,其结果如何,已成历史之镜,而箕子对"纣为象箸"的担心并非没有道理,他"畏其卒,故怖其始"(《韩非子·喻老》),最后不幸言中。在《理想国》中,苏格拉底则严格限制不必要的欲望,以保障身体和灵魂的洁净。

奢华的城邦满是芬芳馥郁的口鼻享受、五光十色的视觉盛宴、光怪陆离的器具物品,琳琅满目,美不胜收。但如此多并非必要的东西涌进来,健康的城邦就不够了,还得再扩大很多。各行各业各种追名逐利之徒(原意为"猎人")便应运而生。很多人靠形状、色彩吃饭,其他人则贡献音乐。城邦中还会产生诗人、颂诗人、演员、合唱队、舞蹈者、乐师、制造乐器的人,以及美容美发师等等。诗人虽然最后被苏格拉底逐出了城邦,他们却是奢华城邦的享乐所需要的人物，故而也是必需的。

此外，教师也出现了：作为一种职业登上历史舞台，表明家庭教育的结束，父母不再能够教育自己的孩子（另参362e4以下），教育成了社会行为。最后，苏格拉底调侃性地加上了"调味品制作者"和厨师，又幽默地加上了"猪"。奢华的城邦在需要或欲望的享受上超越了那个并没有猪的"猪的城邦"，而"奢华的城邦"自身却以"猪"结尾，在反讽之中发人深省。

放任欲望、胡吃海喝、纵情声色、耽于享乐，最后当然会生病，奢华的城邦便需要医生。但在健康的城邦中，人们却似乎不需要医生。而在更高级的净化城邦中，医生也不是社会名流，因为在那样的城邦中，所有人都遵守良好的法律和习惯，人人都完成指派给自己的一份工作，井然有序且忙于劳作，"谁也没有闲暇一辈子都生病治疗"（406c3-5），医生正如"无讼"城邦（《论语·颜渊》）中的法官一样没有用武之地。

但健康的城邦和净化的城邦都不容易碰到，大多数城邦都处在穷奢极欲的阶段，都是"发烧的城邦"（《法义》691e3），医生可以大显身手。当然，奢华的城邦不仅仅需要医生治病，更需要能干的人来满足大家不可遏制的欲望：先要产生病患，才谈得上医治。所以，苏格拉底对"医生"一笔带过，转而详细乃至连篇累牍地谈论护卫者以及从护卫者中挑选出来的政治家——这也是《理想国》的目标之一：驯化君主，至少要教育好护卫者，因为他们是潜在的统治者。

只有在第三卷苏格拉底开始净化城邦时，才提到了医生，并把医生与法官相提并论，而且那时的医生已不仅仅是肉体的治疗者，也已是城邦的施救者。苏格拉底由此基本搭起城邦的架子，接下来他便进一步描绘"净化"的城邦，也许在这个"净化的城邦"中才能找到正义。净化就是灵魂治疗，所以从最根本的意义上说，苏格拉底才是这个已变得奢华因而堕落的城邦的医生，甚至在人类尚未全部彻底成为真正的"人"之前，一直都是灵魂医生。①

---

① 另参修昔底德：τῆς δὲ πόλεως κακῶς βουλευσαμένης ἰατρὸς ἂν γενέσθαι（你应该成为这个邪恶城邦的医生，6.14.1）。

第三部分　何为正义

苏格拉底在《理想国》中的身份是旨在教导年轻人的"哲人",与他后来向其他人讲述《理想国》中的故事时扮演着同样的角色。这位哲人在这场哲学行动中提出了让人聚讼纷纭的"哲人王"学说,同时阐述了他独特的哲学观。"哲人何为"的问题由之变得明晰起来,尽管这个问题在思想史上很快又沉入晦暗之中,直到现在。伯纳德特指出,

> "哲学是什么"似乎与如何阅读柏拉图这一问题密不可分。现在,在柏拉图之后,几乎没有哲学家详尽地论述过哲学,至少在古人那里,很少关注此问题,从而把柏拉图写作的原则告诉我们。①

表面看来,"哲人何为"是苏格拉底在探讨"正义"过程中的副产品,但实际上它却是"正义"绝佳的体现,"正义"在《理想国》中不是论证,而是显示或指示,因

---

① 伯纳德特,《施特劳斯论柏拉图》,见《情节中的论辩》,页544。

为柏拉图"不再劳神于某个定义或某种概念的分析意义上,而是在某种描述历史的方法上进行考察"①。"哲人何为"高于"哲学为何",也就是说,"何为"高于一般意义上的"为何":苏格拉底的行动高于苏格拉底的问题(即"什么是……")。真正的哲学和真正的哲人既要留意于"为何",更要超越于单纯的理论探讨。

"苏格拉底"(形象)的思想史意义,不在于高深的哲学探究,尽管在《理想国》中不乏实实在在的哲学思辨(卷五至卷七),而在于指出了"哲人何为"。苏格拉底不是现代意义上的哲学家,而是为包括哲学家在内的所有人立法,像孔子那样"成《春秋》而乱臣贼子惧"(《孟子·滕文公下》),乃是人世的大立法者。古人说"天不生仲尼,万古如长夜",苏格拉底亦然。

何为哲人,哲人何为?其实《理想国》开篇第一个词就已经回答了这个问题。沃格林说,全书第一个词($Κατέβην$,下行)"奏响了贯穿全篇始终的伟大主题",②但沃格林或许只看到了《理想国》表面的正义主题,没有从更高的境界去理解"下降"这个词以及整个《理想国》更深刻的含义,即指明哲人何为,并以此为基础阐释"人何为"。

不可否认,"下降的主题在《理想国》的戏剧结构中扮演着重要的角色"。③但它有多重要,则恐怕还需要进一步思考。在《理想国》中,"下降"一词开启了一扇窗,让下降者也让我们可以窥见深渊与下降的象征意义,开篇

---

① 海德格尔,《论真理的本质》,赵卫国译,北京:华夏出版社,2008,页17。

② 刘小枫编,《〈王制〉要义》,页172。沃格林,《柏拉图与亚里士多德》,页103。

③ Stanley Rosen, *Plato's* Republic: *A Study*, p. 19.

的下降与最后厄尔的哈得斯之旅遥相呼应，因此开篇"何为正义"的问题在最后哈得斯所发生的事件中找到了答案："下降提出了问题，而审判提供了解答。"① 但这种不乏深度的认识仍然显得浮浅。

虽然《理想国》开篇第一个词已经指出了苏格拉底这位哲人行走的路向，表明了哲人的存在论意义，不过，"开篇"还仅仅是"开篇"，仅仅凭这个非常突兀的词，还不足以让我们明白"下降"与"哲人何为"的关系。柏拉图在《理想国》的核心位置（第七卷开头处）也谈到了"下降"（516e4），详细地指明了开篇第一个词所开启的整个《理想国》的意义。我们必须把两次"下降"联系起来，互相参证，尤其要借助第二次的语境，也就是著名的"洞穴喻"，深入地了解哲人为什么下降，下降到哪里去，由此可以通过哲人这种特殊存在者应然的存在方式来探讨正义的本质。

苏格拉底在《理想国》中扮演着哲人的角色，哲人最重要的使命便在于"下降"，它与西塞罗对苏格拉底的评价 devocavit [召唤下来] 遥相呼应。当然，要成为"哲人"，首先要"上升"（517b4），《理想国》便在不断地上升和下降中（当然主要还是在"下降"中）成就了真正的正义。

---

① 刘小枫编，《〈王制〉要义》，页175。沃格林，《柏拉图与亚里士多德》，页106。

第八章 哲人的上升（514a1–516e2）

柏拉图在《理想国》第七卷开头讲了一个有趣的故事，这个故事虽然被人引用和解释了千百遍，但仍然让我们觉得意犹未尽，因为它所指示的含义和意境太辽远，任何自以为周全的阐释其实都只是盲人摸象。

这个故事有如寓言，更近于"神话"：有一个地下洞穴，住着一群人，他们从小就被绑住了头颈和腿脚，无法转头看见自己的同伴以及周遭的其他东西。在他们身后远处有一堆火，在囚徒与火之间有一些人像演木偶戏一样摆弄着一些东西。囚徒们于是便把映射在他们前面墙上的影子当成了真实的东西。如果有一个囚徒碰巧摆脱了枷锁，转过头来看到了火光和周围真实的东西，首先会不习惯，甚至会被火光"灼伤"，然后会觉得很痛苦，因为以前信以为真的"世界观"完全被颠覆了。如果再有一个人把他拽出洞穴，上升到外面，见到太阳以及阳光下一切美好的事物，他同样会觉得痛苦，但慢慢习惯后，会由衷庆幸自己的解放，在欢喜赞叹之余也为还在洞穴中的同胞感到遗憾。但如果他回到洞穴中，同样会因不习惯而痛苦，还会在告诉同胞们真相时遭到嘲笑，甚至还会因此而丧命。

苏格拉底虽然在谈教育或天性的塑造问题（514a2），但整个《理想国》都建立在城邦与灵魂严格平行这一假设之上,① 因此洞穴喻也是在谈论城邦。② 格劳孔对苏格拉底这个故事感到奇怪(515a4),苏格拉底说这没什么好奇怪的,因为那些囚徒"就像我们"(515a5)。"囚徒"不仅像我们灵魂中缺乏智识的欠教育状态,也像我们在政治生活中的实际情形:"因此,洞穴不仅仅是一个糟糕社会的堕落状态。它就是人的状态。即便在理想的正义社会中,我们也都从洞穴开始。"③

第一节 自然状态 (514a1–515e5)

人天生不自由,从小就处在各种禁锢中。可是,现代人认为人天生就自由,并以此来建构现代性方案,便有了所谓"自然权利"的新鲜说法。此后个人便在"权利"的吆喝和恐吓下不断自我膨胀,终于让个体的社会性变得可有可无,很多社会问题便恶性滋生。在古人看来,人的本真状态不是自由平等——这些概念在古人那里不说闻所未闻,至少也不值一谈——而是不自由不平等。正如赫卡柏痛定思痛后清楚地认识到的:"这世间没有哪一个人是自由

---

① Leo Strauss, *The City and Man*, p. 130.
② 包括罗森在内的很多学者便根据这里的语境把洞穴喻严格限制在灵魂的范围内(罗森据此批评施特劳斯在《城邦与人》中把洞穴等于城邦的说法。他还提到,囚徒们都禁锢着无法动弹,因此就不可能有生殖行为,城邦便无法延续。参 Stanley Rosen, *Plato's Republic: A Study*, p. 272, cf. p. 402n. 9),而其他学者则只看重洞穴喻与分线喻和太阳喻的关系,没有把洞穴喻放到整个《理想国》中去考察。
③ Julia Annas, *An Introduction to Plato's Republic*, pp. 252–253。对勘阿伦特,《人的境况》,王寅丽译,上海:上海人民出版社,2009。

的;因为,她是钱财或机缘的奴隶,或者,因为害怕城邦市民的多数,或法律的指控。"①

海德格尔在通过解读柏拉图的"洞穴喻"来探讨"真理"的本质时认为:"关于真理之本质的问题,就是人之本质的问题。"② 只是海德格尔没有再往前走一步,他只看到人的本质在于充分领会存在,或者说"在这个洞穴比喻中所关系到的本质"只是去"寻找存在者之无蔽的真理之本质"。③ 澄明是一种理想,而沉沦才是本真。存在之链本质上是"囚禁之链",即如卢梭所说:"人生而自由,却无往不在枷锁之中。"④

洞穴中某个囚徒偶然挣脱枷锁,站起来,能够转头,这不是神秘的力量造成的,因为洞穴中没有神——哲人只能诞生于没有神的地方,或者靠杀死神明而自成(古希腊和近代都有明证)。在囚徒身后玩弄木偶的人是谁?几乎没有人思考过这个问题,好像也无法考证。亚里士多德曾经把神明对万物的操纵比作玩木偶(《论宇宙》398b),但洞穴中的木偶师显然不是神,他们只是不受枷锁束缚的人。

木偶师是人,却也不一般,至少比囚徒更为自由,但身居洞穴之中,也谈不上多大的自由度,归根结底仍是囚徒。与其他囚徒相比,他们算得上"巨人",居吉斯下降到洞穴中看到过(359d-e)——《理想国》第二卷与第七卷暗中呼应。居吉斯没有看到其他囚徒,莫非洞穴中的人

---

① 欧里庇得斯,《赫卡柏》864-867行,张竹明译,见《古希腊悲剧喜剧全集》,南京:译林出版社,2007,卷三,页286。

② 海德格尔,《论真理的本质》,页123。

③ 同上,页76-77。

④ 卢梭,《社会契约论》,何兆武译,北京:商务印书馆,2003,页7。

都"解放"了，只留下了这些巨人？还是说他们因为消灭了被缚的囚徒，丧失了生活的来源而死？抑或这些本不安分的巨人会自相残杀？抑或他们被解放了的囚徒所杀？

木偶师可能是洞穴的管理者，"作为政治家及其随从，他们实施着法律和法规，实施着他们特有的富于意见（doxastic）的影像塑造，实施他们的法令"①。他们也许受制于某种禁令或命令，非但不会去帮助囚徒，而且以影像欺骗他们。木偶师曾经也可能是同样的囚徒，其实现在依然是，只不过他们认识到不到这一点而已，反倒以为自己高人一等。哲人下降后所遇到的最大敌人不是普通囚徒，而是他们。不过，他们和囚徒一样都感受不到痛苦，因为痛苦来源于对这一切的深刻认识。

囚徒的解放是一件神秘的事情，他被人强行拽出洞穴也很神秘，而他再次回到洞穴中，同样神秘莫测。与被动的上升不同，囚徒挣脱枷锁不是靠外在的力量，而是靠他的"自然"（515c5）。"自然"有不同的含义，但终归是一种本己的东西，人依靠自己在适当的时机总会摆脱枷锁。不是每个人都会想到要解放，即便有想法，也不是每个人都有能力，但那种具备良好"自然"的人会不断尝试。

人固有向上和向外不断突破禁锢的天性，但这种天性更多的是一种盲目的力量，它不知道是否应该，也不知道为什么要这样做，更不知道突破之后何去何从。对于这种"自然"，我们既不应该无条件赞誉，也不应该毫无来由地批判，我们需要做的，是面对它、引导它。

解放首先就在于转头，即思维方式的根本变革，是灵魂转折的技艺（518d3-4）。现代观念认为解放就是革命，

---

① Eva Brann, *The Music of Republic*, p. 212.

而在古代思想中,转头或许就是"回头"(即施特劳斯所说的 return)。① 但这时的解放还仅仅是序幕,随时面临着失败的危险。自由不会给囚徒带来欣喜,反而会让他感到痛苦(515c8)。他刚看到火光时会因眼花而看不清任何东西,陷入彻底的黑暗,还不如被缚时至少还能够看清墙上的影像。更痛苦的是别人告诉他以前看到的东西都是虚假的,他全然不知所措了。

囚徒或许认识了一定程度的真理,同时也陷入了空虚,彻底怀疑此前信以为真的事物。这种深深的幻灭感觉很难让人幸福——传统生活的根基被彻底抽掉,人仿佛被抽掉了脊梁。囚徒在痛苦逼迫下,想转身逃回原来的地方。② 解放失败了。为什么?也许不是因为"没有苏醒""并没有懂得解放的意义"或者更直接地由于"还没有掌握其真正的本己,解放就仍然是表面上的,知识改变了境况,而其内在的状态即他意愿并没有改变"③。海德格尔从现代人的自由观念来解读囚徒的目标或"解放的意义",当然不符合古代人的追求,尽管自由的确存在于解放之中。解放的失败仍然植根于人的自然,而人的生活需要确实的基础,哪怕这种基础不是真理。

这种解放不管好歹,都并非普遍,毋宁说很罕见——与现代方案不同,古人从未试图建立"普遍的社会"④,而是要建立一个以个体差异为基础的政治社会。在柏拉图《理想国》中,只有少数囚徒能够获得哪怕最初步的自由,

---

① Leo Strauss, *The Rebirth of Classical Political Rationalism*, The University of Chicago Press, 1989, p. 227.
② Stanley Rosen, *Plato's* Republic: *A Study*, p. 273.
③ 海德格尔,《论真理的本质》,页 36-37。
④ 施特劳斯,《苏格拉底问题与现代性》,页 302。

而不是每一个人都能进入澄明之境。很少人知道洞穴外还有一个光辉灿烂的世界。由此可见,海德格尔的善良愿望才是"乌托邦"之尤,而亚里士多德的普遍幸福也多有"乌托邦"之嫌。正如罗森所说:"最高的和最纯粹的人的生活,根本就不是人过的生活。"①

刚刚挣脱枷锁的囚徒虽然还没有获得真正的解放,但毕竟走出了关键的第一步,可以说,一个潜在的哲人出现了。

第二节 幸福之旅(515e6–516e2)

刚经历了解放序幕的囚徒遭受了很大的身心挫败,想主动终止这个来之不易的进程,回到原来不自由的状态中。但他终于没能回去:有人不让他回去,用暴力把他强行拽出了洞穴(515e6–7)。这位囚徒终于来到阳光下,更清楚地看到了事物的本来面目,超越洞穴中的"自我",成为"哲人"。这是他成就自我本质过程中最重要的阶段,也是真正的解放。正如海德格尔所说:"不是摆脱了洞穴中的枷锁,而是从洞穴中向日光的攀升,从洞穴中的人造火光向太阳的完全转移,才是真正的解放。"②

囚徒挣脱枷锁靠自己的"自然",而他的上升却是由于外在的力量:"某某"用暴力把他往上往外拖。这个不定代词"某某"很可能是人,一个曾经的囚徒。这人帮助囚徒上升,他肯定知道外面的世界,或许就是下降回洞穴的哲人。他度过了回到洞穴中重新与众多囚徒相处的艰难日子,活下来了。他才是真正的哲人,一位政治哲人。他就像苏

---

① Stanley Rosen, *Plato's* Republic: *A Study*, p. 272.
② 海德格尔,《论真理的本质》,页41。

格拉底，那位被解放者就是柏拉图。① 苏格拉底被迫留下来（327c），却没有以暴易暴，他遵守了古典政治哲学的"审慎"的原则。不过，他在教化那些年轻人时所使用的语言和所设计的方案，的确有些暴力色彩。

囚徒凭本性而解放，靠暴力而上升，一个隐晦，一个显然。前者看似平和，其实已蕴含了暴力，否则无法挣脱枷锁。人类天性中的"权力意志"让人类不断暴烈向外。"当苏格拉底说这种转变是靠本性而完成时，他也是在说哲学性的灵魂向真理上升中的强迫行为，而不是在说那些受过特殊训练的认识论者（epistemologists）的解救力量，除了囚徒和玩木偶的人外，那些认识论者偶然地出现在了洞穴之中。"② 似乎只有暴力才会带来上升，无论这种暴力是解放者自己被解放时所遭遇到的必然性，还是解放者在解放他人时不得不使用的手段。

囚徒挣脱枷锁后收获的首先是痛苦，而被人强行拖出洞穴也同样是一件痛苦的事，只不过这时已离澄明的快乐和幸福不远了。囚徒因为被强迫拖拉而感到恼火，开始感到不自由所带来的痛苦，而此前被禁锢时感觉不到不自由。没有意识到不自由，是否就更幸福？这种低级的快乐谈不上幸福，充其量是猪的城邦才有的快乐，缺乏自我意识和反思能力。

被解放者来到洞穴外，会为刺眼的阳光而痛苦，看不清任何东西。他慢慢习惯后，能够看见周围的一切，能够看到真正的太阳，能够明白季节更替、风云流转以及万事

---

① Roger Huard, *Plato's Political Philosophy*: *The Cave*, New York: Algora Publishing, 2007, p. 17.

② Stanley Rosen, *Plato's* Republic: *A Study*, p. 274.

万物的真正原因。这是一个很漫长的过程,没有人帮助他,一切靠自己(心性和悟性)。这是对暴力的超越:

> 真正的解放不仅仅依赖于一种暴力活动,它同时要求坚韧不拔和持久的勇气——足以真正越过习惯于光明的每一个阶段,需要可以持久地大步跳跃的勇气,挫折丝毫无损于它。要知道,在所有真正的变迁和增长的过程中,没有可以被跳过的阶段,白白的忙碌正如盲目的热情一样,是没有意义的和灾难性的。①

经过一番艰苦的历程,进入澄明之境的囚徒成了哲人。这时他想起以前的"居所"(516c4),他曾经的家园,还想起了那时的"智慧"(516c5),以及众多囚伴,他为自己的"转变"感到幸福(516c6),同情以前的伙伴。

洞穴中当然没有智慧,苏格拉底的话其实是反讽,因为只有到了洞穴外面才谈得上智慧。但到了洞穴之外也不等于就有了智慧,不过,这位曾经的囚徒眼界大开,自以为不仅仅是热爱智慧的人(即哲人),而且成了拥有智慧的人,以智慧自居。他此时还不知道"智慧"的真正内涵,正如后世很多"哲学家"一样,以为自己懂得"万事万物的原因"(516c2)就等于拥有智慧,② 甚至还以为自己是智慧的化身,殊不知这只是"智慧"的初级阶段。更准确地说,知道了万事万物的原因,仅仅是智慧的基础和必要条件。

---

① 海德格尔,《论真理的本质》,页43。
② 亚里士多德就这么认为。见《形而上学》982a,《亚里士多德全集》,卷七,页29-30。伯纳德特反驳道:"关于原因的知识,并没有构建起最初的哲学;它只是揭示了仍必须被认识的东西:存在(being)。"见伯纳德特,《情节中的论辩》,页23。

但不管怎么说，被解放者的智识有很大提升，有理由感到幸福——只有当他从中感到幸福的时候，他才是完整意义上的哲人。如果哲学没有给他带来幸福，反而带来了不自由，达不到"从心所欲"，哲学就不是一件值得追求的东西——但后世的哲学似乎恰恰就是这样一种让从业者自己痛苦，同时也给他人带来苦难的不祥之物。总之，幸福与智慧同在，解放与哲学并存。幸福应该是哲学的最高目标，也是古典思想的目的，而进入澄明则只是一个阶段（但不幸的是，后世哲学把它当成了目的），充其量是在走向幸福的途中。

幸福远远高于哲学。此时的被解放者还不是真正的哲人，他的"智慧"还很不完整，他当下所感受到的也不是真正的幸福。在古代的观念中，幸福是至善，而不（仅仅）是知识。亚里士多德的《政治学》开篇就点明了这个主题，城邦这种社会团体的目的是为了至高无上的善好（1252a1 – 7），个人的善好即优良生活只有在城邦中才有可能实现。

> 城邦的目的是优良的生活，而人们做这些事情都是为了这一目的。城邦是若干家族和村落的共同体，追求完美的、自足的生活。我们说，这就是幸福而高尚的生活。①

亚里士多德在提出"人天生就是政治的动物"（1253a2 – 3）这一著名命题之前，首先谈到了城邦和政治的根本目的

---

① 亚里士多德，《政治学》1280b39 – 1281a4，见《亚里士多德全集》，卷九，页92。

乃是"优良生活"(1252b30),即幸福。他后来又说:"城邦是由平等部分构成的共同体,并尽可能地以最优良生活为目的。幸福是最优良的,它是德性最完满的运用和实现。"①

我们由此可以更清楚地理解"善德""优良生活"和"幸福"之间的一致性,同时也更能理解"政治学"或"政治哲学"的地位,正如亚里士多德所说:

> 一切科学和技术都以善为目的,所有之中最主要的科学尤其如此,政治学即最主要的科学,政治上的善即公正,也就是全体公民的共同利益。(《政治学》1282b14 – 16)②

这也是现代人(如施特劳斯)把政治哲学看作"第一哲学"的原因。施特劳斯对此概括道:"政治社会是唯一一种追求实现人类至善的团体,那种至善被称为幸福。幸福意味着实践道德美德高于一切,意味着实践那些高贵的行动。"③ 现代人虽然也追求幸福,但其内涵已发生了天翻地覆的变化。尤为重要的是,现代人已不再追求高贵,它成了人们对历史的把玩和怀想,也许这就是现代性危机的重要原因之一。

已进入澄明之境且获得幸福的哲人其实与他在洞穴中第一次摆脱枷锁一样,只获得了初步的解放——这两个平行阶段在结构和实质上完全一致。但沉浸在自我幸福中的

---

① 亚里士多德,《政治学》,页245。
② 亚里士多德,《政治学》,页97 – 98。
③ 施特劳斯,《苏格拉底问题与现代性》,页356。

哲人没有认识到自己的责任和使命，以为"独善"就是根本目标。于是，他不再热衷于洞穴囚徒所追求的那些经验和意见，也不愿意在那个阴森黑暗的地方拥有或行使统治权（516d3-4）。这位曾经的囚徒就像荷马笔下那位在阴曹地府"威武地统治着众亡灵"的阿喀琉斯一样，"宁愿为他人耕种田地，被雇佣受役使，纵然他无祖传的地产，家财微薄度日难，也不想统治即使所有故去者的亡灵"（516d5-6，另参《奥德赛》11.489-491，王焕生译文）。

在哲人看来，洞穴就是地府，而城邦民众的生活暗无天日且毫无意义可言——哲人与城邦的冲突由此开始。哲人对政治的这种理解，合情合理合法吗？如果哲人的理解只到这个地步，那么苏格拉底在《理想国》中对哲学更多的是批评而不是赞誉，所谓"哲人王"云云，亦当另眼相看。

第三节　善的理念（517c1）

哲人究竟进入了什么样的澄明之境？苏格拉底把洞穴喻与此前所讲过的分线喻和太阳喻联系起来考察后得出结论：经过上升之路后的哲人，他的灵魂可以看到"善的理念"（ἀγαθοῦ ἰδέα，517c1）。善的理念是所有正确和美好者的原因（另参505a），它一方面在理性领域至高无上，能产生"真理"和"理智"，另一方面，任何想要在公共领域和私人领域审慎地行动的人，都必须"看到"（ἰδεῖν）它，以它为标准（517c4-5）。① 前者属于理论理性，后者

---

① ἐμφρόνως，一般作 wisely 或 intelligently，而 LSJ 辞典中也有 prudently 的含义，布鲁姆即作此译，更符合古典思想的主旨。

从属实践理性，但后世哲学只看到了前半截而丢掉了最关键最根本的后面这个部分。

这个 idéa 究竟是什么？如果哲人仅仅看到它，忘记了自己在公共领域和私人领域的处境和必须有的生存状态，那么这样的哲人对城邦乃至对自己又有什么意义？idéa 的意思本来颇为简单，与上下文所提到的"看"（idẽĩn）是同根词，与 eidos 相近，指看到的东西，即"样子"和"外表"等。这个颇为简单而普通的词汇被后人抽象为形而上学的"形式""相"和"理念"，19 世纪德国哲学家认为它是柏拉图思想的主干。

但 idéa 并不是柏拉图思想的"关键词"，形而上学从来就不是他的核心问题，甚至不是他关注的主要对象（可见德国哲学受到理性主义形而上学的严重"败坏"）。在"哲学"大行其道的时代，柏拉图刻意用诗歌、戏剧和对话的形式与之保持一定的距离，力图让思想恢复到前哲学时代的纯朴、丰满和活泼的品质。当然，柏拉图最终也没有能够扭转以亚里士多德和黑格尔为代表的日益狭隘的西方哲学。

历代学人都用那种被理性主义"污染"过的观念来理解 idéa，他们学力深湛，却往往不得要领。其中，海德格尔的理解可谓明证，既有深刻洞见又有巨大偏颇。在海德格尔看来：

> idéa ［理念］是被看见的东西，被看见的东西本身只有在看的活动中，并为了看才存在。……被看见的东西，严格说来，只是看和视线之所指。……在这里，柏拉图出于非常重要的原因，没能进一步前行（见《泰阿泰德》）。由于接下来的骤变，从此理念的全部问题就被推入一种被误解了的方向之中。我们只有把

理念问题理解为原始地连接察看活动和所察看到的东西本身的统一，理念问题才有可能被重新提出。①

海德格尔指出了"理念"的本来含义，也看到后来的哲学家对"理念"的"误解"消除或遮蔽了哲学问题。这当然是深刻的洞见，因为后世的确对*idéa*存在着极为顽固的误解，以至于认识到这种误解都很困难，现代思想由此可谓"积重难返"，这也是尼采—胡塞尔—海德格尔所深刻洞见到的现代危机的重要根源。但海德格尔把其中的原因归结到柏拉图那里可能是一种误解，他批评柏拉图"没能进一步前行"，这是后世哲学家对前辈常见的批评话语，不足为奇。也许包括海德格尔在内的哲学家之所以误解柏拉图，恰恰就在于他们走得太远，没有意识到柏拉图本来就不想进一步前行，他拒绝像海德格尔等人那样在形而上学的意义使用那些术语。

海德格尔或许没有认识到他所说的把全部问题推入误解方向的"接下来的骤变"，恰恰就是亚里士多德，而他早年解读柏拉图就在亦步亦趋地追随亚里士多德。"海德格尔的哲学训练建立在对亚里士多德的研究之上，而他对柏拉图真理概念的阐释，深刻地受到了他阐释亚里士多德真理观念的影响。"② 另有学者更深刻地指出：

> 海德格尔显然对亚里士多德批评柏拉图——尤其是

---

① 海德格尔，《论真理的本质》，页69。
② Enrico Berti, "Heidegger and the Platonic Concept of Truth", See C. Partenie and T. Rockmore (eds.), *Heidegger and Plato: Toward Dialogue*, Evanston: Northwestern University Press, 2005, p. 96.

与形相、普遍和理念相关的事物的观念——特别感兴趣。海德格尔从来没有从亚里士多德著作的影响中恢复过来。……在很长一段时间内,海德格尔认为通向柏拉图的路必须穿越亚里士多德。①

海德格尔作为亚里士多德的思想传人,没有看到柏拉图与亚里士多德的巨大差异,② 与亚里士多德相比,他更是"吾爱柏拉图,吾更爱真理"的牺牲品。他通过柏拉图的洞穴喻来阐释真理的本质,但结果却还在柏拉图的洞穴中。

海德格尔遵从康德在《纯粹理性批判》中讨论柏拉图时所提出的解释原则:"无论是在日常谈话中还是在著作中,通过比较一位作者关于自己的对象所表达的思想,甚至比他理解自己还更好地理解他,这根本不是什么非同寻常的事情,因为他并没有充分地规定自己的概念,从而有时所言所思有悖于他自己的意图。"③ 海德格尔宣布:"我们对希腊人的理解不仅想要而且必须比他们的自我理解更好,只有这样,我们才现实地拥有了他们给出的遗产。"④ 海德格尔终生对古希腊哲学保持强烈兴趣,当然这种"争

---

① M. D. C. Paredes, "Amicus Plato magis amica veritas: Reading Heidegger in Plato's Cave", See C. Partenie and T. Rockmore (eds.), *Heidegger and Plato: Toward Dialogue*, p. 112.

② 参阿尔法拉比,《柏拉图的哲学》,页93以下;另参拙著《阿尔法拉比与柏拉图》,页178以下。

③ 康德,《纯粹理性批判》B370,《康德著作全集》,卷三,页241。

④ 海德格尔,《现象学之基本问题》,丁耘译,上海:上海译文出版社,2008,页147。

辩"（Auseinandersetzung）的态度未必是古典学之福。

海德格尔无疑患上了现代人的通病，让人难以置信的是，这种通病正是他自己在借用康德的立场来研究古希腊人时猛烈批判过的那种见不得天日的野蛮和自负。

> 只有自负虚荣、陷于野蛮的现代性才想使人相信，柏拉图已是"被了结掉了"，就像人们相当雅驯地所宣称的那样。把立足点推移到哲学发展的后继阶段，采取康德或者黑格尔的立足点，借助新康德主义或者新黑格尔主义来诠解古代思想——这样做无法给予古人更好的理解。一切这样的复兴运动，在它得见天日之前就已过时了。①

海德格尔认为亚里士多德比柏拉图自己还更理解柏拉图，也是出于同样的立场。"正因为海德格尔脑海里想着康德的著名评论，便坚持认为亚里士多德比柏拉图更好地理解柏拉图，并且也的确把这种假设论证为哲学的前提。"②但海德格尔的学生克吕格却针锋相对地认为亚里士多德不懂柏拉图。③

海德格尔后来不再明确地使用亚里士多德的观点来理解柏拉图，但亚里士多德开创的那种思维方式已经成为海德格尔无法彻底摆脱的窠臼，尽管他晚年对诗与思的全新思索为西方思想的另辟蹊径作出了卓绝的贡献。海德格尔

---

① 海德格尔，《现象学之基本问题》，页 147。

② M. D. C. Paredes, "Amicus Plato magis amica veritas: Reading Heidegger in Plato's Cave", See C. Partenie and T. Rockmore (eds.), *Heidegger and Plato: Toward Dialogue*, p. 113, cf. p. 108.

③ 刘小枫编，《〈王制〉要义》，页 4。

虽然认识到,

> 只是提升到洞穴之外的人,单单沉湎于理念的"显现"之中的人,根本没有真正理解这些事情,就是说,没有将理念看作让通过的东西,看作自由给予着存在者的东西,看作夺走遮蔽的东西。他仅仅把理念本身变成了某种存在者,存在者的某种比较高的层次,遮蔽根本就没有发生。①

但海德格尔终于为自己"去蔽"而进入光灿灿的存在之境这一颇具认识论色彩的立场束缚住了,成了一个较高层次的囚徒。其根本原因便在于他仍然从看似新颖的"基础存在论"框架——实则还是传统哲学的角度——来理解柏拉图洞穴喻中至关重要的"善的理念"。

海德格尔拒绝从日常使用的意义上去理解善是什么,还强硬地认为"善的理念根本不允许在这样的意义上被追问;这样的提问本身就是含糊不清的"。② 他还一再提醒:"我们必须从一开始就防范关于这个善的理念的任何多愁善感的想法,同样也要防范一切这样的看法、观点或规定,比如它们提供基督教的道德及其世俗化的变种(或其他随便一种伦理)。……这与伦理或道德根本没有任何关系,当然也与某种逻辑或认识论原理根本没有关系。"③ 最终,他对"善的理念"的理解一方面太过高蹈,超越了柏拉图的本意,也远远脱离了"善的理念"所生息于其间的土壤——

---

① 海德格尔,《论真理的本质》,页87。
② 同上,页93,105。
③ 同上,页96。

他的理解固然高明，却不过是他的理解，而不是柏拉图的思想。

另一方面，他过多地依赖于"理念"一词的"察看"本意，即"理念本质上与察看活动密切相关，在这种察看活动之外，它们什么都不是"，① 而忽视了看到的那个东西对于我们生存的意义，也就是混淆了"指"和"月"的关系，从总体上说还停留在他所批判的那种"认识论"的范畴中：察看这种活动本身就是认识。海德格尔把他所理解"哲学"规定为"一种从根本上改变此在、人和对存在之领会的追问活动"，② 而这种"领会""追问"和"察看"，本质上就是对存在的认识。

海德格尔反对后世尤其是19世纪思想家对柏拉图理念论的流俗而浅薄的理解，他试图把我们带入澄明的状态。但他理解的进入澄明状态就是"去蔽"，而"去蔽"归根结底只是让我们"认识"存在，尽管他再三强调"真理"或"去蔽"不是认识。他对此在状态的分析仍然与近代先验哲学有着千丝万缕的联系，他对真理的独特看法，"暗中有着认识论的特征"，"他对柏拉图不断展开的立场，清楚表明，他与哲学史和它所属的认识论传统有着特别的联系"。③

我们顺着海德格尔的思路进一步追问：进入澄明之境后又该怎么办？当他说"解放必然是为了把自身约束到存

---

① 海德格尔，《论真理的本质》，页100，另参页93。
② 同上，页112。
③ M. D. C. Paredes, "Amicus Plato magis amica veritas: Reading Heidegger in Plato's Cave", See C. Partenie and T. Rockmore (eds.), *Heidegger and Plato: Toward Dialogue*, p. 120, cf. p. 116.

在上而变得自由"时,① 他只看到了个体。个体的"去蔽"虽是极高的境界,但它的意义在共同体范围内终归有限,而且"自由"本身还是一个很成问题的目标。为什么要去蔽？去谁的蔽？怎么去蔽？如果没有很好地先行把握第一个问题,就会仅仅沉湎于对理念的形上玩味中,去蔽就根本不会发生,不仅没有意义,还是灾难性的,因为"去蔽"重新而且更严实地遮蔽了进一步行动的可能性：最终以"追问"代替"行动"。而在柏拉图那里,"行动"才是更为根本的目标,甚至是终极的目标。

"善"不是"理念",而是行动的基础,不单是伦理和道德的问题,还是此在自身的基本问题,毕竟此在必须行动,必须在行动中遵从善本身（517c4-5）,才能获得最终的解放。"善的理念"就是"善"本身,除此之外,别无他意。因此,"善"恰恰不是海德格尔所认为的那样"被伦理学败坏了",② 而是被他深陷其间的"本体论"败坏了："善"成了一个高高在上、遥不可及甚至与我们毫无关系的"概念"。

在柏拉图那里,"善的理念"既是本体存在,也是实践风向标。"哲学"这种"爱智慧"本身是一种行动,它所爱的"智慧"不仅在于"认识是其所是,还在于根据那种涵盖了人、共同体和宇宙秩序的最终约束性来行动"③。借用马克思的名言,哲学家不仅要解释世界,还要改变世界,而这种改变当然不只是海德格尔所说的"一种从根本上改

---

① 海德格尔,《论真理的本质》,页92。
② 同上,页102。
③ M. D. C. Paredes, "Amicus Plato magis amica veritas: Reading Heidegger in Plato's Cave", See C. Partenie and T. Rockmore (eds.), *Heidegger and Plato: Toward Dialogue*, p. 118.

变此在、人和对存在之领会的追问活动"。如果把善仅仅当作一种理念,就遗忘了善本身。

至此,我们已不难判断海德格尔对柏拉图如下的评价究竟是一种"去蔽"还是"遮蔽"了。他说:"$ἀλήθεια$[无蔽]之本质没有弄清楚,以至于我们怀疑柏拉图还没有——或者说不再本源性地——领会它。"[①] 海德格尔把西方思想走上一条枯竭和肤浅化道路的责任归于柏拉图,把他当作这条道路的起点。海德格尔对西方思想史的诊断,不可谓不深刻和准确,但他自己可能还没有完全超越他所批评的那些毛病。他把西方的没落追溯到柏拉图那里是完全搞错了。恰恰相反,如果柏拉图对我们时代还有某种特别的教益,或者说能够为我们时代危机的解决提供有效的借鉴,那么海德格尔的错误就变成了"遮蔽",延宕了问题的真正展开,延误了走向澄明的时机。

回到柏拉图的洞穴喻。囚徒上升后见到了"善的理念",似乎成了哲人,但他还终究是一般甚至流俗意义上的哲人。这种上升可称做"第一次起航",但哲人还必须经历"第二次起航",也就是下降到洞穴。

---

① 同前注,页89。

第九章　哲人的下降（516e3–518b5）

哲人看到了太阳底下真实的世界以及善本身，已经超越了普通人，不愿再与洞穴囚徒们"同流合污"，不愿再"做那些凡夫俗子的事"（517c8–9），不愿再与他们分有相同的意见（这正是城邦的基础和特点）。哲人希望永远待在高处，享受自我。哲人为什么不愿返回洞穴？

第一节　虚己的幸福（516c6）

第一个原因在于他们感受到了解放的幸福，既没有闲暇也没有兴趣再去关注或"下视"人类的事务（500b9–c1），既不会与民众争权夺利，也不会对世俗的荣誉心怀妒忌。这时哲人的快乐之源在于观看、注视和沉思"永恒的存在"（500c2–3）。苏格拉底不无揶揄地说到，那些哲人虽然还活着，却仿佛已经进入了"极乐世界"或"幸福岛"（519c5）。哲人其实已不在了，至少不存在于世间。哲人即便感受到了他自己所谓的幸福，但究竟是不是真正的幸福还很难说，甚至哲人所从事的"哲学"本身也岌岌可危。

亚里士多德猛烈批判柏拉图，却似乎没有读懂苏格拉底"装样子"或"高贵的谎言"。亚里士多德认识到了幸福在于至善，但他最终还是把幸福交给了"思辨"；他虽然也把幸福和德性联系了起来，却把"德性"理解为"严肃的工作"(《尼各马可伦理学》1177a,廖申白译文),① 即哲学活动,而不是消遣,同时他又悖论性地把哲学理解为闲暇中的一种高级消遣。

亚里士多德把人的生活分成三种:享乐的生活、政治的生活、沉思的生活。(1095b17-19)其中,沉思或思辨的生活是最高贵最幸福的生活。他的理由在于:第一,沉思是最高等的一种实现活动;第二,它最为连续;第三,沉思这种合于智慧的活动就是所有合德性的实现活动中最令人愉悦的,"爱智慧的活动(philosophia,即哲学)似乎具有惊人的快乐——因这种快乐既纯净又持久,我们可以认为,那些获得了智慧的人比在追求它的人享有更大的快乐";第四,沉思中含有最多的自足;第五,沉思是唯一因其自身之故而被人们喜爱的活动;第六,幸福包含着闲暇,而闲暇是一种享清"福",因此成了幸福的标志。这也是哲学高于政治的重要理由。(1177a19-b26)

沉思或思辨高于政治,"尽管政治与战争在实践的活动中最为高尚[高贵]和伟大,但是它都没有闲暇,都指向某种其他的目的,并且都不是因其自身之故而被欲求。而理性的实现活动,即沉思,则既严肃又没有其他目的,并且有其本身的快乐(这种快乐使这种活动得到加强)。所以,如果人可以获得的自足、闲暇、无劳顿以及享福祉的人的其他特性都可在沉思之中找到,人的完善的幸福——就人可以享得一生而言,因为幸福之中不存在不完善的东西——就在于这种活动"(1177b4-26)。② 总之,"幸福与沉思同在。越能够沉思就越是幸福,不是因偶性,而是因

---

① 亚里士多德,《尼各马可伦理学》,页304。
② 同上,页305-306。

沉思本身的性质。因为，沉思本身就是荣耀的。所以，幸福就在于某种沉思"（1178b28–32）。①

在亚里士多德看来，哲学思辨是最好的，而与现实息息相关的"明智的生活"则是第二好的。哲学思辨最高最幸福，因为它"不需要外在的东西"，是最纯粹的、无条件的、与现实无涉的，也就是"属神的"。"在理智所具有的东西中，思想的现实活动比对象更为神圣，思辨是最大的快乐，是至高无上的。如果我们能享有一刻神所永享的至福，那就受宠若惊了；如果享得多些，那就是更大的惊奇。事情就是如此。神是赋有生命的，生命就是思想的现实活动，神就是现实性，是就其自身而言的现实性，他的生命是至善和永恒。我们说，神是有生命的、永恒的至善，由于他永远不断地生活着，永恒归于神，这就是神。"（《形而上学》1072b23–30）②

正如亚里士多德研究者罗斯所指出的，ἡ θεωρία［沉思］不是一般意义上的思辨，而是指神明的思辨。③ "与现实无涉"成了哲学思辨高于现实的理由，而这种"思想它自己，就是对思想的思想"（《形而上学》1074b37–38），④才是真正的幸福，才更近于神明：人类因为有了"哲学"而成为神。海德格尔大谈"哲学的终结"，但他对"存在"的深沉吟咏，他所谓的"哲学就是对存在的喜爱"、⑤ 就是

---

① 亚里士多德，《尼各马可伦理学》，页310。

② 亚里士多德，《形而上学》，苗力田译，见《亚里士多德全集》，卷七，页278–279。

③ W. D. Ross, *Aristotle: Metaphysics*, Oxford: Clarendon Press, 1924, pp. 380–381。

④ 亚里士多德，《形而上学》，页284。

⑤ 海德格尔，《论真理的本质》，页80。

"对存在者的存在的响应"等,① 依然走在亚里士多德所开辟的道路上。他受亚里士多德影响之深,可见一斑。

哲学的原初意义不在思辨,而在它与实践的结合,柏拉图正是要弥合这两者早已开始的分离。正如康福德所说:

> 很久以前,在公元前6世纪,智者是从事具体事务的人,像立法者梭伦和七贤中的其他六人。伯里克利之死和伯罗奔尼撒战争标志着思想家和从事实际生活的人开始分道扬镳了。……然而在柏拉图眼里,这种思想家和从事实际行动的人之间的相行渐远是一个巨大的灾难——的确,这也是他那个时代的社会弊病的根基。……不管对苏格拉底,还是对柏拉图来说,哲学的含义不是对科学或形而上学进行深入思考或研究,而是对智慧的追求,这如同追求人的完善和幸福。但人是一种社会动物,个人不可能靠独自生活获得完善和幸福。人的许多天性成分只能在社会生活中找到施展领域。因此,人生观和真实的公民身份不是(或不应该是)两者只能择一的事物,它们应该能被结合在一个人的生活中;唯一完美的解决方案就是把曾经相行渐远的两个要素重新结合起来。这就是柏拉图的结论。②

柏拉图"拒绝对实践理性和思辨理性所做的任何区分,

---

① 海德格尔:《什么是哲学》,见《海德格尔选集》,上卷,页600。
② 康福德,《苏格拉底前后》,孙艳萍等译,上海:格致出版社,2009,页167。

因此也拒绝哲人的'思辨'和'实践'观念；他会说只有一种观念"①。不幸的是，亚里士多德却严格区分了这两种要素，开创了"纯粹理性"和"实践理性"相分离的先河，并为之作了"革命性"的价值取舍，让两者渐行渐远，最终分道扬镳。② 柏拉图也极力赞美智慧，但与时人的理解大不相同："智慧从根本上不仅意味着科学或形而上真理的知识，更重要的是善和恶的知识，（正如我们所说的）是价值观的知识。拥有智慧就意味着知道什么是善以及为什么而活着；这就是幸福的秘密。"③

后来，哲学的使命变成一种思想技术上的操作，而生活的意义这一生死攸关的问题，却不再成为哲人关注的对象了。正如胡塞尔晚年认识到的，这种愈发形而上学和科学化的哲学在人类生死攸关的时刻完全无所作为，因为它不再思考人生的意义问题。④ 维特根斯坦也指出："即使一切可能的科学问题都被解答了，我们的人生问题还是全然没有触及。"⑤ 这无论如何都是哲学的悲哀，也是柏拉图洞穴喻中那个只愿意享受自我的思辨幸福的哲人不够成熟的表现。

---

① Julia Annas, *An Introduction to Plato's Republic*, p. 265.

② 余纪元也认为，"亚里士多德面临的这些困难很大程度上与他对德性与活动之间的截然划分有关"（《德性之镜——孔子与亚里士多德的伦理学》，林航译，北京：中国人民大学出版社，2009，页308）。

③ 康福德，《苏格拉底前后》，页175。按：引文中所说的阿德曼托斯对哲学的看法或批评，见《理想国》487d。

④ 胡塞尔，《欧洲科学的危机与超越论的现象学》，王炳文译，北京：商务印书馆，2017，页18。

⑤ 维特根斯坦，《逻辑哲学论》6.52，陈启伟译，见涂纪亮主编，《维特根斯坦全集》，石家庄：河北教育出版社，2003，卷一，页263。

"正义"绝佳地体现在"下降"之中,也就是体现在海德格尔所说的"真理"的第四个阶段之中。但海德格尔把他的目光更多地停留在了第三阶段,也就是上升阶段,并说:"由此,我们就达到了目的。洞穴比喻给了我们一个关于真理之本质问题的答案,一个超出 $\dot{a}$-$\lambda\eta\vartheta\varepsilon\iota a$ [无一蔽] 词义的本质性的答案。"① 他虽然看到了不再向高处攀升而是要返回的第四个阶段,并认为那是一个"非常值得注意的阶段",但他最终没有给予充分的注意。

海德格尔对第四阶段解读得过于简略,显得犹豫甚至怀疑。他对"真理"这种"去蔽"的单向度追求遮蔽了他的眼光,没有认识到下降这种"完成"(Vollendung)本质上究竟指向什么目标,而他由此对柏拉图的批评也彻底错了。在他看来,如果沿着他一开始就设定的目标,即追问 alethes 以及它的要素——光、自由、存在者、理念——的话,那么"第四阶段不再带来任何新东西",因为第四阶段根本不再提及 aletheia,而这种状况更深刻的原因还在于,"真理的本质,aletheia,确实在第三阶段末尾得到了澄清"②。于是他不再继续挖掘,反而认为柏拉图在第四个阶段耽误了历史。

但正如有的学者所看到的那样,海德格尔对柏拉图的批评或许能更好地用在他自己身上:

> 海德格尔频频责备柏拉图主义,却没有吸取柏拉

---

① 海德格尔,《论真理的本质》,页77。
② 同上,页78,页85。另参 Johannes Fritsche, "With Plato into the Kairos before the Kehre: On Heidegger's Different Interpretations of Plato", in C. Partenie and T. Rockmore (eds.), *Heidegger and Plato: Toward Dialogue*, p. 153。

图洞穴喻的教训。哲人必须返回洞穴之中，不是为了拯救 polis［城邦］，而是为了在可理解的理念光明中花费了时间之后，理解政治领域的特殊性。当他最初返回的时候，他无法在相对的黑暗中观看（《理想国》516e，518a）。于是本质的知识就不足以理解政治，我们必须既要上升又要下降，并花时间来调整我们对两个领域的领会（海德格尔阅读该段时完全忽视了这一点，并简单地把哲人描述为被启蒙的自由者，可能被受到蛊惑的民众杀死。[《全集》第 34 卷，页 89 - 94；《全集》第 36/37 卷，页 180 - 185。] 海德格尔阅读中更大的缺陷在于，完全没有明白柏拉图实际上教导我们说，我们可以占有本质的知识［弗雷德，2006］）。就他的这种盲目而言，他就类似于柏拉图讽刺的"哲人"。①

海德格尔本人的经历（主要是政治上的失足）与他对于第四阶段缺乏理解可能不无关系：本质的知识确实不足以理解政治。因此，与其说"海德格尔超出了政治之物，而且从不回头"②，不如说他还在洞穴之外。尽管他从柏拉图第七封书信中得出了这样的答案——"只有借助追问和探究所消耗的全部辛劳，走遍这条完整的解放道路的所有阶段，理解之光才会出现并敞亮起来"③，但他自己却并没有走完这条道路，所以他似乎还没有彻底得到解放。他作为一位"哲人"，非常乐意当然也只有待在洞穴之外，这很

---

① 博尔特，《海德格尔的秘密抵抗》，赵卫国译，刊于刘小枫、陈少明编，《海德格尔的政治时刻》，页109。
② 同上。
③ 海德格尔，《论真理的本质》，页108。

难说是不是一种遗憾,但毕竟是事实。

海德格尔依然是传统意义上的哲人,而不是政治哲人,他并不注重"正义"及其"行动"的本质。柏拉图在洞穴喻中强调的不仅仅是去蔽式的真理,更是行动的真理。所以,柏拉图关于哲人为何要离开以及为何要下降的问题,的确不适合海德格尔,① 因为海德格尔的精深思想中缺乏政治哲学的维度,也就没有关于正义的行动关怀,他后期的救渡方案显得浪漫而苍白、遥远而无助、美妙而虚幻。

其实,当海德格尔看到了"真理"在古代的本来面目时,就已经触碰到了这个词的行动意义。他说:"古代时真理这个词是褫夺性的;它表达出一种排除、一种抢夺、一种对……的克服,因而是一种进攻(Angriff)。"②但他没有进一步由此而看到,真理的这些古义归根结底是一种行动,正如"正义"的原初而本真的意蕴一样,尽管海德格尔别出心裁地把"真理"理解为"去蔽",已经赋予了它动态的内涵。而他对此在的存在论状态的分析,已经走在了政治哲学的门槛边,只是他没有再进一步,难怪有人把海德格尔比作高唱"人是万物的尺度"的普罗塔戈拉。③

---

① Michael Inwood, "Truth and Untruth in Plato and Heidegger", in C. Partenie and T. Rockmore (eds.), *Heidegger and Plato: Toward Dialogue*, p. 85.

② 海德格尔,《论真理的本质》,页121。

③ Michael Inwood, "Truth and Untruth in Plato and Heidegger", in C. Partenie and T. Rockmore (eds.), *Heidegger and Plato: Toward Dialogue*, p. 91.

第二节　政治上的无能 (516e8–517a4)

第二个原因是他们上升到外面后，醉心于思辨的哲人已没有能力应对日常生活，这就是哲学的"无用"和哲人的"无能"。

苏格拉底假设这位哲人重新"下降"（516e4）到洞穴中，回到原来的位子上，那么情况会怎么样？这里的"假设"或"如果"显得很突兀，似乎没有原因和理由，① 但它实际上是在进一步解释哲人不愿意下降的缘由，即哲人的无能；同时，也在呼应《理想国》开篇的情景：苏格拉底的下降及其命运；最重要的是，这个阶段是"哲人"成就自我所必需的功业，它不是附带的玩笑，哲人也不是出于像他成为哲人所依赖的"好奇"而重返洞穴，② "下降"是一件比"上升"更神圣的事情。

哲人的下降与他的上升一样，充满了痛苦（甚至还有致命的危险）。由于他刚从光明之处来到黑暗的地方，眼睛会很不习惯，需要很长时间来"恢复"。如果此时他与其他囚徒比赛判断洞壁上的影子，那他肯定不如其他囚徒，可能还会遭到他们的嘲笑：他虽然上升过，回来时眼睛却"败坏"了，因此上升是一件得不偿失的事情。这里的"败坏"（διεφθαρμένος）恰恰就是苏格拉底对青年行的不义：他这位"关心天上的事，还考察地下万物，把弱的说法变强"（《申辩》18b7–c1）的最智慧的哲人，最后因败坏青年（《申辩》23d1，24b9）被城邦处死。

---

① Stanley Rosen, *Plato's* Republic: *A Study*, p. 274.
② 海德格尔，《论真理的本质》，页87。

如果哲人败坏青年的罪名成立，那是因为哲人首先已经被哲学败坏了。哲人泰勒斯两眼盯着天上看，没有留神（也不愿意或不屑于？）脚下的大地，掉进了井里，遭到机智俏皮的忒腊克女仆取笑：哲人太专注于天空上面的东西，却没能看到就在面前脚下的物事。那位女仆的嘲笑穿透了漫长的历史，至今还在众多哲学家心里隐隐作痛，当然大多数哲学家采取了高高在上的鄙夷态度，但实则不过是在掩饰自己的无能，毕竟哲人的"失足"不只有泰勒斯。

蒙田则很感激那位女仆，因为她扒掉了自以为是的哲人身上虚假的光环，让我们看到哲人的"无能"，至少让我们更加清楚地认识到哲人的偏颇。① "人无远虑，必有近忧"（《论语·卫灵公》）当然是正确的，但这只是问题的一个方面，我们还需要加上一句，"有远虑，更有近忧"。洞穴中的忒腊克女仆虽没有上升到神圣的思辨领域，她的嘲笑却不无道理。

接下来，柏拉图借苏格拉底之口说，这个故事同样适用于所有哲人。哲人甚至注意不到自己在做什么，他几乎不知道自己究竟是人还是其他动物。他关心的问题是：人是什么？什么样的行动和感情更适合于人的本性，并与所有其他存在物相区别（《泰阿泰德》174a4–b5）。② 这活脱脱就是海德格尔（尤其是早期）的写照，他后来另辟蹊径也没能最终摆脱那种遭人嘲笑的命运——这难道就是哲人的宿命？

---

① 蒙田，《蒙田随笔全集》，马振聘译，上海：上海书店出版社，2009，卷二，页197。
② 亚当指出，《泰阿泰德》对哲人的整个描述应该与《理想国》517d 这段话仔细对勘（《〈理想国〉疏证》，页96）。

在《理想国》第六卷中，苏格拉底也承认了哲学的怪异和无能。较为清醒和审慎的阿德曼托斯这样描述大众眼中的哲人：

> 那些大部分时间都浸淫在哲学中的人，大多数都会变得稀奇古怪（ἀλλοκότους）。且不说坏透顶（παμπόνηρος）的，就是那些被认为最能干的，就你所鼓吹的［哲人王］伟业来说，都难免这样的下场。因为他们对城邦来说毫无用处。（487d1–5）

在阿德曼托斯看来，哲人不仅"稀奇古怪"，更是"坏透顶"（παμ-πόνηρος，意即"彻底邪恶"或"彻头彻尾的坏蛋"），对城邦自然没有用处，也没有益处。哲人"在最好的情况下，于城邦毫无用处，在最坏的情况下，也是最通常地，他们极其邪恶"①。

以阿德曼托斯为代表的大众可能都很浅薄，但他们的看法未必都没有道理。其实哲人并不比大众更高明，"大众指责中的合理成分恰恰说明了哲学生活的严峻，以及进行哲学教育的原因和必要性（492a）。今天，敌视柏拉图的哲人国度的人——汤因比是其典型代表——似乎完全没有意识到，他们其实和那些大众一样无知"②。苏格拉底也承认大众说得有道理（487d10），或许对常识的认同就是哲学最基本的"真理"——这才是对哲学本身的"去蔽"（aletheia），而不是某种稀奇古怪、曲高和寡、坏透顶并且有害无

---

① 布鲁姆，《人应该如何生活》，页136。
② 弗里德兰德，《〈理想国〉章句》，见刘小枫编，《〈王制〉要义》，页130。

益的东西。

接下来,苏格拉底为哲学作了必要的辩护:哲人的最优秀者诚然对"大众"无用,但责任不在哲人,而在于"不用"哲人(对观孔子在《论语·阳货》中"如有用我者,吾其为东周乎"的感叹),还说哲学就是被那些自称搞哲学而实际上却是伪哲学家的人搞得声名狼藉的。但苏格拉底承认,由于社会环境的险恶以及教育方式的不当,大多数哲人必然变坏(489d10)。但我们又到哪里去寻找得到一个适合哲学和哲人的"无菌实验室"或真空般的城邦和政治制度?(参497a – c)

就算哲学能够碰到那样的制度,既然哲学与人事无涉(497b6 – c3),那对生息其间且赖其而存在的政治制度来说又有什么意义?哲人既然无用(更不用说邪恶),又何以当王?其实,苏格拉底有意无意间已经清楚地表明,"哲人王"理论乃至整个《理想国》中所有稀奇古怪的"理想",本身就是悖论,因而看上去像"开玩笑"($\dot{\epsilon}\pi\alpha i\zeta o\mu\epsilon\nu$, 536c1)。

为什么哲学无用?哲人习惯于"神圣的思辨",回到洞穴后显得极其可笑(517d4 – e2),没什么好奇怪的。正如《泰阿泰德》中的"苏格拉底"以泰勒斯的轶事所表明的那样,哲人高高在上,远离实际生活,迂腐且无能,不管是在法庭上还是其他地方都不了解脚下的东西,也不能对他人有所贡献,只能惹人笑话,他的笨拙便会为自己带来愚蠢的骂名。就在生死攸关的法庭审判中,"由于不熟悉,'登高'使他目眩,'向上看'让他心慌,他茫然无措、结结巴巴"(175d,贾冬阳译文)。苏格拉底本人在受审时亦自知自己在这方面作为门外汉的无能(《申辩》17d,另参《高尔吉亚》486a7 – b4)。

哲人不行不义,却无能于不遭受不义,因而这种哲人谈不上正义，这种无能并不比洞穴囚徒不知晦朔春秋的生存状态更高明。形而上学无法为生活的边界提供恰当的指示，至少"关于绝对存在的绝对知识对于统治来说是不够的"。①

第三节　政治中的危险（517a4–6）

第三个也是最重要的原因，就是哲人下降后会遇到生存上的巨大危险："对于这位试图解放他们并引领他们上升的人来说，如果他们能够抓住他，不会杀死他吗？"（517a4–6）格劳孔非常肯定地说"那当然"。这的确是一件让人"目瞪口呆"（海德格尔语）的事：哲人自己的解放之旅居然会以"死亡"而结束；受惠的囚徒居然会杀死前来解放他们的恩人。难道下降就是死亡？像奥德修斯下降到冥府一样经受死亡是为了再生？② 难道死亡就是哲人自我成就的根本方式？囚徒们不希望得到解放？他们疯了吗？在这个必然的悲剧中，哲人完全无辜吗？

死亡是哲人最好的归宿。③ 在这种深刻的理解中，哲人该死，也必须以某种高尚的方式英勇就"义"，这里的"义"就是"正义"，因为哲人的正义恰恰就在于下降，他只能在下降的使命中幸福地面对自己必然的命运。但这能够掩盖哲人的无能吗？拯救必须以死亡为代价？在解放和死亡之间就没有一个可以缓解紧张冲突的中间地带？

---

①　Seth Benardete, *Socrates' Second Sailing*, p. 154.
②　伯纳德特，《弓弦与竖琴——从柏拉图解读〈奥德赛〉》，页129。
③　海德格尔，《论真理的本质》，页82。

"解放"是哲人的使命,首先便因为他是"我们"中的一员,否则只是洞穴外的逍遥客,而不是"人"。但哲人的使命可以让他借"解放"之名为所欲为吗?换言之,解放如果是必须的,那么哲人该如何去完成自己的使命?哲人只看到了自己受毒害,难道他自己就没有施与毒害,并由此而招祸?哲人是否需要反思自己,尤其反思自己的解放方式?

在哲人的自我理解中,解放是他们的神圣使命,但他们似乎分不清解放与施暴,便很容易反受其害。要知道,"暴力"本身不是绝对的"坏",它是上升的必要动力,尽管不是唯一有效甚至不是最有效的手段。此外,它还必须根据对象来调整,否则"利他"就成了"自作孽"。

其实,就算哲人不去解放囚徒,他的日子同样不好过,这就是哲人与城邦的永恒冲突。哲学追求彻底,而政治讲究妥协和中道;哲学追求真理,而政治仅仅也必须依托意见;哲学本身就是取代了神明的神圣之物,而民众需要哪怕在哲人眼中是虚幻的信仰。哲学本身是一种革命和批判(比如康德的哲学),而政治更多的时候需要稳定、和谐与传统。由此不难想见哲人以及潜在的哲人在城邦中的处境。

柏拉图在《理想国》第六卷大量讨论"哲学"和"哲人",借苏格拉底之口并以其亲身经历讲述了哲人与城邦的冲突:有一个天资卓越的年轻人,天生就与言辞(理性)有缘,他理解到了一些东西,① 被拖拉着(另参515e6),转向了哲学。其他囚徒会怎么对付这个"异己分子"?他们显然会想尽办法阻止他上升,还会处死拖拉他上升的哲人,

---

① 这里的"理解"就是海德格尔在解读《泰阿泰德》中反复研究过的"知觉"(《论真理的本质》,页157以下及296以下)。

不惜私下地或公开地阴谋陷害（494d9－e6）。

苏格拉底在为"哲人无用"辩护时，以船长和水手的比喻生动地诠释了哲人在城邦中的处境及其与城邦的冲突——这让人想起奥德修斯归返时与船上兄弟们的艰难相处。苏格拉底说，这就是真正的哲人在城邦中的"状况"（διάϑεσιν，489a6），而这个词在希腊语中还有"出卖"之义！布鲁姆说："哲人的处境，或许可被恰当地比作格列佛（Gulliver）在小人国（Lilliput）中的处境。他太高大、太不同，以致不被信任；他太超越卑小而野心勃勃之人的诱惑，以致无法作为他们的工具。"①

哲人的危险在于无能和鲁莽，而古典政治哲学所教导的"审慎"就是一种纠偏和补充。如果哲人既勇敢地下降又审慎、节制和明智地对极少数人展开拯救工作（487a1－5），那就既不会惊醒黑屋子中沉睡正酣而且根本就不可能得救的大多数人，又能够召唤有潜质的人上升。毕竟"大众（πλῆϑος），不可能成为哲人"（494a4）。②

大多数人只能过洞穴生活，这对他们的天性来说本身不是坏事。相反，强行让他们上升，反倒让他们陷入无穷无尽的苦难。因此，施暴对他们不公，在某种程度上甚至是对他们的犯罪。过分热心也过度狂热的哲学家大概没有认识到，人们不太需要解放，或者说，"人类并不希望从束缚中解放

---

① 布鲁姆，《人应该如何生活》，页138。
② Plethos，也就是尼采所说的"群氓"，等同于拉丁语中的plebs和plebes，主要指广大的下层人民（庶民，平民），甚至还指那些专门与统治阶级作对的"无权无势的暴民"（unprivileged mob）。参 John Myres, *The Political Ideas of the Greeks*, New York: Greenwood Press Publishers, 1968, p.73; G. Glotz, *The Greek City and its Institutions*, Tran. by N. Mallinson. London: Routledge, 1996, p.81。

出来"①。在这一点上,古人与现代人的理解大有不同:

> 启蒙运动,顾名思义,相信光亮可被带入洞穴,阴影可被驱散;在这一观点看来,人们可以生活在完美的光亮中。苏格拉底否认这一点;哲人不把光亮带入洞穴,他逃出到光亮中,并可以把少数人引向光亮;哲人是一个指引者,而非启蒙者(torchbearer)。照亮洞穴的努力会弄巧成拙:一部分人渴求阴影。光亮将被弄暗淡,将被歪曲;它在洞穴中不会提供真正的明晰。同时那些拥有上升到光亮之冲动的人,则会被看似基于理性的神话所劝阻,以致再没有任何别的他们可向之上升的光亮了。因而,解放和灵感的唯一来源将从洞穴中消失。启蒙运动教导说,洞穴可以被改变;苏格拉底则教导说,洞穴必须被超越,而且这一超越只能为少数人完成。②

哲人不断弄巧成拙,最后搭上自己的性命似乎也无济于事——他们的光荣使命未必能给城邦带来幸福。

第四节 思辨的危害(516c2)

哲学是个好东西,但如果使用不当,不仅不能给城邦带来福祉,反而会带来灾难,害人害己。哲学终归是世俗

---

① Stanley Rosen, *Plato's* Republic: *A Study*, p. 275.
② 布鲁姆,《人应该如何生活》,页143。按:torchbearer,执火炬者;苏格拉底并没有看到——更不用说参加——佩莱坞的火炬接力比赛,当然也就没有成为torchbearer。

的，有自身的限度，人类及其幸福安康远非哲学所能包办。普通人卡利克勒斯"教训"苏格拉底，要让哲人放弃哲学回到更大的东西上来，因为哲学虽好，也要适度，超过必要的限度，变成消磨时光，终究无能于世事，会沦为笑柄（《高尔吉亚》484c5 - e1）。

哲学如果走得太远（《高尔吉亚》486a6 - 7）便流于清谈。程子曰："清谈盛而晋室衰。然清谈为害，却只是闲言谈，又岂若今日之害道？"① 一门心思玩思辨哲学的人，不知礼法、修辞和"性情"（ethos）即"伦常"，于己无益、于事无补、于邦无用，终至败坏青年。青年的败坏，不是像柏拉图在其作品中表面宣称的那样仅仅归咎于智术师，也应该归咎于哲人，"这就是哲学需要申辩（apology，又作'道歉'）的原因，它是一项危险的而且本质上被质疑的活动"②。

卡利克勒斯和阿德曼托斯等人对哲学提出了严厉的批判，这些"反面人物"的话看似不足为凭，根本不代表柏拉图的思想——情况可能恰恰相反，③ 苏格拉底也认为"哲学"应该是老年人获得足够的人生阅历而且有了相当多的闲暇后才能从事的活动（498b - c），泰勒斯正是在晚年

---

① 《二程集》，北京：中华书局，2004，页23。
② 布鲁姆，《人应该如何生活》，页26。另参朗佩特，《尼采与现时代——解读培根、笛卡尔与尼采》，李致远、彭磊、李春长译，北京：华夏出版社，2023，页26。
③ 近年来的研究成果表明，甚至如忒拉绪马科斯、卡里克勒斯等"反面人物"，都是柏拉图的"代言人"（mouthpiece）。参 Gerald A. Press（ed.）, *Who Speaks for Plato? Studies in Platonic Anonymity*, Lanham: Rowman & Littlefield Publishers, Inc., 2000；另参拙著，《阿尔法拉比与柏拉图》，页2。

脱离政治后才开始研究哲学的（拉尔修1.23，KR. 68）。① 苏格拉底认可了哲学的"有限性"：哲学（尤其是过分坚硬的思辨哲学）需要相当成熟或完美的灵魂来承受（498b7）。

哲人的惠泽和毒害都在于研究万事万物原因（516e2）。前者无需多言，正是他们神圣光环的来源；但对于后者，即毒害，阿里斯托芬对"苏格拉底"等哲人的嘲笑和指控可资参考：

> 哲人研究自然，特别是天空，发现了天上现象的真正原因，它与由宗教神话给出的解说截然不同。哲人对于天空的沉思消解了城邦的视角，城邦的法律现在看起来仅仅是没有任何自然地位的习俗罢了。哲人的生活方式使他从公民义务中抽身出来，他所学的东西教他鄙视属于人的、政治的事物。而且，哲人对一切事物之原因的理解，使他不可能按照自身的水准来理解人。人被降低为非人，政治的事物被降低为亚政治的事物。哲人疏离了只有诗歌才能充分再现的属人的事物。②

柏拉图《法义》第十卷指出，无神论就是那些号称智慧的"新贵"即哲人搞出来的，他们说日月星辰不是神明，而是泥土和石头，不可能关心人间的事情（886d2 – e2）。他们认为管理宇宙的不是神明，而是理性（nous），于是遭

---

① 关于泰勒斯的行迹以及政治和哲学的关系，参拙文《智慧本义》，刊于《人文杂志》2009年第2期。

② 布鲁姆，《人应该如何生活》，页24。布鲁姆认为《理想国》默认了雅典对苏格拉底的指控，见页25。

到诗人们的辱骂和攻击，被视为猖猖狂吠的狗，只不过说了一些毫无意义的东西（967a7 – d1）。城邦生活需要意见和信仰，但哲学恰恰把这些最为重要的东西给抽走、打碎和埋葬了，这就是哲人与城邦的冲突最核心的原因之所在。

哲学本来就"先天不足"，后天还营养不良。① 它"先天不足"在于它的诞生过程就是一部数典忘祖的历史，"后天营养不良"则是因为它逐渐远离了诗歌和政治（即生活）。人们不再相信超越性的存在，"神明被礼貌地束之高阁，而且对世界的起源和本质的神圣解释，已不再是可以容忍的了。这样的问题提出来了，而且是第一次提出来：不求助于神话，人的理智能否解决这些问题"②。

哲学的目标不再是代天立言，而是自我的证立。人们相信可见世界隐藏着一个理性且可以理解的秩序，自然世界的原因可以在自身的界限内找到，而且自律的人类理性就是我们研究中的唯一的和有效的工具。"理性思想首先表现得如同炸药。最古老的权威也受到影响。只有'我'用有说服力的理由解释的东西才是正确的。"③ 哲学不再关乎"道"，只在乎"我"，难怪有学者说哲学是"汹汹然毫无节制的个人主义""自我意识无限膨胀"以及"过分而肤

---

① 参拙著，《西方哲学批判》，北京：华夏出版社，2025。
② W. K. C. Guthrie, *The Greeks and their Gods*, Boston: Beacon Press, 1950, p. 132.
③ 耶格尔，《教化：古希腊的成人之道》，王晨译，上海：上海三联书店，2022，页166。Gilbert Highet 把这里"理性思想"（rationale Denken）译作了"逻辑"（logic），见 Werner Jaeger, *Paideia: the Ideals of Greek Culture*, Translated by Gilbert Highet, Oxford: Oxford University Press, 1944. V. 1, p. 155。另参 W. K. C. Guthrie, *A History of Greek Philosophy*, Cambridge: Cambridge University Press, 1962, V. 1, p. 29。

浅的好奇心"（比较亚里士多德关于哲学与好奇关系的论断）的产物。① 哲学正是为了证明自己的高明而在恶性竞争中产生的，本质上是"私言"。②

由此我们不能不对苏格拉底信誓旦旦推出的"哲人王"理论表示怀疑：一个与现实无涉且对政治生活毫无兴趣的人如何能够管理好城邦。即便他知道万事万物的原因，有极强的理性能力，这是否就能保证他适合在城邦中生活？③ 就足以说明这位不谙政务的人能搞好政治事务？更何况"哲人王"理论违背了苏格拉底提出一人一艺的正义原则。④ 廊下派的开创者芝诺也看到了这里的矛盾，但他的解决方案也不妥。⑤

柏拉图的"理想国"在很多方面违背了人性，因而是不可能的。它只是最广泛和最深刻地分析了政治理想主义，意在治疗任何现实的政治野心。⑥ 或者说，它是对哲人狂热的政治理想所做的深入批判："苏格拉底建构他的乌托邦，是为了凸显我们所谓的乌托邦主义的危险；就此而论，

---

① 罗斑，《希腊思想和科学精神的起源》，陈修斋译，桂林：广西师范大学出版社，2003，页132以下。

② 劳埃德，《早期希腊科学》，页11。另见劳埃德，《希腊科学》，页19。

③ J. F. Wilson, *The Politics of Moderation*: *An Interpretation fo Plato's* Republic, Lanham: University Press of America, 1984, p. 91.

④ Seth Benardete, *Socrates' Second Sailing*, p. 180.

⑤ P. A. Vander Waerdt, "Zeno's *Republic* and the Origins of Natural Law", in P. A. Vander Waerdt (ed.), *The Socratic Movement*, Ithaca: Cornell University Press, 1994, p. 303.

⑥ Leo Strauss, *The City and Man*, pp. 65, 127。另参费拉里，《城邦与灵魂》，页223。

这是迄今为止所书写的最伟大的政治理想主义的批判。"①
从另外的角度来说，苏格拉底想"呈现个人天性并构建这样一个社会秩序：这个社会能充分利用人的天性并使其天性尽可能保留原来的样子"②，以便物尽其性，人尽其用。

柏拉图不打算完全消除人的各种欲望，以建立一个远离欲望的宙斯之国或上帝之城，而是努力在一个现实而具体的稳定秩序中，协调人性中各种竞争的欲望，并予以充分合理的利用。在康福德看来，"《理想国》的问题就是要找到一种稳定、和谐的社会秩序。……指导他的原则就是：如果一种社会秩序没有反映出人性中不可更改的素质，那么，它就不可能稳定与和谐。更准确地说，这个社会秩序必须提供一个框架，在这个框架内，任何人的正常欲望都能找到合法的发挥领域并得到满足，一个压制和阻挠人类正常欲望的社会体系将迟早被它所压制的力量推翻；只要它持续下去，它就会使人们不正常"③。

康福德认为，正是在这一点上柏拉图的思想与其师苏格拉底的哲学分道扬镳了。康福德甚至以《卡拉马佐夫兄弟》中的故事来比附苏格拉底和柏拉图的关系，然后说：

> 如果《法律篇》中的理想国成为现实，我们可以设想一个比拟的场景：苏格拉底在夜间议事会前接受第二次审判，他面对的是坐在主席位置上的柏拉图。苏格拉底依然坚持不受约束的自由和自治，但柏拉图已经预见到了人类不可能承受它。所以他设计了这样

---

① 布鲁姆，《人应该如何生活》，页151。
② 康福德，《苏格拉底前后》，页171。
③ 同上。

> 一个国家：少数人拥有智慧，多数人永远也不会拥有智慧，少数人凭道德心对待多数人。①

在刘小枫看来，柏拉图、陀思妥耶夫斯基和尼采都在处理那些以理性而自命不凡实则是人类精神上最大的"罪犯"的问题，柏拉图笔下的苏格拉底堪称这一系列风光无限的"罪犯"中的始作俑者："在雅典法庭面前，苏格拉底才晓得了自己的观念可能导致的现实，于是一下子'脸色煞白'，最后理性地选择了自杀。"② 苏格拉底的"申辩"只是表明自己有更高的关切，可以稍作辩驳，但最终还是承认自己有罪。③ 不仅是洞穴中的囚徒杀死了哲人，如果哲人意识到自己给城邦带来的危害，也会心甘情愿地自杀：哲学杀死了哲人。

---

① 康福德，《苏格拉底前后》，页 177–178。故事见陀思妥耶夫斯基，《卡拉马佐夫兄弟》，页 278–295。另参罗赞诺夫，《陀思妥耶夫斯基的"大法官"》，张百春译，北京：华夏出版社，2002，页 96 以下。
② 刘小枫，《拣尽寒枝》，北京：华夏出版社，2007，页 111。
③ 布鲁姆，《人应该如何生活》，页 25。

第十章 何为正义（518b6–521b11）

海德格尔以为哲人返回到洞穴，"才是自由首次真正的完成"①，这种看法其实还不到头，因为返回到洞穴只是开启了一种可能性，"自由""去蔽"或我们所探讨的"正义"还远远没有完成。正义本身不是单纯的理论问题，因为正义在社会生活中产生，必须也只能在社会生活中得到恰当的理解和执行。与"善的理念"（理念即看）一样，正义也不是用来"看"（即"思辨"）的。任何形式的"正义论"，尤其现代正义论，都是一种临时的权宜、局部的正确、深刻的浅薄和遥远的精致。

哲人必须下降，必须走在通向正义（而不仅仅是语言）的途中，否则通向"真实""真理"和"正义"的大门就永远关上了，哲人充其量不过是"半截子哲人"。但既然哲人不愿意下降，在管理城邦方面"不作为"（519c5），那就只能使用暴力，就像曾经让他们上升一样，必须强迫。

——我们这些建国者的任务就是要强迫最优秀的天性去从事我们刚才所说的最伟大的学业，[强迫他们]看到善，登上那条上升之路。而当他们上升并充分地看到了[善]，就绝不允许他们像现在所允许的那样。

——哪样？

---

① 海德格尔，《论真理的本质》，页87。

——就是待在那里,不愿意下降回到囚徒中间,也不愿意跟他们同劳苦共荣誉,无论[那些甘苦]有多微不足道,还是有多值得认真对待。(519c8–d7)

苏格拉底和格劳孔等人在这里的身份就是"建国者"和立法者,通过立法等手段来强迫那些具有最优秀天性的人,首先上升,去学习那些最伟大的东西,去了解什么是"善"。就像苏格拉底后来把诗人赶出城邦一样(607b),是为了让他们得到历练,然后还要逼迫他们回来,归根结底,"把诗人驱逐出去,只是为了把他们转变成城邦的缔造者"[①]。但既然哲人志不在此,又迂腐无能,兼之危险重重,甚至还可能败坏城邦,为什么还要逼迫哲人下降?

第一节 智慧升华 (518b6–519c7,520b6–d4)

哲学如果把自身严格限定在合理范围内,那么它的意义虽不如从业者认为的那么大,却能帮助我们看清很多东西,比如至高无上的"善的理念"。哲学如果再进一步以恰当的方式关注和参与城邦的建设,那么它广博的知识必定能够发挥巨大的作用。可见哲学本身就是锋利的双刃剑,既可杀人,也可助人。

灵魂需要转向。从洞穴中上升的哲人经历过"转向",懂得"转向的技艺",能够帮助他人实现灵魂的转变(518d3–5)。普通人没有转向能力,无法上升,也就谈不上下降,更谈不上"管理城邦"。他们没受过教育,不懂得

---

① 伯纳德特,《施特劳斯的〈城邦与人〉》,刊于刘小枫主编,《施特劳斯与古典政治哲学》,上海:上海三联书店,2002,页570。

真理，做任何事情都缺乏目标（519b8－c4）。但城邦需要人来管理，所以只有强迫哲人。苏格拉底在这里的论证似乎并不周延，城邦中并非只有"哲人"和"非哲人"，还有一些受过教育但又不是哲人的人，比如诗人、武士和护卫者中的佼佼者，即政治家。政治家才最适合管理城邦。

与普通人相比，哲人的优势体现在两个方面，一是丰富的学识，二是高尚的品性。

哲人富有学识，虽并不能够保证他们同时也有能力从事政治活动，但总比那些没受过教育的人更有能力（520b7－c1），我们可以从善意的角度认为"更完美"（520b7）也包含政治方面的内容。哲人在政治上可能比较蹩脚，但他们毕竟善于学习，可堪造就。

哲人一旦习惯了洞穴中的黑暗，就会比其他人看得更"好"，就能够知道每一种影像之"所是"（ἐστί）——这正是哲人追求的目标，也是哲学研究的强项。哲人由于看见了"美""正义"和"善"的"真理"（τἀληϑῆ，520c5），①集"真善美"（还有正义）于一身，当然就能够清醒地管理城邦，而不会像"现在"这样，城邦的统治权落在了那些不明"所是"却在为影像本身纠缠不清的人手中，那种统治就如做梦一样。哲人的优势在于"清醒"（520c6），而"非哲人"的劣势则在于"做梦"（520c7）。

如果不把城邦交给那些具有清明理智的人，而把统治权交给浑浑噩噩不明事理的"梦游者"，城邦就危险了。与其把城邦交给不可改造的"非哲人"，不如交给可以改造或

---

① 这里所说的"真理"似乎与"去蔽"无关。如果勉强与"去蔽"相联系的话，那么，"美"和"善"恰恰就是要去掉"哲学"，仅仅局限于"真"的盲视。

可以教育的哲人——当然，哲人只有得到改造或教育（这个过程极为漫长），才能胜任城邦的统治。

哲学作为智慧之爱，爱的不是某一部分而是全部的智慧（475b8－9），不是走马观花浅尝辄止，而是会深入事物的本质。哲人爱知识而不是意见，他们能把握永恒同一的东西（484b3－4）。苏格拉底又全方位地"包装"哲人：哲人虽有各种局限，但他们不怕死、不爱财、善于学习、博闻强记（486a－d），还可能正义、温顺、有分寸、招人喜爱，尤其审慎（487a4－5）。这些溢美之词也可能是"高贵的谎言"，与整个"理想国"一样，本即"半真半假"，总在是非之间。

哲人富有学识和智慧，还有幸福所必需的东西：善的以及审慎的生活［方式］（521a4）。善和审慎，远胜于黄金，苏格拉底所要追求的"正义"亦如此（另参336e7－8）。哲人虽然并不富有，但他们的灵魂在出生时就被神明加进了黄金，是统治者的最佳人选（另参415a4－5）。哲人未必已经具有幸福所必需的善和审慎，但他们应该也必须拥有"实践智慧"或政治哲学特别看重的那些品质。苏格拉底在调和思辨与实践，使之合而为一。

哲人"最不热衷于统治"（520d2），最没有朝向政治的热情和血气（pro－thumos），甚至"蔑视政治统治"（521b1－2）。这种心性同样也是双刃剑，它既让哲人远离政治而变得无能，同时这种与世无争的逍遥品格也让他们一旦进入政治生活就会远离私欲，他们高洁的品性也就能够保证他们在治理国家时的"公正"或"正义"。正是因为哲人不图名利，才必须强迫他们去统治（另参347b9－c2），因为哲人无欲则刚，正而无私。只不过，这两种品质还需要"实践"作桥梁。

相反，那些利欲熏心的人把统治权看做某种"巨大的善"（能捞好处），他们的争权夺利必然会导致内讧（520c7－d1，另参521b5），而内讧极为邪恶，会给城邦带来巨大灾难：战乱频仍、田地荒芜、家园遭焚、民不聊生、生灵涂炭，这样的统治者实在不是"热爱城邦的人"（φιλοπόλιδες，470d3－7）。① 此外，穷人统治也弊端重重，他们会像乞丐一样急于捞到个人的好处（ἀγαθῶν，即所谓的"善"），不可能让天下大治。当统治权成了争夺的对象时，城邦就面临灭顶之灾（521a4－8）。

苏格拉底既不主张富人统治，更反对穷人治国，也瞧不上亚里士多德极力推荐并且也成为后世政治圭臬的"中产阶级执政"的理论——尽管中产阶级执政不大会出现"桀骜不驯且热衷于钻营官职而给城邦带来祸害"（《政治学》1295b12－13）。亚里士多德的中道观和中产阶级执政理论更多地看重外在的形式，不够重视内在的德性品质。

柏拉图主张智慧或理智的统治，即神治（theocracy）下的理治（noocracy），连同在《法义》中所主张的法治（nomocracy），都可以统称为"贵族制"（aristocracy）。当然，这里的"贵族"不是政治身份，而是先天品质，即德性上的卓越，因而可以更恰当地叫作"贤良制"。借用孟子的比喻，贤良制乃是天爵，而不是人爵（参《孟子·告子上》）。无论如何，哲人因下降而获得善、审慎和正义，就使得原来颇为狭隘的智慧得到了升华。

---

① 美国的建国者汉密尔顿也说："爱好财富同爱好权力或荣誉，不都是一种凌驾一切的冒险的激情吗？"参《联邦党人文集》，程逢如等译，北京：商务印书馆，1980，页28。

第二节　政治哲学的完成（519d8–520e3）

　　哲人学富五车、品性高洁，那他就是完人吗？就是正义的人吗？这样的人真正幸福吗？他的"伟大的学业"（519c9–10）已经完成了吗？他对所生息于其间的社会来说，究竟有什么意义？凡此种种，让强迫哲人重新下降回到城邦这一看似暴烈的行为有了可能的合法性。格劳孔对此不理解，认为这种强迫对于只愿意过纯粹、安宁、悠闲甚而近于神圣思辨生活的哲人不公平，因为哲人本可以过更好的生活，却被迫去过更遭的生活，这是在对哲人行不义（519d8）。① 苏格拉底从公私两个方面证成了"强迫"的高尚意义：既是为了哲人能够成为真正的哲人，也是为了城邦的福祉，总归是正义的。

　　哲人以自己的兴趣和幸福为代价来换取别人的幸福，看上去颇为"异化"（即黑格尔和马克思所说的 Entfremdung，刘小枫先生译作"疏离"）。但为什么还要强迫哲人下降？其原因可能恰恰就在于哲人必须摆脱孤立的个体性立场。现实生活中不可能有纯粹脱离生活的哲学思辨，一方面办不到（想一想海德格尔和托马斯·曼的例子），另一方面也不正义，因为哲人之成为哲人，已经大大地亏欠了他人和城邦，从最朴素的"正义观"来说，欠债必须归还（331c3）。伯纳德特指出：

> "哲人王"这个表述本身就否定了一人一项职业的原则。如果苏格拉底为正义做出的定义成立，不管是

---

① Cf. Julia Annas, *An Introduction to Plato's* Republic, p. 269.

在严格的意义上还是在宽松的意义上［贯彻］关注自己的事务［这一原则］，苏格拉底都只能同意，他们对哲人是不公正的。对正当性（right）的违背是所有政治正当性的基础。哲人下降到洞穴是他欠下城邦的一笔债，而克法洛斯正是用欠债还钱来定义正义。①

哲人学识越丰富，越知"无知"，更何况哲人本来还需要补实践的课。从苏格拉底明确指出和虽有所指却未曾言明的话语中，可以总结出以下"重塑哲人"的几条理由。

第一，自成。人天生就是政治动物（《政治学》1253a2-3），哲人也不例外。哲人如果只愿意徜徉在洞穴（城邦）之外的思辨中，不进入政治，就还不是一个真正的人，因为"那些没有能力共同生活或因其自足而不要［进入城邦］的人，就不是城邦的组成部分，这种人要么是野兽，要么是神明"（《政治学》1253a27-29）。人天生就渴望幸福，但幸福只有在政治共同体中才可能。人如果离开社会赖以维系的法律和正义，就会堕落为最糟糕的动物；如果离开公共德性，就会变得邪恶残暴。"正义是政治性的"（《政治学》1253a37），是公共秩序的基础，那么哲人的正义也必须依赖于政治，否则哲人就很难说是"人"。哲人如果不下降，则非神即兽（但后世的哲人却不幸真的成了"神"，因其弑神以自代）。

如果把哲人流连洞外、拒绝下降视为"出世"和"出家"，就正如程子批评佛学所说："其术，大概且是绝伦类，世上不容有此理。又其言待要出世，出哪里去？又其迹须要出家，然则家者，不过君臣、父子、夫妇、兄弟，处此

---

① Seth Benardete, *Socrates' Second Sailing*, p. 200.

等事，皆以为寄寓，故其为忠孝仁义者，皆以为不得已尔。又要得脱世网，至愚迷者也。"① 出世逍遥，大概是办不到的"愚迷"。陆九渊亦谓："释氏立教，本欲脱离生死，惟主于成其私耳，此其病根也。"②

下降是为了让哲人重新发现自我和认识自我，灵魂和肉体合而为一，自我更加完整。在伯纳德特看来，解放和上升能够让哲人对身体有明晰的意识，但"只有通过下降才能重新发现灵魂"。③ 我们从另外的角度来看，哲人在纯粹精神性的思辨中只能感受到自己的灵魂，对肉体生活的鄙视导致他认识不到自我的完整结构，即灵肉合一，而这只有在下降中才能完成。当然，重新与灵魂相合的肉体，已远非当时刚刚从禁锢中解脱出来的身体可比。

哲人生活在一个合适的城邦中才能更好地成长，只有在"私"方面自我拯救，才能拯救"公"（《理想国》497a），否则无法成为哲人，何谈兼济天下？哲人下降去建设美好的城邦，既为公，也为己。城邦不能得到很好的管理，任何一个人都不能变得完美，这其中当然也包括哲人自己（《理想国》499b）。哲人只有在城邦中才能塑造更完整的自我，才能自成。

第二，修业。单从学业（mathema）上讲，哲人仅仅看到善的理念或者仅仅"沉湎于'理念'的显现"（海德格尔语）还远远不够，还需要学习其他很多东西，还有比他成为一般意义上的哲人更为漫长的道路要走。虽然说"向

---

① 《二程集》，页24。
② 陆九渊，《陆九渊集》，北京：中华书局，1980，页399。
③ Seth Benardete, *Socrates' Second Sailing*, p. 175. Cf Stanley Rosen, *Plato's* Republic: *A Study*, p. 273.

上的路和向下的路,是同一条路"(赫拉克利特语),但向下的路要漫长而艰难得多。《理想国》本身就是为了"教育哲人"而设计的。

哲人此前轻视现实政治生活,必然缺乏各种各样的生存知识、技巧和能力。"不管怎样,真正的哲人似乎并不具备关于灵魂的知识,因为,作为存在者而不经历变化,是不可理解的(《智术师》249a9 – 10)。哲人需要增补的至少包括对智能(nous)与灵魂之间的关系的解释(参见490b3),并且要证明,任何具有灵魂的存在物都能够进行他们必须假定的灵魂活动。"① 哲人下降就是"补课",以便克服哲学的无能。

哲人已经学习了音乐、体育、算术、几何学、天文学、辩证法(521c – 539e,另参《法义》817e 以下),这些必修课能够"把他们上升到光明中,就像传说中的某些人从哈得斯上升为神明"(521c2 – 3)。但这时的哲人还只能认识到"哲学的真理"(521c7 – 8),在政治学和法律这些同样重要的方面尚显生疏。

在苏格拉底的规划中,包括数学在内的理性训练不单单是为了"上升",它一开始就是为了"下降"。比如学习数学不是为了做买卖,而是既为了灵魂的转向,也为了战争(525c4 – 6)。学习辩证法也须注意不要作恶,尤其不能违反法律(537e1 – 4,另参 539a3)。哲人在下降过程中还学会了"言辞"和"辩论",既能治疗哲学的无能,② 也能治疗哲学的"疯狂"(539c6)。哲学讲究彻底,为了真理

---

① Seth Benardete, *Socrates' Second Sailing*, p. 153.
② 《理想国》517d4 以下,《泰阿泰德》175d,《申辩》17d,《高尔吉亚》486a – b。

而不计一切,是为疯狂,但生活远比真理更复杂也更重要。哲人既要看到"善的理念"(517c4-5),也要学会"说服"(519e4),才能更好地管理城邦。哲人还要学会"更有分寸"或"更节制"(539c8),这种"节制"本身就是一种德性,可以控制哲人的言辞,① 更是做人所必需的德性。

哲人要进入"夜间议事会"还需要学习很多东西,因为他曾经学到的东西还远远不能让他胜任这种神圣的工作。关于存在的完美知识还不足以用于统治,能够让他成为哲人的那些知识还远远不足以让他成为政治哲人。学习是哲人终生的事业,下降是为了更好地实现它。传统意义上的哲人不了解灵魂,但统治首先就要求把握它。

哲人必须下降到洞穴中。但洞穴如此大,哪里才是哲人恰当的位置?《理想国》没有明确交代,但如果把柏拉图的著作当作整体来看,大约可知哲人下降的终点站便是《法义》中的"夜间议事会",也如苏格拉底在《理想国》中所说,哲人们一边研究哲学,一边轮流管理政务,一边培养接班人,最终才能配享神祀(540b-c),从而完成自我的修习。

第三,进德。哲人无私无欲,可谓品德高洁,但这种品德是静止、向内和为己的,其意义非常有限,需要进一步提升。哲人即便不会败坏青年,也是"自私独善、枯槁山林、自适而已"②,而且这种自私的"独善"还缺乏生存论的支撑。

即便从消极的角度来说,哲人受城邦养育和教导,是

---

① Leo Strauss, *An Introduction to Political Philosophy*, p. 30.
② 《二程集》,页24。

欠城邦的债，偿还了才能叫做正义（520b2－4），这是克法洛斯这位饱经沧桑的老人最朴素的正义观（331c），也应该是哲人对自己最普通的要求。所谓"欠债还钱，天经地义"。哲人也须遵守基本的伦理底线，否则不仅谈不上"善"，还很可能沦落为亚里士多德所说的最恶劣的动物（《政治学》1253a32－33）。

从积极的角度来说，哲人所看到的"善的理念"必然包含利他的因素。只有下降到城邦之中，他才不仅仅"看到"善，而且还能实现那种善，而实现了的善才是真正的善。在《大学》三纲中，"明明德"当然重要，但还不是"至善"，只有把它与"亲民"结合起来，也就是把"明德""具众理而应万事"，并且"推己及人"，① 才是真正的至善。只有如此，正义才能产生，不惟对哲人如此，凡人皆然。

第三节　正义的实现（519e1－520a4）

苏格拉底就在普通人的意见面前、在没有见识的狐疑中，高超地论证了强迫哲人下降不是行不义，而是"正义"本身。但正如许多学者所看到的那样，苏格拉底的论证并不充分。苏格拉底后来说"下降是正义的要求"，似乎也不是一种逻辑严密的论证，而更多的是伦理呼吁和道德命令。古人并不看重逻辑，而是更注重教化，却并非不讲道理。既然人只能在"相互"之间存在，即只能存在于"共同"之中（520a1），就必须以"利他"来"成己"。哲人要成为"人"就必须首先实现自己的"正义"。

---

① 朱熹，《四书章句集注》，北京：中华书局，1983，页3。

——朋友啊,你又忘记了,[我们的]法律所关注的,不是为了让城邦中的某个阶层过得特别好,设计这种法律是为了让整个城邦都达到这一点[过好日子],运用说服和强制,把城邦合为一体,相互分享利益,让每一个阶层都能共同分享。这样的法律不是为了让城邦中的每个人都能为所欲为,而是为了城邦的联系。

——倒还真是的,他[格劳孔]说,我忘记了。

——那么,格劳孔啊,你就会想到,我们根本没有对我们中间所出现的哲人行不义,相反,我们会说,强迫他们去关心和护卫他人,乃是公正的。(519e1 – 520a9)

苏格拉底追求的正义以及我们的立法精神(即所谓"设计"),其主旨是为了让整个城邦都能够过上好日子。在城邦之中,大家相互分享利益、互相帮助、团结友爱、和谐共处,则天下大同亦复大治矣。苏格拉底所制定的法律,既然不是为了某个阶层的特殊利益,那么也就不是为了哲人这个阶层单独逍遥"法"外,就是说,法律本身就不允许哲人独自过上好日子。"真正的统治者"不应该是为了自己的利益,而应该为了被统治者的利益而去统治(347d5 –6)。诚如是,则哲人的下降,既实现了哲人自身的正义,同时也实现了城邦的正义。

有学者认为,这种既不为己,也不为某个特定阶层的善行太过抽象:哲人的下降不是什么具体的"好",而是为了"好"本身。哲人的追求甚至完全违背自己的兴趣和利益,因此"正义"这种"以行动为中心的理论"(act –

centred theories）其实并不充分，① 更非所有人都能够接受，"那么，正义就要求我们断然不再是人了"②。这种观点显然从"人不为己，天诛地灭"这一世俗和自私的立场出发，但这样的立场显然是抽象的，因为人不可能生活在单纯"为己"的世界里。人当然要为己，却只能通过人之为人来实现。人既然天生就是政治的动物，那么人就只能、也必须在"共同""一体"和"联系"中存在并为己。因此，强迫哲人关心和护卫他人，同时也就是强迫哲人成为真正的哲人（所有人皆如此），当然公正。

不妨再看看苏格拉底对阿德曼托斯的异议和指责所作出的回答，它表明下降才是哲人最高的幸福。

> 我们建立这个［言辞中的］城邦，并不是着眼于我们中的某个部族特别的幸福，而是着眼于整个城邦［的幸福］。我们最有可能在这样的城邦中找到正义，反之，在管理得最不好的城邦中，就只能找到不义。（420b5 - c1）

哲人在幸福的城邦中并没有被剥夺本己的幸福，恰恰相反，只有在这样的城邦中，哲人才可能找到真正的幸福，才能实现正义，否则，幸福和正义根本无从谈起。

后来，亚里士多德与阿德曼托斯一样，对其师的著作大加批驳，认为柏拉图的"理想国"剥夺了哲人的幸福（《政治学》1264b15 - 16）。在他看来，如果护卫者或哲人都"索然寡欢"（即没有幸福可言），其他人又怎能幸福

---

① Julia Annas, *An Introduction to Plato's* Republic, p. 267.
② 同上，页269。

(1264b22–23)。现代研究者也认为亚里士多德"歪曲"(misrepresent)了柏拉图的思想:哲人的幸福不仅在于他们战胜了自己,还在于他们响应"自然"的召唤而工作,①堪称高尚而幸福。亚里士多德本人也说:"人类无论个别而言或合城邦的集体而言,都应具备善性而又配以那些足以佐成善行善政的必需事物,从而立身立国以营善德的生活,这才是最优良的生活。"(1323b41–1324a2,吴寿彭译文)

哲人的幸福来自优良的生活,优良的生活来自善德,因此哲人的幸福就来自善德:"正义的灵魂和正义的人生活得好"(353e10),"生活得好的人就有福($\mu\alpha\kappa\acute{\alpha}\rho\iota\acute{o}\varsigma$)和幸福"(354a1),因此"正义的人就是幸福的"(354a4)。具体地说,哲人的幸福就在于摆脱了名利的羁绊,达到了身心彻底的自由,因生前的贡献而为世人敬重景仰,死后备享哀荣,这才是真正的"极乐",比最有福的奥林匹亚赛会胜利者还更有福(465d2–e2),会进入"极乐岛"或"福人岛",配享神祀,得以永生——至少也会被当作幸福和神圣的人得到祭祀(540b6–c2)。这样的幸福才是真正而具体的幸福,比自私独善、一己逍遥幸福千万倍。

柏拉图在其他著作中也一再强调我们制定法律和设计政制的目的是为了整个城邦的利益,也就是"为了共同体",而不是为某一部分人,那样的法律才是"正确的",也才是正义的(《法义》715b3–6)。对此,柏拉图还进一步作了深入的论证:

> 没有哪个人的天性已经成长到足以知道在政治制度中什么才是对人有益的,即便知道这一点后,还能

---

① 亚当,《〈理想国〉疏证》,页206。

愿意并有能力总是做最好的事情。因为,首要的困难就在于要认识到真正的政治技艺必定不是关心私人利益,而是关心公共利益——公共利益把城邦联结起来,而私人利益则分裂城邦——还要认识到,高尚地建立起来的公共利益——而不是私人利益——既对公共有益,也对私人有益。(《法义》875a2–b1)

柏拉图接下来指出了人性的飘忽甚至邪恶,人类如果仅仅以自私自利行世,或者如霍布斯所谓"人对人像狼一样",不仅不能达到幸福,也无法保证自身的生存。

此外,哲人在知识和德性上远比其他人高明,这种"高明"必然包含着"义务"。每个人都有权利和义务,但哲人作为理智和品德的化身或代言人,更应该在理论和实践上都重视义务,正如西塞罗所说,"有谁不讲授任何有关义务的规则,却敢妄称自己是哲学家?"(《论义务》1.5,王焕生译文)哲人的义务不仅在于坐而论道,更在于立而起行:如果哲人罔顾自己的义务,还配称作哲人吗?这种 noblesse oblige [高贵者之义务] 让人想起"我不入地狱,谁入地狱",想起了那位"为是罪苦六道众生,广设方便,尽令解脱,而我自身方成佛道"(《地藏菩萨本愿经·忉利天宫神通品第一》)的菩萨,他是哲人的楷模,大乘更是正义。

布鲁姆不太看好哲人在城邦中的作用,但也承认哲人必须存在于城邦中,同时承担自己的义务:

> 《王制》最终的教导是,对哲人而言,彻底献身给城邦的正义不可能是完全好的;因而,对其他人而言,这一正义在某种程度上也成问题。对哲人而言,把自己奉献给城邦既不会有利于人类的拯救,也不会有利

> 于他自己智慧的提升。然而，哲人不得不生活在城邦中，他必须依靠他人来保存自己；因而在城邦中，哲人必须关心至少是少量的正义。……哲人的正义因而拥有一种沉重义务的特征。①

哲人没有理由不下降到城邦中去实现自我、自渡渡人。但靠哲人自己无法完成这种光荣的使命，必须强迫，而且还要让哲人认识到这种强迫乃是必然的。"强迫"和"必然"在希腊语里是同一个词，它们都是"善"的因缘。柏拉图特别喜欢把"善"与"必然"对举，"必然"总是"善"的 condicio sine qua non［必要条件］。② 亚里士多德说："作为必然，是美好，是本原或始点。而必然性又有这所有含义，由于与意向相反而被强制，或者没有它，好的结果就不可能，总须如此而不允许别样是最单纯的意义。"（1072b10 – 13）③

即便从"私"的角度来看，哲人作为"爱智慧者"本身就拥有"爱"（philos 和 eros），他爱自己的东西，必然包括自己的家庭、部族和国家，最终就会成为"爱国主义者"。④ 更不用说，世上还有一种无疆的大爱，远远超出了

---

① 布鲁姆，《人应该如何生活》，页 153。

② 参肖立为洛布丛书《理想国》译本 347c 所加的注释（Plato: The Republic Books I – V, Cambridge: Harvard Universtiy Press, 1930, p. 80）。

③ 亚里士多德，《形而上学》，苗力田译，见《亚里士多德全集》，卷七，页 278。

④ Leo Strauss, The City and Man, p. 128。当罗森说"这里没有给出这一步（按指下降）的原因"时（Plato's Republic: A Study, p. 274），他所说的 no reason 也许不是针对施特劳斯，大概是还没有来得及引申。

自私的利益算计。于公于私，哲人都必须下降。

当然，哲人仅靠必然或强迫，仅有品德和愿心，亦未必能实现正义。哲人下降后，要运用"说服与强制"（519e4）让大家团结协作、相互分享利益，实现城邦的联合，带领民众走"共同幸福"的道路，实现全面的正义。哲人必须结合"说服"与"暴力"（《法义》711c4，另参722b6），① 否则害人害己。整个《理想国》就是强迫与说服共同的产物：苏格拉底多次受到强迫（327c，328b，357a，368c，449b 等），他正是在这种"强迫"中展开了高超的"说服"（348a3，498d2 等）。

苏格拉底后来在谈到政治和法律优劣时，批评斯巴达人过分看重暴力，而物极必反：大家在高压之下，反而开始逃避法律，转而偷偷地寻欢作乐。这就是因为他们"不是以说服而是以暴力来教育，他们忽视了与逻各斯和哲学相伴的真正的'文教'"（548b6 – c1，另参《政治学》1270b34 – 35）。② 柏拉图笔下的"文教"（Muse）含义很复杂，泛指"缪斯女神"所掌管的一切精神塑造的活动（即近于德文的 Bildung，教化），包括"修辞"和"说服"。当然，单纯的"说服"也无法起到很大的作用。

哲人自以为聪慧，但如果"敌视言辞"（$Μισόλογος$）、"缺乏文教"（$ἄμουσος$）、只知暴力，那就像一头野兽，当然就只能过一种"无知""笨拙""愚蠢"和"粗鲁"的生活，没有节奏感，也毫无体面可言（411d7 – e2）。如果

---

① Paul Shorey, *Plato*: The Republic *Books VI – X*, Cambridge: Harvard Universtiy Press, 1935, p. 140.

② 参亚当，《〈理想国〉疏证》，页 213；另参 W. L. Newman, *The Politics of Aristotle*, Oxford University Press, 1887, p. 337。

把简单粗暴的"强迫"比作"质",把和风细雨的"说服"比作"文",那么统治者就应该遵循孔子所谓"质胜文则野,文胜质则史。文质彬彬,然后君子"(《论语·雍也》)。君子就是下降后的哲人,即政治哲人。

说服或修辞在哲人的下降中为什么如此重要?亚里士多德在其《修辞学》中指出,说服或修辞不是巧言令色,而是以政治为基础和目标,讨论和审议国计民生的大事,因此古典修辞就是政治哲学,因为"演说者必须知道有多少种政体形式,哪一种政体适用于哪一种城邦,它们是因为什么自然的缘故——政体自身固有的因素和与政体相对立的因素——被毁灭的"①。懂政体,明习俗,晓人心,则知如何措辞。修辞学就是辩证法和政治学的分支,理论和实践的强援。②

修辞术大师忒拉绪马科斯常常被视为"反面人物",在"理想国"中却有非凡的意义。施特劳斯在这方面可谓独具慧眼,挖掘出了这个被人遗忘、鄙视和嘲笑的人物,指明其在政治哲学中的重要地位:

> 要让城邦以及让非哲人(non‑philosophers)或大众产生所需要的变化,正确的说服形式是充分必要的。正确的说服形式由说服的艺术——也就是忒拉绪马科斯的艺术而来,这种艺术由哲人指导,并且为哲学服

---

① 亚里士多德,《修辞学》,颜一译,见《亚里士多德全集》,卷九,页351,另参页369–370。

② 亚里士多德《修辞学》1356a25–28,《尼各马可伦理学》1094b3;柏拉图《高尔吉亚》463d1–2。另参斯金纳,《霍布斯哲学思想中的理性和修辞》,王加丰、郑崧译,上海:华东师范大学出版社,2005,页46–48。

务。难怪在这个语境中,苏格拉底声明他和忒拉绪马科斯刚刚成为朋友,此前也一直都不是敌人。非哲人这种大众天性很好,因此能够被说服。如果没有"忒拉绪马科斯",就绝不会有正义的城邦。我们被迫把荷马和索福克勒斯驱逐出去,但我们必须邀请忒拉绪马科斯。忒拉绪马科斯恰好占据了《理想国》对话者的中心位置,这个位置处在一对父子和一对兄弟的中间。苏格拉底与忒拉绪马科斯"刚刚成为朋友",是因为苏格拉底刚才说过,为了避免城邦遭到毁灭,城邦绝对不允许哲学思辨(philosophizing),尤其不允许年轻人沾染那种与"言辞"相联系的哲学思辨,也就是说,这就是最严重的"败坏青年"。……忒拉绪马科斯就是城邦或代表着城邦(Thrasymachus who is or plays the city)。①

苏格拉底与忒拉绪马科斯成了朋友(498c9 – d1),因为苏格拉底缺乏忒拉绪马科斯的技艺,没有能力驯服大众,反而会激起大众的愤怒,只有与忒拉绪马科斯联手,才能带来成功,即实现正义之邦。当然,苏格拉底要与忒拉绪马科斯成为朋友不是很容易,毕竟后者中途(也就是第五卷)还反抗过(450a – b),施莱尔马赫敏锐地看到,"只有一次,忒拉绪马科斯激动起来,但又完全得到抚慰并平静下来,似乎暗示与智术师的所有敌意都画上了句号"②。

---

① Leo Strauss, *The City and Man*, pp. 123 – 124。不过,施特劳斯马上就指出了其间的悖论:要劝说大众容易,要劝说哲人可就困难了,所以只能用强迫的方式。

② 施莱尔马赫,《论柏拉图对话》,页 284。

施特劳斯的这一洞见直接来自中世纪伊斯兰哲学家阿尔法拉比,他进一步解释道:

> 柏拉图的方式与苏格拉底的方式有区别,他是把苏格拉底的方法与忒拉绪马科斯的方法结合起来;因为苏格拉底的不妥协(intransigent)方式只适合于哲人和精英打交道,而忒拉绪马科斯的方法……则更适合与大众打交道。法拉比的意思是,柏拉图通过把苏格拉底的方法和忒拉绪马科斯的方法结合起来,避免了与大众的冲突,也就避免了苏格拉底的命运。①

既然哲人能够在避免与大众相冲突的同时,既能够保全自己有用之身,又能够充分利用自己的知识和能力,那他就有能力克服自身的无能,从而积极干预现实,实现自己的使命。不管"哲人王"理论归根结底是不是一种"高贵的谎言"(这也是修辞之一种,同时也是哲人必要的工作方式),哲人都应该也必须下降。哲人与城邦的冲突虽然不可避免,但在古典思想家那里,这种冲突并不是悲剧性的,也不令人绝望,毕竟色诺芬至少是从苏格拉底和其妻子的关系来看待哲人与城邦的冲突,② 反倒可能是实现正义的必经之路。

---

① Leo Strauss, *Persecution and the Art of Writing*, p. 16。另参阿尔法拉比,《柏拉图的哲学》,页 51 - 52。另参伯纳德特,《施特劳斯的〈城邦与人〉》,刊于刘小枫编,《施特劳斯与古典政治哲学》,页 567。另参 Seth Benardete, *Plato's Laws: the Discovery of Being*, p. 347。施特劳斯在别处还评论说,《高尔吉亚》中的苏格拉底和高尔吉亚,其实各有优劣,而苏格拉底的得意门生色诺芬则兼综了他们的优点。(*The City and Man*, p. 23)

② 施特劳斯,《什么是政治哲学》,页 114 - 115。

结　语

苏格拉底全面地描述了正义的生成、本质、结构和目标，但更多的是以身作则，"形式显示"（借用现象学术语）了什么是正义。当然，他在漫长的讨论中也提出了狭义的正义，即"每一个人都能够干自己的事情"（433d9），或"拥有并去做适合的和自己的事情"（433e12－434a1；另参453b5）。哲人的养成最能说明正义本质，他首先学习各种知识，"挂职锻炼"十五年后就全面实现正义了。①

> 当他们五十岁时，那些坚持下来并且在各个方面——包括在行动上和知识上——都最优秀的人，必须被引向"终点"。当他们的灵魂仰头朝向光亮后，就要强迫他们转而注视为一切提供光明的东西。他们在看到善本身后，要强迫他们轮流在余生中把它用作范型，来管理城邦、私人以及他们自己。他们每个人的时间大部分都花在哲学研究上，但他们轮值时，就要在政治方面花大力气，为了城邦的利益而统治。他们所做的似乎不是某种美好的东西，而是必需的。这样，他们总是在教育其他那些与他们相似的人，后者接替他们成为护卫者后，他们就可以离开前往福岛，并住

---

① 比较孔子"十有五而志于学，三十而立"（《论语·为政》）。皇侃曰："古人三年明一经，从十五至三十，是又十五年，故通五经之业，所以成立也。"

> 在那里。城邦会为他们设立公共纪念碑,并且,如果皮提亚赞同的话,还会像祭祀神灵一样祭祀他们;如否,也会把他们当作幸福者和神样的人一样来祭祀。(540a4-c2)

苏格拉底的这段总结堪比《大学》"三纲八目",在这个序列中,哲人的"明明德"不是单纯的求知,而在于"平天下",当然还需要治国和齐家的训练,以及"诚心、正意、修身"的修炼,"格物、致知"的积累。在这个完整的系统中,各要素相互成就,缺一不可。

第一,正义即德性。

苏格拉底在《理想国》第一卷开始后不久就指出"正义乃是人的德性"(335c4)。在希腊语中,"正义"做动词的时候意为"审判"和"评判"。亚里士多德说"正义"的最初含义当是"矫正的正义"或"矫正术"。① 从《理想国》最后的"厄尔"神话来看,正义就是对德性的评判(618a8)。

正义虽是"四主德"中的一种,却比智慧、节制和勇敢更能给城邦带来最大的善(433c5)。苏格拉底讨论正义的篇幅比其他三种德性的总和还要多好几倍,内容上也是其他三种德性的聚合体和赖以生长的土壤。② 正义者必定知道如何实现正义,就是有智慧;正义者无所畏惧,就是勇敢;正义者不会放纵自己,因此就节制或审慎。正义是四主德的"总指挥",把其他各种德性协调起来(443d5-

---

① 亚里士多德,《尼各马可伦理学》1131b25以下,页136以下。
② 亚当,《〈理想国〉疏证》,页224-225。

6),"苏格拉底表明,正义是一个德性;但是要使得(正义是灵魂的德性)在这个论证中起作用,正义就必须不仅仅是灵魂的许多德性中的一个,而要作为它典型的或者定义性的德性"①。

正义既是具体的德性,又是德性之首,同时还是总体的德性。正如亚里士多德所说:

> 公正常常被看做德性之首,"比星辰更让人崇敬"。还有谚语说:"公正是一切德性的总括。"公正最为完全,因为它是交往行为上的总体的德性。它是完全的,因为具有公正德性的人不仅能对他自身运用其德性,而且还能对邻人运用其德性。许多人能够对自己运用其德性,但是对待邻人却没有德性。比阿斯说得对,他说"公职将能表明一个人的品质",因为在担任公职时,一个人必定要同其他人打交道,必定要做共同体的一员。正是由于公正是与他人相关的德性这一原因,有人就说惟有公正才是"对他人的善"。因为,公正所促进的是另一个人的利益,不论那个人是一个治理者还是一个合伙者。既然最坏的人是不仅自己为恶而且对待朋友也恶的人,那么最好的人就是不仅自己的行为有德性,而且对待他人也有德性的人。因为对待他人有德性是很难的。……作为相对于他人的品质,它是公正;作为一种品质本身,它是德性。(《尼各马可伦理学》1129b25 – 1130a13)②

---

① 帕帕斯,《柏拉图与〈理想国〉》,页52。
② 亚里士多德,《尼各马可伦理学》,页130 – 131。

柏拉图和亚里士多德都是在几乎相同的意义上使用"正义"和"公正"。在希腊语中,"公正"是"正义"的抽象名词。在德语中,"公正"(gerecht)就是"法"和"正确"(recht)。利己当然不正确,算不得公正。而正义因"利他"及其所面临的极大困难则堪称最伟大的德性。

第二,正义即智慧。

正义统摄"四主德"中的其他德性,包括智慧——这本身就是一种智慧。正义必须以知识和智慧为手段,才能知道美丑和善恶。苏格拉底还指出:

> 正义和其他一切德行都是智慧。因为正义的事和一切道德的行为都是美而好的;凡认识这些事的人决不会愿意选择别的事情;凡不认识这些事的人也绝不可能把它们付诸实践。……既然正义的事和其他美而好的事都是道德的行为,很显然,正义的事和其他一切道德的行为,就都是智慧。[1]

正义者"欠债还钱""扶友损敌"以及"兼济天下",首先要知道归还的东西是否有利于被归还的对象(331c),能分清敌友(334c),还须懂得"扶"和"损"的方向、目标及相应手段,而管理城邦则需要更多的知识和更大的智慧,否则会适得其反。如果没有足够的知识、能力和智慧,哲人"只有在双手被缚住的情况下,才会冒险回来"[2]。

---

[1] 色诺芬,《回忆苏格拉底》,页117。
[2] Seth Benardete, *Socrates' Second Sailing*, p. 178.

智慧在于深思熟虑或良好的谋划（428b4），① 而深思熟虑来自知识（428b6—8）。但并非每一种知识都能叫做或转化为智慧，只有那种谋划整体的知识，也就是护卫者的知识，才是真正的深谋远虑和智慧（428c11—d10）。懂得事物的原因，只能算得上"小智慧"，建国、管理、化民成俗、兼济天下这些真正的正义才是大智慧（428e7—429a3）。

第三，正义即行动。

正义是"做自己的事情"（370a4，433a8，433b4，433d9，586e6），其核心便在于"做"，也就是"看到善的理念后"所展开的行为（517c5）。从最开始"挣脱"枷锁到被拖拽着"上升"（包括各种各样的学习），再到"下降"回洞穴中管理城邦，与其他人打交道，所有这一切都是"行动"：正义以行动为本质特征。

"正义"的几个不同的维度，即政治正义、司法正义和伦理正义，都体现在社会政治领域中，政治正义高于伦理正义。政治的目的（telos）不是知识或认识，而是行动或实践（《尼各马可伦理学》1095a5—6）。正义作为司法审判和道德评判，尤其城邦的管理，都是行动。《理想国》以行动为中心。

在伊斯兰哲学家阿威罗伊看来，柏拉图的《理想国》研究的对象就是实践，同时也重视理论理性："非常明确，哲人要完成这项工作，必须精通实践学问，还必须具备思考德性，有了这种德性，才能将实践学问中解释的那些事

---

① 关于 euboulia（深思熟虑），参 Malcolm Schofield, *Saving the City: Philosopher-Kings and Other Classical Paradigms*, London: Routledge, 1999, pp. 3—30。

贯彻到诸民族和城邦中；另外还得具备非凡的道德德性，有了它，哲人才会选择管理城邦和正义。因此，如果哲人渴望达到自己的终极完善，必须兼具理论学问和实践学问、道德德性和思考德性。"①"哲学"本身不是理论，而是行动——正义亦然。

第四，正义是政治性的。

正义虽是"做自己的事情"（370a4），但"自己"不可能离开他人而存在，只能作为政治动物存在于城邦中，因此正义天然就是政治性的，甚至是"超社会性的"。② 整个《理想国》都在"政治"中考察正义（尤其第八和第九卷）。亚里士多德在《尼各马可伦理学》第五卷专门讨论正义时所提到的"具体的正义""分配的正义""矫正的正义"和"回报的正义"都是政治性的。亚里士多德说：

> 我们千万不能忘记，我们所要寻求的既是单纯的正义，也是政治性的正义。它［政治的正义］是为了自足而共同生活。（《尼各马可伦理学》1134a24-27）

处理人们之间的相互关系（1134a29），即"管理城邦、私人以及他们自己"（540a9-b1），"在政治方面花大力气，为了城邦的利益而统治"（540b3-4），方为正义。

第五，正义是以至善为目标的使命。

---

① 阿威罗伊，《阿威罗伊论〈王制〉》，刘舒译，北京：华夏出版社，2008，页75-76，另参页22-23。
② 施特劳斯，《柏拉图〈法义〉的论辩与情节》，页136。

正义"以政治为中心"(polito‐centric),[①] 其目标在于至善,而不仅仅是关注政治制度、平等、自由等,毕竟"一个人获得这种善诚然可喜,一个城邦获得这种善则更高尚[高贵],更神圣"(《尼各马可伦理学》1094b4‐10,廖申白译文)。兼善高于独善,终究为了至善。这种至善的正义不是外在的强迫,而是从人的"应然"本性中演绎出来的,是内在的使命。

第六,正义即幸福。

正义以城邦的幸福为目标,由此实现个人的幸福。正义不只是个人的幸福,更是社会的幸福(gesellschaftliche Glück),[②] 那才是更高的幸福(540b6‐c2)。所谓"幸福",在希腊语中即"好‐神灵"之意,幸福者不仅可以得到神灵的保护,自己也可以得到神灵或精灵即神一样的待遇,也就近于神明了,此即"正义近神"之意。正义者即便不能完全与神等同,也因勇敢、虔敬和善良而必然获得幸福(《高尔吉亚》507c1‐5):德和福在古代并不分离,正义之德本身就是幸福。

正义是一种至高无上的荣耀,比奥林匹亚胜利者所获得的荣誉还要大得多、光辉灿烂得多。正义者保全或拯救了城邦,当然会受到城邦的极其崇高的礼遇:生前得享尊荣,死后也备极哀荣,为世人所纪念,可以让人摆脱"有死性",从而走向不朽,进入"幸福岛",得以永生(465d5‐e2,另

[①] J. F. Wilson, *The Politics of Moderation: An Interpretation fo Plato's* Republic, p. xvi.

[②] H. Kelsen, *Reine Rechtslehre*, Tübingen: Mohr Siebeck, 2008, S. 26。另见张书友和雷磊的译本。

参《会饮》208b3)。他们不仅此生幸福,而且在其他地方其他时候也都一样(另参498c)。正义的人是幸福的,因为分有了神圣。

后　记

从第一次接触柏拉图《理想国》算起，迄今三十多年，虽读了不知多少遍，也曾讲授过好几个学期，却对自己是否理解了它越来越没有信心。每次都以为自己读懂了，但下一次重新读的时候又发现以前的理解可能错了，就这么循环往复、来来回回、起起伏伏，终究没个定数。好在历史上众多先贤的解读给了我很大的信心，包括西塞罗、奥古斯丁、法拉比、蒙田、施莱格尔、施特劳斯和沃格林等。这里只引一句话以明心迹："谁从柏拉图开始其哲思，即可自知立于正途。"（斯勒扎克，《读柏拉图》，程炜译，南京：译林出版社，2009，页5）

感谢"海南大学卓越学者计划"的大力支持。

2024 年 10 月 16 日
于江东寓所

图书在版编目（CIP）数据

《理想国》与古典正义论 / 程志敏著. -- 北京 : 华夏出版社有限公司, 2025. -- ISBN 978-7-5222-0982-1

Ⅰ. B502.232

中国国家版本馆CIP数据核字第2025MK0983号

《理想国》与古典正义论

作　　者	程志敏
责任编辑	王霄翎
美术编辑	殷丽云
责任印制	刘　洋

出版发行	华夏出版社有限公司
经　　销	新华书店
印　　装	三河市万龙印装有限公司
版　　次	2025年11月北京第1版 2025年11月北京第1次印刷
开　　本	880×1230　1/32
印　　张	10.25
字　　数	238千字
定　　价	85.00元

华夏出版社有限公司　地址：北京市东直门外香河园北里4号　邮编：100028
网址：http://www.hxph.com.cn　电话：(010)64663331（转）
若发现本版图书有印装质量问题，请与我社营销中心联系调换。

程志敏文集

第一辑 自然、权利与正义

　　　　西方哲学批判

　　　　《理想国》与古典正义论

　　　　培根的伟大复兴

　　　　古典法律论

　　　　阿尔法拉比与柏拉图

第二辑 古典政治论

　　　　穿越现代性

　　　　古典哲学论

　　　　荷马史诗导读

　　　　古典学记

　　　　天道与理性——西塞罗哲学发微

第三辑 世界时代的自我理解（"何以中国"之一）

　　　　儒家批判（"何以中国"之二）

　　　　笛卡尔哲学批判

　　　　星空与道德——康德的伦理思想

　　　　培根与古今之变

　　　　西塞罗与古希腊文明